3-1 无彩色

3-2 有彩色

3-3 色环图

3-4 空乘职业装正面

3-5 空乘职业装侧面

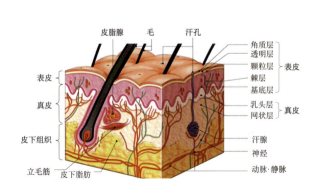

4-1 皮肤分解图

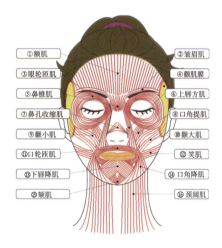

4-2 脸部皮肤结构图

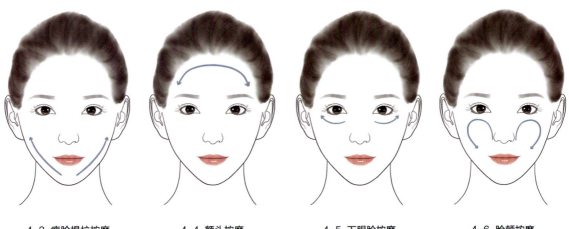

4-3 瘦脸提拉按摩　　4-4 额头按摩　　4-5 下眼睑按摩　　4-6 脸颊按摩

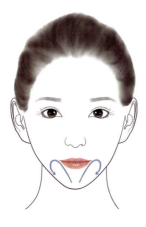

4-7 嘴角提拉按摩

4-8 眼尾按摩

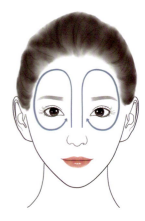

4-9 眼周去皱按摩

4-10 春妆

4-11 夏妆

4-12 秋妆

4-13 冬妆

4-14 生活妆(移动端VR全景视频)

4-15 新娘妆

4-16 晚宴妆（移动端VR全景视频）

5-1 女生妆前

5-2 女生妆后

5-3 男生妆前

5-4 男生妆后（移动端VR全景视频）

6-1 空乘妆（女）（移动端VR全景视频）

6-2 空乘妆（女）（移动端VR全景视频）

6-3 妆前（女）（移动端VR全景视频）

6-4 妆后（女）（移动端VR全景视频）

6-5 空乘妆（男）（移动端VR全景视频）

6-6 妆前（男）（移动端VR全景视频）

6-7 妆后（男）（移动端VR全景视频）

7-1 女生侧分式(移动端VR全景视频)

7-2 女生后背式

7-3 男生发型正面

7-4 男生发型侧面

7-5 盘发用具

7-6 垫高头顶造型技巧(移动端VR全景视频)

7-7 马尾捆扎技巧(移动端VR全景视频)

7-8 马尾高度示意(移动端VR全景视频)

7-9 发网固定技巧(移动端VR全景视频)

7-10 发尾整理技巧(移动端VR全景视频)

7-11 盘发髻（移动端VR全景视频）

7-12 固定发髻（移动端VR全景视频）

7-13 整理碎发（移动端VR全景视频）

7-14 完整发髻展示（移动端VR全景视频）

7-15 整理头顶造型（移动端VR全景视频）

8-1 塑身操一站姿及微笑训练环节（移动端VR全景视频）

8-2 塑身操一中间环节（移动端VR全景视频）

8-3 塑身操二地面环节（移动端VR全景视频）

"十三五"全国高等院校民航服务专业规划教材

空乘人员职业形象设计与化妆

主　编◎李　勤
副主编◎邹　昊　杨　柳
编　委◎徐　群　刘　舒　张程垚
　　　　唐　珉　周茗慧

Professional Image
Design and Makeup of
Flight Attendant

清华大学出版社
北京

内容简介

本教材共分为八章,包括形象设计概述、形象设计中的美学知识、服饰与搭配、妆容设计、化妆基础知识、空乘人员的职业妆容、发型设计与美容保健、身体塑形等基本内容。每一章章前都设有章前导读和学习目标,章后设有问题思考及课后练习,以帮助师生明确教学目的和要求,掌握重点和难点,学会具体问题具体分析。

本教材专业特点突出,实用性强,内容取材于实际工作环境和日常生活,具有很强的针对性。本书同时做到理论联系实际,操作性强,其中知识点的合理分配及部分知识点的案例分析,给教学带来了极大的便利。部分重要章节通过图文搭配的形式进行讲解,从视觉上减轻学生学习过程中的压力和疲劳感,使教材变得轻松易读,能够较好地掌握形象设计手法和装扮技巧。

本书封面贴有清华大学出版社防伪标签,无标签者不得销售。
版权所有,侵权必究。举报:010-62782989,beiqinquan@tup.tsinghua.edu.cn。

图书在版编目(CIP)数据

空乘人员职业形象设计与化妆 / 李勤主编. —北京:清华大学出版社,2017(2024.10重印)
("十三五"全国高等院校民航服务专业规划教材)
ISBN 978-7-302-48599-5

Ⅰ. ①空… Ⅱ. ①李… Ⅲ. ①民用航空-乘务人员-形象-设计-高等学校-教材 ②民用航空-乘务人员-化妆-高等学校-教材 Ⅳ. ①F560.9

中国版本图书馆 CIP 数据核字(2017)第 253368 号

责任编辑:杜春杰
封面设计:刘 超
版式设计:楠竹文化
责任校对:赵丽杰
责任印制:宋 林

出版发行:清华大学出版社
网　　址:https://www.tup.com.cn,https://www.wqxuetang.com
地　　址:北京清华大学学研大厦 A 座　　邮　编:100084
社 总 机:010-83470000　　邮　购:010-62786544
投稿与读者服务:010-62776969,c-service@tup.tsinghua.edu.cn
质量反馈:010-62772015,zhiliang@tup.tsinghua.edu.cn
课件下载:https://www.tup.com.cn,010-62788903

印 装 者:涿州汇美亿浓印刷有限公司
经　　销:全国新华书店
开　　本:185mm×260mm　　印　张:12　插　页:5　字　数:286 千字
版　　次:2017 年 12 月第 1 版　　印　次:2024 年 10 月第 23 次印刷
定　　价:49.80 元

产品编号:073883-02

"十三五"全国高等院校民航服务专业规划教材丛书主编及专家指导委员会

丛 书 总 主 编　　刘永（北京中航未来科技集团有限公司董事长兼总裁）

丛 书 副 总 主 编　　马晓伟（北京中航未来科技集团有限公司常务副总裁）

丛 书 副 总 主 编　　郑大地（北京中航未来科技集团有限公司教学副总裁）

丛 书 总 主 审　　朱益民（原海南航空公司总裁、原中国货运航空公司总裁、原上海航空公司总裁）

丛 书 总 顾 问　　沈泽江（原中国民用航空华东管理局局长）

丛 书 总 执 行 主 编　　王益友［江苏民航职业技术学院（筹）院长、教授］

丛书总航空法律顾问　　程颖（荷兰莱顿大学国际法研究生、全国高职高专"十二五"规划教材《航空法规》主审）

丛书专家指导委员会主任

关云飞（长沙航空职业技术学院教授）

张树生（国务院津贴获得者，山东交通学院教授）

刘岩松（沈阳航空航天大学教授）

姚宝（上海外国语大学教授）

李剑峰（山东大学教授）

张威（沈阳师范大学教授）

成积春（曲阜师范大学教授）

万峻池（美术评论家、著名美术品收藏家）

"十三五"全国高等院校民航服务专业规划教材编委会

主　任　高宏(沈阳航空航天大学教授)　　　杨静(中原工学院教授)
　　　　　李勤(南昌航空大学教授)　　　　　李广春(郑州航空工业管理学院教授)
　　　　　安萍(沈阳师范大学)　　　　　　　彭圣文(长沙航空职业技术学院)
副主任　陈文华(上海民航职业技术学院)　　郑越(长沙航空职业技术学院)
　　　　　郑大莉(中原工学院信息商务学院)　徐爱梅(山东大学)
　　　　　黄敏(南昌航空大学)　　　　　　　兰琳(长沙航空职业技术学院)
　　　　　韩黎[江苏民航职业技术学院(筹)]　胡明良(江南影视艺术职业学院)
　　　　　李楠楠(江南影视艺术职业学院)　　王昌沛(曲阜师范大学)
　　　　　何蔓莉(湖南艺术职业学院)　　　　孙东海(江苏新东方艺先锋传媒学校)
委　员（以姓氏笔画为序）
　　　　　于海亮(沈阳师范大学)　　　　　　王丽蓉(南昌航空大学)
　　　　　王建惠(陕西职业技术学院)　　　　王莹(沈阳师范大学)
　　　　　王晶(沈阳航空航天大学)　　　　　车树国(沈阳师范大学)
　　　　　邓丽君(西安航空职业技术学院)　　石慧(南昌航空大学)
　　　　　龙美华(岳阳市湘北女子职业学校)　付砚然(湖北襄阳汽车职业技术学院,原海南航空公司乘务员)
　　　　　朱茫茫(潍坊职业学院)　　　　　　刘洋(濮阳工学院)
　　　　　刘舒(江西青年职业学院)　　　　　许赟(南京旅游职业学院)
　　　　　杨志慧(长沙航空职业技术学院)　　杨莲(马鞍山职业技术学院)
　　　　　李长亮(张家界航空工业职业技术学院)　李仟(天津中德应用技术大学,原中国南方航空公司乘务员)
　　　　　李乐(桂林航天工业学院)　　　　　李芙蓉(长沙航空职业技术学院)
　　　　　李姝(沈阳师范大学)　　　　　　　李雯艳(沈阳师范大学)
　　　　　李霏雨(北京壹号门航空技术培训中心,原中国国际航空公司乘务员)
　　　　　狄娟(上海民航职业技术学院)　　　邹昊(南昌航空大学)
　　　　　邹莎(湖南信息学院)　　　　　　　宋晓宇(湖南艺术职业学院)
　　　　　张驰(沈阳航空航天大学)　　　　　张进(三峡旅游职业技术学院)
　　　　　张利(北京中航未来科技集团有限公司)　张琳(北京中航未来科技集团有限公司)
　　　　　张程垚(湖南民族职业学院)　　　　张媛媛(山东信息职业技术学院)
　　　　　陈卓(长沙航空职业技术学院)　　　陈烜华(上海民航职业技术学院)
　　　　　金恒(西安航空职业技术学院)　　　周佳楠(上海应用技术大学)
　　　　　周茗慧(山东外事翻译职业学院)　　郑菲菲(南京旅游职业学院)
　　　　　赵红倩(上饶职业技术学院)　　　　胡妮(南昌航空大学)
　　　　　柳武(湖南流通创软科技有限公司)　钟科(长沙航空职业技术学院)
　　　　　柴郁(江西航空职业技术学院)　　　倪欣雨(斯里兰卡航空公司空中翻译,原印度尼西亚鹰航乘务员)
　　　　　高青(山西旅游职业学院)　　　　　高琳(济宁职业技术学院)
　　　　　郭雅萌(江西青年职业学院)　　　　黄春新(沈阳航空航天大学)
　　　　　黄晨(天津交通职业学院)　　　　　黄婵芸(原中国东方航空公司乘务员)
　　　　　黄紫葳(抚州职业技术学院)　　　　曹璐璐(中原工学院)
　　　　　崔祥建(沈阳航空航天大学)　　　　崔媛(张家界航空工业职业技术学院)
　　　　　梁向兵(上海民航职业技术学院)　　梁燕(郴州技师学院)
　　　　　彭志雄(湖南艺术职业学院)　　　　蒋焕新(长沙航空职业技术学院)
　　　　　操小霞(重庆财经职业学院)

出版说明

随着经济的稳步发展,我国已经进入经济新常态的阶段,特别是十九大指出:中国社会主要矛盾已经转化为人民日益增长的美好生活需要和不平衡不充分的发展之间的矛盾,这客观上要求社会服务系统要完善升级。作为公共交通运输的主要组成部分,民航运输在满足人们对美好生活追求和促进国民经济发展中扮演着重要的角色,具有广阔的发展空间。特别是"十三五"期间,国家高度重视民航业的发展,将民航业作为推动我国经济社会发展的重要战略产业,预示着我国民航业将会有更好、更快的发展。从国产化飞机 C919 的试飞,到宽体飞机规划的出台,以及民航发展战略的实施,标志着我国民航业已经步入崭新的发展阶段,这一阶段的特点是以人才为核心,而这一发展模式必将进一步对民航人才质量提出更高的要求。面对民航业发展对人才培养提出的挑战,培养服务于民航业发展的高质量人才,不仅需要转变人才培养观念,创新教育模式,更需要加强人才培养过程中基本环节的建设,而教材建设就是其首要的任务。

我国民航服务专业的学历教育,经过 18 年的探索与发展,其办学水平、办学结构、办学规模、办学条件和师资队伍等方面都发生了巨大的变化,专业建设水平稳步提高,适应民航发展的人才培养体系初步形成。但我们应该清醒地看到,目前我国民航服务类专业的人才培养仍存在着诸多问题,特别是专业人才培养质量仍不能适应民航发展对人才的需求,人才培养的规模与高质量人才短缺的矛盾仍很突出。而目前相关专业教材的开发还处于探索阶段,缺乏系统性与规范性。已出版的民航服务类专业教材,在吸收民航服务类专业研究成果方面做出了有益的尝试,涌现出不同层次的系列教材,推动了民航服务的专业建设与人才培养,但从总体来看,民航服务类教材的建设仍落后于民航业对专业人才培养的实践要求,教材建设已成为相关人才培养的瓶颈。这就需要以引领和服务专业发展为宗旨,系统总结民航服务实践经验与教学研究成果,开发全面反映民航服务职业特点、符合人才培养规律和满足教学需要的系统性专业教材,以积极、有效地推进民航服务专业人才的培养工作。

基于上述思考,编委会经过两年多的实际调研与反复论证,在广泛征询民航业内专家的意见与建议、总结我国民航服务类专业教育的研究成果后,结合我国民航服务业的发展趋势,致力于编写出一套系统的、具有一定权威性和实用性的民航服务类系列教材,为推进我国民航服务人才的培养尽微薄之力。

本系列教材由沈阳航空航天大学、南昌航空大学、郑州航空工业管理学院、上海民航职业技术学院、长沙航空职业技术学院、西安航空职业技术学院、中原工学院、上海外国语大学、山东大学、大连外国语大学、沈阳师范大学、曲阜师范大学、湖南艺术职业学院、陕西师范大学、兰州大学、云南大学、四川大学、湖南民族职业学院、江西青年职业学院、天津交通职业学院、潍坊职业学院、南京旅游职业学院等多所高校的众多资深专家和学者共同打造,还邀请了多名原中国东方航空公司、原中国南方航空公司、原中国国际航空公司和原海南航空公司中从事多年乘务工作的乘务长和乘务员参与教材的编写。

目前,我国民航服务类的专业教育呈现着多元化、多层次的办学格局,各类学校的办学模式也呈现出个性化的特点,在人才培养体系、课程设置以及课程内容等方面,各学校之间存在着一定的差异,对教材也有不同的需求。为了能够更好地满足不同办学层次、教学模式对教材的需要,本套教材主要突出以下特点。

第一,兼顾本、专科不同培养层次的教学需要。鉴于近些年我国本科层次民航服务专业办学规模的不断扩大,在教材需求方面显得十分迫切,同时,专科层面的办学已经到了规模化的阶段,完善与更新教材体系和内容迫在眉睫,本套教材充分考虑了各类办学层次的需要,本着"求同存异、个性单列、内容升级"的原则,通过教材体系的科学架构和教材内容的层次化,以达到兼顾民航服务类本、专科不同层次教学之需要。

第二,将最新实践经验和专业研究成果融入教材。服务类人才培养是系统性问题,具有很强的内在规定性,民航服务的实践经验和专业建设成果是教材的基础,本套教材以丰富理论、培养技能为主,力求夯实服务基础、培养服务职业素质,将实践层面行之有效的经验与民航服务类人才培养规律的研究成果有效融合,以提高教材对人才培养的有效性。

第三,落实素质教育理念,注重服务人才培养。习近平总书记在党的十九大报告中强调,"要全面贯彻党的教育方针,落实立德树人根本任务,发展素质教育,推进教育公平,培养德智体美全面发展的社会主义建设者和接班人",人才以德为先,以社会主义价值观铸就人的灵魂,才能使人才担当重任,也是高校人才培养的基本任务。教育实践表明,素质是人才培养的基础,也是人才职业发展的基石,人才的能力与技能以精神与灵魂为附着,但在传统的民航服务教材体系中,包含素质教育板块的教材较为少见。根据党的教育方针,本套教材的编写考虑到素质教育与专业能力培养的关系,以及素质对职业生涯的潜在影响,首次在我国民航服务专业教学中提出专业教育与人文素质并重、素质决定能力的培养理念,以独特的视野,精心打造素质教育教材板块,使教材体系更加系统,强化了教材特色。

第四,必要的服务理论与专业能力培养并重。调研分析表明,忽视服务理论与人文素质所培养出的人才很难有宽阔的职业胸怀与职业精神,其未来的职业生涯发展就会乏力。因此,教材不应仅是对单纯技能的阐述与训练指导,更应该是不淡化专业能力培养的同时,强化行业知识、职业情感、服务机理、职业道德等关系到职业发展潜力的要素的培养,以期培养出高层次和高质量的民航服务人才。

第五,架构适合未来发展需要的课程体系与内容。民航服务具有很强的国际化特点,而我国民航服务的思想、模式与方法也正处于不断创新的阶段,紧紧把握未来民航服务的发展趋势,提出面向未来的解决问题的方案,是本套教材的基本出发点和应该承担的责任。我们力图将未来民航服务的发展趋势、服务思想、服务模式创新、服务理论体系以及服务管理等内容进行重新架构,以期能对我国民航服务人才培养,乃至整个民航服务业的发展起到引领作用。

第六,扩大教材的种类,使教材的选择更加宽泛。鉴于我国目前尚缺乏民航服务专业更高层次办学模式的规范,各学校的人才培养方案各具特点,差异明显,为了使教材更适合于办学的需要，本套教材打破了传统教材的格局，通过课程分割、内容优化和课外外延化等方式，增加了教材体系的课程覆盖面，使不同办学层次、关联专业，可以通过教材合理组合获得完整的专业教材选择机会。

本套教材规划出版品种大约为四十种，分为：① 人文素养类教材，包括《大学语文》《应用文写作》《艺术素养》《跨文化沟通》《民航职业修养》《中国传统文化》等。② 语言类教材，包括《民航客舱服务英语教程》《民航客舱实用英语口语教程》《民航实用英语听力教程》《民航播音训练》《机上广播英语》《民航服务沟通技巧》等。③ 专业类教材，包括《民航概论》《民航服务概论》《中国民航常飞客源国概况》《民航危险品运输》《客舱安全管理与应急处置》《民航安全检查技术》《民航服务心理学》《航空运输地理》《民航服务法律实务与案例教程》等。④ 职业形象类教材，包括《空乘人员形体与仪态》《空乘人员职业形象设计与化妆》《民航体能训练》等。⑤ 专业特色类教材，包括《民航服务手语训练》《空乘服务专业导论》《空乘人员求职应聘面试指南》《民航面试英语教程》等。

为了开发职业能力，编者联合有关 VR 开发公司开发了一些与教材配套的手机移动端 VR 互动资源，学生可以利用这些资源体验真实场景。

本套教材是迄今为止民航服务类专业较为完整的教材系列之一，希望能借此为我国民航服务人才的培养，乃至我国民航服务水平的提高贡献力量。民航发展方兴未艾，民航教育任重道远，为民航服务事业发展培养高质量的人才是各类人才培养部门的共同责任，相信集民航教育的业内学者、专家之共同智慧，凝聚有识之士心血的这套教材的出版，对加速我国民航服务专业建设、完善人才培养模式、优化课程体系、丰富教学内容，以及加强师资队伍建设能起到一定的推动作用。在教材使用的过程中，我们真诚地希望听到业内专家、学者批评的声音，收到广大师生的反馈意见，以利于进一步提高教材的水平。

客服信箱：thjdservice@126.com。

丛 书 序

《礼记·学记》曰："古之王者，建国君民，教学为先。"教育是兴国安邦之本，决定着人类的今天，也决定着人类的未来，企业发展也大同小异，重视人才是企业的成功之道，别无二选。航空经济是现代经济发展的新趋势，是当今世界经济发展的新引擎，民航是经济全球化的主流形态和主导模式，是区域经济发展和产业升级的驱动力。作为发展中的中国民航业，有巨大的发展潜力，其民航发展战略的实施必将成为我国未来经济发展的增长点。

"十三五"期间正值实现我国民航强国战略构想的关键时期，"一带一路"倡议方兴未艾，"空中丝路"越来越宽阔。面对高速发展的民航运输，需要推动持续的创新与变革；同时，基于民航运输的安全性和规范性的特点，其对人才有着近乎苛刻的要求，只有人才培养先行，夯实人才基础，才能抓住国家战略转型与产业升级的巨大机遇，实现民航运输发展的战略目标。经历多年民航服务人才发展的积累，我国建立了较为完善的民航服务人才培养体系，培养了大量服务民航发展的各类人才，保证了我国民航运输业的高速持续发展。与此同时，我国民航人才培养正面临新的挑战，既要通过教育创新，提升人才品质，又需要在人才培养过程中精细化，把人才培养目标落实到人才培养的过程中，而教材作为专业人才培养的基础，需要先行，从而发挥引领作用。教材建设发挥的作用并不局限于专业教育本身，其对行业发展的引领，专业人才的培养方向，人才素质、知识、能力结构的塑造以及职业发展潜力的培养具有不可替代的作用。

我国民航运输发展的实践表明，人才培养决定着民航发展的水平，而民航人才的培养需要社会各方面的共同努力。我们惊喜地看到，清华大学出版社秉承"自强不息，厚德载物"的人文精神，发挥强势的品牌优势，投身到民航服务专业系列教材的开发行列，改变了民航服务教材研发的格局，体现了其对社会责任的担当。

本套教材体系组织严谨，精心策划，高屋建瓴，深入浅出，具有突出的特色。第一，从民航服务人才培养的全局出发，关注了民航服务产业的未来发展趋势，架构了以培养目标为导向的教材体系与内容结构，比较全面地反映了服务人才培养趋势，具有良好的统领性；第二，很好地回归了教材的本质——适用性，体现在每本教材均有独特的视角和编写立意，既有高度的提升、理论的升华，也注重教育要素在课程体系中的细化，具有较强的可用性；第三，引入了职业素质教育的理念，补齐了服务人才素质教育缺少教材的短板，可谓是对传统服务人才培养理念的一次冲击；第四，教材编写人员参与面非常广泛。这反映出本套教材充分体现了当今民航服务专业教育的教学成果和编写者的思考，形成了相互交流的良性机制，势必对全国民航服务类专业的发展起到推动作用。

教材建设是专业人才培养的基础,与其服务的行业的发展交互作用,共同实现人才培养—社会检验的良性循环是助推民航服务人才的动力。希望这套教材能够在民航服务类专业人才培养的实践中,发挥更广泛的积极作用。相信通过不断总结与完善,这套教材一定会成为具有自身特色的,适应我国民航业发展要求的,以及深受读者喜欢的规范教材。

此为序。

原海南航空公司总裁、原中国货运航空公司总裁、原上海航空公司总裁

朱益民

2017 年 9 月

前　言

"故善毛嫱、西施之美，无益吾面，用脂泽粉黛，则倍其初。"这是《韩非子》中的名言，由此可以看出，战国时期，人们用化妆品改善容颜已是常事，而长沙马王堆出土的中国最早医方书《五十二病方》中，记载了6个与美容相关的药方，也足以说明，古人早已注重收集美容养颜的良方了，可见"爱美之心，人皆有之"。在西方，人们对美的追求更是由来已久，其化妆的历史可以追溯到古埃及时代，最初的化妆与巫术、防身、宗教仪式有着密切联系，后来逐渐地产生变化，由巫术、宗教、医学意义演变成以装饰为目的的化妆。随着时代的发展和社会的进步，崇尚美、创造美、欣赏美，已成为人们共同的理想和愿望，人们为了追求更美好的人物形象，不断地挖掘美容良方，生产各种化妆品，研究各种装扮手法，以创造出千姿百态的人物形象。

人物形象主要指人的外在观感，也是人的精神面貌、性格特征、文化层次和修养等内在特征的外在具体表现，它能够引起他人的思想或感情活动。每个人都希望通过自己的形象让他人认识自己，而周围的人也会通过其外在形象做出认可或不认可的判断。人物形象设计并不仅仅局限于适合个人特点的发型、妆容和服饰搭配，还包括内在素养的外在表现，如气质、举止、谈吐、生活习惯等。

空乘人员是航空公司对外服务的窗口，是航空公司的形象代言人，甚至代表国家和民族的形象。因此，空乘人员的装扮有着行业特殊的要求，需要进行形象美的打造和训练。随着民航大发展时代的到来，航空公司对优质人才的需求进一步加大，为进一步更新专业知识，提升人才培养质量，本教材编写组基于形象设计的美学原理，从全方位打造人物形象的思路出发，挖掘整体形象美的内涵，并根据特殊行业的需求，深入分析空乘人员职业形象的特点和要求，融入形象设计的新观念和新知识，传授化妆手法和装扮技巧，从整体到细节，全方位指导师生进行教学和实践，提升教学效果。教材编写具体分工如下：南昌航空大学李勤负责全书的统稿并编写第一章和第二章；桂林航天工业学院唐珉、山东外事翻译职业学院周茗慧合作编写第三章；南昌航空大学邹昊负责编写第四章和第六章；南昌航空大学杨柳负责编写第五章和教材中部分主要图片的拍摄工作；江西青年职业学院刘舒、岳阳市湘北女子职业学校张程垚合作编写第七章（其中发型设计的图片由张程垚提供）；南昌航空大学徐群负责编写第八章。参与其余图片拍摄的均为空乘专业在校学生，他们分别是南昌航空大学的康佳琪、抄龙昆、郑淳露、闫冲、符婧、尚佳慧、安萌和湖南民族职业学院的刘达、王亚楠。

在现代生活中，随着人们社会交际频繁化、复杂化地发展，化妆与形象设计已经成为爱美人士的必修课程。本教材不仅可以作为空乘专业的教学指导用书和学习手册，帮助有志于成为航空服务从业人员的同学提升成为"美丽形象的代言人"，还可以作为社会上爱美人士的参考资料，为人们装点生活、提高素质起到积极的推动作用。

在编写过程中，参考了很多相关资料，在此向作者一并表示感谢。由于时间仓促，本教材的编写难免存在错误和不足，敬请专家和读者予以指正。

编　者

2017 年 8 月

CONTENTS 目录

第一章 形象设计概述 ... 1

第一节 形象设计的概念 ... 2
　一、形象设计的含义 ... 2
　二、形象设计的理念 ... 3
　三、形象设计的基本内容 ... 5
第二节 形象设计的要素 ... 6
第三节 形象设计的原则 ... 9
　一、TPO 法则 ... 9
　二、比例与尺度 ... 9
　三、对称与均衡 ... 11
　四、多样与统一 ... 12
第四节 空乘人员职业形象的内涵 ... 12
　一、空乘人员职业形象的特点 ... 12
　二、空乘人员的职业素养 ... 13

第二章 形象设计中的美学知识 ... 19

第一节 美学基础知识 ... 20
　一、美学的含义 ... 20
　二、美学研究的对象与范围 ... 21
　三、美的基本形态 ... 21
　四、美学的产生与发展 ... 22
第二节 对形象美的认知 ... 24
　一、形象设计的容貌美 ... 24
　二、形象设计的形体美与整体美 ... 26
第三节 培养审美能力 ... 27
　一、美感的建立 ... 28
　二、审美能力的培养 ... 29

第三章 服饰与搭配 ... 33

第一节 服饰的色彩搭配 ... 34
一、色彩 ... 34
二、搭配 ... 35

第二节 服饰搭配基本要领 ... 36
一、服装与彩色妆容的搭配 ... 36
二、服装与体型的搭配 ... 37
三、服装与肤色的搭配 ... 39

第三节 不同场合的服装搭配 ... 40
一、空乘人员工作装的要求 ... 40
二、空乘人员的生活装 ... 41
三、正装与礼服 ... 43

第四节 配饰的选择与搭配 ... 46
一、首饰鉴别与保养 ... 46
二、乘务人员配饰的基本要求 ... 50

第四章 妆容设计 ... 53

第一节 对皮肤的认知 ... 54
一、皮肤的基本特点 ... 54
二、皮肤的基本组成 ... 54
三、皮肤的主要作用 ... 55
四、皮肤的类型 ... 56

第二节 影响皮肤的因素 ... 57
一、季节对皮肤的影响 ... 57
二、环境对皮肤的影响 ... 59
三、其他因素（如睡眠、心理压力等）对皮肤的影响 ... 60

第三节 洁肤与护肤 ... 61
一、不同类型肤质的护理方法 ... 61
二、常用按摩手法 ... 64
三、皮肤的常规护理程序 ... 66
四、经典食疗护肤良方 ... 72

第四节 化妆与身份的搭配 ... 75
一、不同性别的妆容设计原则 ... 75
二、不同季节的妆容设计原则 ... 75

三、不同年龄的妆容设计原则 ·· 77

四、不同身份场合的妆容设计原则 ·· 79

第五章 化妆基础知识 ·· 83

第一节 化妆品及其分类 ·· 84
一、底妆 ·· 84
二、眉部 ·· 85
三、眼部 ·· 85
四、唇部 ·· 86
五、脸部 ·· 86

第二节 化妆品的选择与使用 ······································ 87
一、底妆的选择与使用 ·· 87
二、眉部化妆品的选择与使用 ·································· 88
三、眼部化妆品的选择 ·· 90
四、唇部化妆品的选择 ·· 91
五、脸部化妆品的选择 ·· 92

第三节 常用化妆工具 ·· 92
一、底妆工具 ·· 93
二、眉部工具 ·· 93
三、眼部工具 ·· 94
四、唇部工具 ·· 94
五、脸部工具 ·· 94

第四节 基本化妆与矫正化妆 ······································ 95
一、基本化妆的步骤与手法 ······································ 95
二、矫正化妆 ·· 96

第五节 香水的选择与使用 ·· 98
一、香水的挑选及正确使用方法 ······························ 98
二、男性和女性选用香水的区别 ···························· 101

第六章 空乘人员的职业妆容 ·· 103

第一节 空乘职业妆的特点 ·· 104
一、空乘职业妆的基本要素 ···································· 104
二、职业妆的分类 ·· 106

第二节 空乘职业妆的一般化妆程序 ······················ 108

第三节 男性乘务员工作妆 ·· 110

一、男性化妆基本要求 ……………………………………………… 110
　　二、男性化妆手法 …………………………………………………… 110

第七章　发型设计与美容保健 …………………………………………… 113

第一节　发型设计 ………………………………………………………… 114
　　一、空乘人员职业发型要求的设计原则 …………………………… 114
　　二、发型设计的基本要求及技巧 …………………………………… 115
　　三、男性乘务员的发型要求 ………………………………………… 115
　　四、盘发实操训练 …………………………………………………… 116
　　五、案例分析 ………………………………………………………… 117

第二节　美容保健常识 …………………………………………………… 117
　　一、饮食习惯 ………………………………………………………… 117
　　二、生活习惯 ………………………………………………………… 118
　　三、心理调适 ………………………………………………………… 119
　　四、护发和养发 ……………………………………………………… 119

第三节　美容护肤 ………………………………………………………… 122
　　一、洁面护肤误区 …………………………………………………… 122
　　二、日常护肤美白方法介绍 ………………………………………… 124
　　三、男女护肤的区别 ………………………………………………… 126
　　四、男生护肤常识 …………………………………………………… 127

第八章　身体塑形 …………………………………………………………… 131

第一节　形体的重要性 …………………………………………………… 132
　　一、体型的分类、测算方法 ………………………………………… 132
　　二、体重控制和"减肥" ……………………………………………… 134
　　三、我国及部分国际航空公司招聘空中乘务员的基本要求 ……… 136

第二节　塑形手段 ………………………………………………………… 138
　　一、舞蹈训练对身形的作用 ………………………………………… 138
　　二、站姿与走姿训练 ………………………………………………… 138
　　三、芭蕾形体训练 …………………………………………………… 142
　　四、中国古典舞形体训练 …………………………………………… 153
　　五、塑形操训练组合 ………………………………………………… 163

参考文献 ……………………………………………………………………… 167

附录　"智学 VR"全景视频观看指南 …………………………………… 169

第一章
形象设计概述

【章前导读】

本章围绕形象设计的概念，着重讲述形象设计的要素、形象设计的原则等内容，帮助学习者掌握形象设计的基本知识，为后期的学习打下良好的基础。本章还特别就空乘人员职业形象的特点，讲述了空乘人员职业形象的内涵，尤其重点结合空乘人员形象气质的特殊要求，从不同的角度阐述了空乘人员的职业素养，使得学习者进一步加深对空乘人员职业形象的理解和认识。

【学习目标】

1. 理解形象设计的含义；
2. 了解形象设计的基本原则；
3. 掌握形象设计的基本要素；
4. 明确空乘人员职业形象的特点和职业素养方面的要求。

第一节　形象设计的概念

人类的形象设计是一个整体工程，它体现在五官、皮肤、身材和体型等自然条件上，同时又可以通过发型、化妆和服饰等形象上的设计与包装，进一步将内在美与外在美进行完美的结合，体现人体美的整体性和协调性。本教材所指的形象设计，是定位在对个体人物的整体形象进行设计和指导，即根据人物的基本特征，如人的面相、身材、气质及社会角色等各方面的综合因素，确定妆容和服饰的色彩范围与风格类型，从专业角度进行全方位的设计和引导，帮助树立良好的人物形象，提升品位，增加自信。

一、形象设计的含义

形象设计（Image Design）是一个系统工程，又称为形象塑造（Image Creation 或 Image Building）。形象设计是一个整体的概念，其设计的对象面很广，既可以针对个体，也可以针对群体，从局部到整体进行全方位的塑造。

无论是面向群体还是个体，形象设计都不仅仅是指外部视觉形象的打造和包装，更强调的是内外一致，内外兼修。对群体而言，"内"指的是行业文化和发展理念等，"外"指的是积极向上的精神风貌和统一协调的整体形象；对个体而言，"内"指的是一个人内在的修养、丰富的学识、美好的心灵、优良的品质和高雅的品位等，"外"指的是通过运用专业知识和技巧，使得一个人的外形、容貌和装扮与其身份、年龄和职业等因素相符合，并与环境、场合等相适应，帮助其完善自我，建立自信，提升气质。

形象设计词义解读如下。

（一）关于形象（Image）

"形象"，由"形"与"象"两个字构成。"形"包含"形体（身形）、形状（样子）、形相（样貌）和形态（人和事物的表现形式）"等；"象"是动物名，其意还有"现象（表现）、表象（外部形态）、想象（意想）、具象（具体的形象）、抽象（想象中的形象）、象征（用具体事物表示抽象概念和思想感情）和象形（临摹实物的文字）"等。由此可见，"形""象"二字合成之后，其含义十分丰富。

《辞海》中对"形象"一词的定义是：(1) 指形体、形状、相貌；(2) 指文学艺术区别于科学的一种反映现实的特殊手段。即根据现实生活各种现象加以选择、综合所创造出来的具有一定思想内容和审美意义的具体生动的图画。社会生活和自然现象都是文艺作品的描写对象，但社会生活是主要描写对象。因此，文艺作品中的形象主要是指人物形象，其次也包括社会的、自然的环境和景物的形象。

《荀子·天伦》云："形具而神生"，说明荀子肯定先有形体才有精神，因而后人又有神形兼备之说。而西方学者科特勒（Philip Kotler, 1997）则认为，形象就是指人们所持有的关于某一对象的信念、观念与印象。

综上可见，"形象"的含义具有广义和狭义两种内涵。广义的"形象"是指人和物，包括社会的、自然的环境和景物。狭义的"形象"则专指人而言，指具体个人的形象、相貌、气质、行为以及思想品德所构成的综合性整体表象。形象是一种抽象的东西，它是对事物的形状、性质、状态抽象化了的观念，是一种与评价相关联的意识状态，同时，它又可以是具象的，通过人的视觉等感官，明确地存在于现实之中，并经过打造和提升，不断地美化和发展。

（二）关于形象设计（Image Design），或称形象塑造（Image Building）

《辞海》中对"设计"（Design）一词解释为：设置、筹划，根据一定的目的要求，预先制定出方案、图样等。《汉语大词典》的定义是："根据一定要求，对某项工作预先制定图样、方案。"

形象设计是一个包罗万象的词，有广义和狭义之分，其内涵十分广泛。广义的形象设计可以包含国家和社会的整体形象设计、城市与环境的形象设计、政府和部门的形象设计以及企业与学校的形象设计等，形象设计水平和品位的高低，决定着设计对象整体形象的优劣。因此，大到全貌，小到细节，都非常重要，且十分讲究。狭义的形象设计，专指对人物进行形象上的外包装。

形象设计是一门综合性的艺术，其设计对象主要是人，是通过物质表象反映出人的精神和思想境界的艺术创造活动。形象设计的本质是为了构筑新的美好的形象，其目的是运用不同的手段对人物形象进行美化和提升。在设计过程中，运用大胆的构思和丰富的设计手法，结合设计对象的身份、环境和场合等客观因素，通过视觉冲击力造成视觉优化，使人物形象产生新的面貌，从而激发新的心理判断和美感。

二、形象设计的理念

设计理念是指设计师在设计构思过程中所确立的主导思想，好的设计理念至关重要，它不仅是设计的精髓所在,而且能产生个性化、专业化和与众不同的效果。

形象设计的理念主要把握以下四个要点。

(一) 体现以人为本

现代社会中,人是一切活动的核心。形象设计的对象是人,应以人为中心,一切围绕人物本身,体现为人服务,依据人的需求进行设计和打造。设计是形象思维与抽象思维的交融,有透过物质反射出人文精神的特质,设计手法和技巧是思想和内容的体现,在这个过程中,占据中心位置的应当是人的主观意识,而不仅仅是技巧本身。

(二) 遵循客观规律

形象设计的任务就是要改造人物的自然条件,创造美好的新形象。形象设计要遵循客观规律,正确认识自然因素,才能更好地进行设计和创造。形象设计的艺术表现必须建立在设计对象的客观条件和自然基础之上,离开自然与客观的规律,设计将是不切实际甚至是不可实施的。因此,在设计构思的实际过程中,首先要考虑到设计对象的实际需要,不仅要符合人物本身的自然生长条件,还要适应不同的性格、年龄、性别、文化和习惯等方面的不同要求。

(三) 体现审美趣味

形象设计是一种审美活动,设计者的审美趣味贯穿于认识美、欣赏美和创造美的全过程,并通过形象设计对象的最终结果而呈现出来。因此,培养审美意识,提高审美能力,建立形象设计美感,是体现审美趣味的关键。

审美趣味也称审美鉴赏力,是审美主体欣赏、鉴别和评判美丑的特殊能力,是审美知觉力、感受力、想象力、判断力和创造力的综合。审美趣味在人的实践经验、思维能力和艺术素养的基础上形成和发展,是以主观爱好的形式表现出来的对客观的美的认识和评价。既有个性特征,又具社会性、时代性和民族性。审美趣味是个体在审美活动中表现出来的一种偏爱,它直接体现为人的审美选择和评价。人的审美趣味虽然表现为直观的、个别的选择方式,却包含着某些审美观念的因素,它是人们自发审美需要和自觉审美意识的结合。

形象设计的审美过程,是各种心理活动的综合过程,它始于对设计对象的最初感知,通过表象激发情感体验,进而引起联想和想象,最终进行审美创造,以满足设计对象和人们的审美需求。这一切都要按照"美的规律"来把握和进行,审美趣味能左右人的审美感知和审美想象,影响人对形象美的判断和评价,并对审美创造产生至关重要的影响,在形象设计的实施过程中起主导作用。形象设计中要考虑不同民族、不同层次、不同年龄和不同身份的美感,必须符合大众的审美趣味,才能得到广泛的认同。

(四) 实现内容美和形式美的统一

形象设计是一门科学,包含人类学、社会学、美学、艺术学和医学等学科的专业知识,是由表及里、专门研究人物形象内涵、美化人物形象的学问。同时,形象设计也是一门技术,它不仅包含发型设计、妆容设计、化妆美容、服饰搭配和身体塑形等方面的技能技巧,也包括审美层次、个性气质、风度礼仪、思想道德品质和文化艺术素养等方面的综合因素。

形象设计既是一门综合学科、一种设计理念、一种图形构思,也是一种技能实践和艺术再创造,讲求理论联系实际。形象的设计所体现的美,不仅仅是外观视觉上的美,更需要挖掘人物形象的内涵,体现丰富的美学观念和设计思想,使得内容的美和形式的美实现高度的统一,这种美才是值得称道的。

三、形象设计的基本内容

人们在交际之初,"以貌取人""以衣饰看人"的心理是很难避免的,因而人的"第一印象"总是从外形的美观与否开始的,故此外形将最先影响人们的接受程度。

本书主要指的是人体外在形象的美,这种美具体表现在容貌美、形体美、姿态美、服饰美和声音美等多个方面。因此,个体外在形象设计的基本内容包括以下几个方面:容貌、形体、服饰、行为举止和声音谈吐等。

(一)容貌

容貌也称相貌、容颜,主要是指一个人面部的轮廓、质感、气色,以及五官的形态结构,有时也将皮肤、头发、脖子和无遮挡的手部,即手掌、手臂等也列入其内。容貌居于人体形象之首,是最为引人注目的部分。因此,容貌美是人体美最重要的组成部分。容貌美不仅体现在自然的形态结构、生理功能以及健康的心理状态等诸多内外因素的完美协调、和谐统一,还体现在人的内在修养、精神状态和气质风度等方面的外在流露,一个身心健康、积极向上的人,其形象总是神采奕奕和容光焕发的。

(二)形体

形体指人的身形结构,在自然界里,人体结构是最完备、最协调、最富有生机和力量的。形体包括体型、肢体、躯干和皮肤等,形体是否美,主要取决于身体各部分发展的均衡、协调与整体外观上的和谐。早期古希腊对于人体比例的标准规定为,人的标准身长等于面长的10倍或头长的7~8倍;而古埃及则把中指的19倍或鼻高的32倍视为标准身长。目前,人们公认的最佳标准是人的身高等于头长的8倍,如果破坏了一定的比例,人体就会失去匀称而显得不协调,比如说上身长、下身短、头大、身子小等。

(三)服饰

常言道:"人靠衣装马靠鞍",可见服饰对形象的重要程度。服饰指的是人在服装穿着、饰品佩戴和美容化妆几个方面的统一,有时也单指衣着穿戴。服饰是地域差异、民族习惯、社会风尚以及时代感等因素的综合体现。得体的服饰,可以修饰体型,提升气质,所以说服饰是人体的软雕塑。一个人的衣着打扮,在较大程度上反映出这个人的个性、爱好和职业的特点,也在一定程度上体现人的文化素质、经济水平和社会地位。

（四）行为举止

行为举止是人物形象动态的体现。其主要指人体在空间活动、变化时的动作，以及人们在日常生活中和社会交往中的形体姿态。行为举止是展示人的"内在美"的一个窗口，有时甚至比一个人的容貌、衣着打扮给人印象更为深刻。人体的姿态包括静态和动态的姿态，有站姿、坐姿、蹲姿、走姿和手势等，人体的姿势主要通过脊柱弯曲的程度、四肢和手足以及头的部位等来体现，姿势的正确优美与否，不仅体现人的外观形态，还能反映出一个人的气质与精神风貌。人体在运动过程中产生的动作和形体变化，要与干净整洁、精神饱满的相貌，以及自然挺拔、端庄大方的姿态相适应，才能体现出协调的整体美感，反之，则显得猥琐邋遢、萎靡不振。

（五）声音谈吐

中国人讲究"听其言，观其行"，因此把声音、谈吐作为考察人品的重要内容之一。美国哈佛大学前校长伊立特也曾经说过："在造就一个人的教育中，有一种训练必不可少，那就是优美、高雅的谈吐。"声音谈吐，能够反映出一个人良好的品德修养和文化水平，因此，声音美也是仪态美的一个重要组成部分。一个彬彬有礼的人，其声音谈吐也应该表现为文明高雅。形象设计也包括指导人们如何更好地运用人体发音器官，维护发音功能，使人发出更好听的声音，更好地进行语言表达。在进行语言表达时，要做到语音轻柔，语意完整，语调亲切，语速适中，体现出较高的个人修养和品位。

第二节　形象设计的要素

随着社会的日益现代化，人们的生活质量也在不断提高，越来越多的人开始认识到，真正的形象美在于充分地展示自己的个性，创造一个属于自己的、有特色的个人整体形象才是更高的境界。并且，人们对美的关注也不再仅仅局限于一张脸，而开始讲求从发型、化妆到服饰的整体和谐以及个人气质的培养。

形象设计作为一门新型的综合艺术学科，正走进我们的生活。无论是政界要人、企业家、明星等公众人物，还是普通的老百姓，都希望自己以良好的个人形象展示在公众面前。人们急于想提高自我形象设计能力，但又感到力不从心，往往是投入较大而收效甚微，甚至适得其反，最重要的原因就是忽略了形象设计艺术的要素。如果掌握了形象设计的艺术原理，也就等于找到了开启形象设计大门的钥匙。

形象设计的要素包括妆容设计、发型设计、服饰搭配、身体塑形、个性与心理的塑造和文化艺术修养的提升等六个重要的方面。

（一）妆容设计

妆容设计是最主要的要素之一。化妆是传统、简便的美容手段，指的是根据个人形象的特点,运用化妆工具和用品,重点对人物的脸部进行美化,化妆在形象设计中起着画龙点睛的作用。随着各类化妆用品的不断更新,从过去简单的化妆,扩展到当今的化妆美容与保健相结合的整体美化,化妆有了更多的内涵。从古至今,人们都偏爱梳妆打扮,特别是逢年过节,喜庆之日,更注重梳头和化妆,可见化妆对展示自我美好形象的重要性。有道是"浓妆淡抹总相宜",淡妆显得高雅、自然,彩妆则显得艳丽、浓重,根据不同的身份和场合,施以不同的妆容,并与服饰、发式形成和谐统一的整体,更好地展示自我、表现自我。

由于职业的特点,空乘人员的妆容有着较高的标准,清新自然、干净整洁是其职业妆的总体要求。一般来说,空乘人员自身形象具有较好的先天条件,应该以化淡妆为主,不需要也不宜浓妆艳抹。

(二) 发型设计

发型设计可以改善一个人的精神面貌。随着科学的发展,美发工具的更新,各种染发剂、定型液、发胶层出不穷,为塑造千姿百态的发型式样提供了多种可能。人们可以根据性别、年龄、职业、头型和个性,选择适合自己的发型式样和风格,极大地体现出人物的性格和审美品位,提升整体形象。

空乘人员由于工作性质的要求,其发型讲求干净整洁、简洁干练,且具有服务行业的统一性特征。女性大多以盘发为主,较少有短发,更不允许披发;男性则以平头为多见,或者是鬓角整齐的短发。

(三) 服饰搭配

服装款式和造型在人物形象中占据着很大的视觉空间,因此,服饰搭配是形象设计中的重头戏。选择服装时,既要考虑款式、比例、颜色和材质,还要充分考虑视觉、触觉给人所产生的心理、生理上的反应。服装能体现年龄、职业、性格、时代和民族等特征,同时也能充分展示这些特征。在当今社会,人们对服装的要求已不仅是干净整洁,而是更多地增加了审美的因素。服装设计要因人而异,在造型上有 A 字型、V 字型、直线型和曲线型;在比例上有上紧下松或下紧上松;在类型上有传统的含蓄典雅型和现代的外露奔放型等。这些因素如果在形象设计中运用得当、设计合理,选择的服装不仅美观而且合体,并能产生扬长避短的作用,使人的体形在较大程度上得以改观。

饰品、配件的搭配和选择也很重要。饰品、配件的种类很多,颈饰、头饰、手饰、胸饰、帽子、鞋子和包袋等都是人们在穿着服装时最常用的。由于每一类配饰所选择的材质和色泽的不同,设计出的造型也千姿百态,能恰到好处地点缀服饰和人物的整体造型,它能使灰暗变得亮丽,使平淡增添韵味。但如果饰品配件与服装的款式、色彩、造型和风格不相适合,不仅不能增添美感,有时会适得其反,破坏整体美。因此,饰品的选择和佩戴是否美观恰当,能充分体现人的穿着品位和艺术修养。

(四) 身体塑形

身体塑形也是形象设计中最重要的要素之一。良好的形体会给形象设计师施展才华留下广阔的空间。完美的体形固然要靠先天的遗传,但后天的塑造也是相当重要的。长期的健身护体,加上合理的饮食、有规律的生活方式,以及保持宽容豁达的性情和良好的心态,都有利于长久地保持良好的形体。

体形是很重要的因素,但不是唯一的因素,只有在其他诸要素都达到统一和谐的情况下,才能得到完美的形象。空乘人员是航空公司的形象代言人,保持良好的体形,不仅可以保持良好的整体形象,也是做好服务工作的前提条件,因为空乘人员从事的工作任务比较繁重,需要健康的体魄和良好的耐受性。因此,强身健体是每一个空乘人员的必修课。

(五)个性与心理的塑造

高尚的品质、健康的心理和充分的自信,再配以服饰效果,是人们迈向事业成功的第一步。在进行个人形象的全方位包装设计时,要考虑一个重要的因素,即个性要素。回眸一瞥、开口一笑、站与坐以及行与跑都会流露出人的性格特点和气质。忽略人的气质、性情等个性条件,一味地追求穿着的时髦、佩戴的华贵,且说话粗俗、举止不雅,只会被人看作是空有一副皮囊,或者说"金玉其外,败絮其中"。只有当"形"与"神"达到和谐时,才能创造一个自然得体的新形象。

心理素质的塑造十分重要。人的个性有先天的遗传和后天的培养,而心理要素完全取决于后天的培养和完善。空乘服务是服务行业的标杆,要求其从业人员具有高尚的职业道德和良好的心理素质,还要有团队合作精神。工作中需要有亲和力,不仅要有耐心,还要有细心、恒心和爱心,认真对待每一个工作环节,认真对待每一位旅客,对服务对象的要求要随叫随到;遇到航班延误或是飞行过程颠簸时,要做好旅客的心理疏导;遇到突发紧急情况,要沉着冷静,从容应对,立即配合机组人员做好处置工作。

(六)文化艺术修养的提升

文化艺术修养是人的综合素养的重要组成部分,也是个人能力的重要体现。文化艺术修养对一个人的情操、品格、气质以及审美眼光有着重大影响。人的内在修养会外化为人的气质,并通过一些言行体现出来。洛克说:"在缺乏教养的人身上,勇敢就会变成粗暴,学识就会变成迂腐,机智就会变成逗趣,质朴就会变成粗鲁,温厚就会变成媚俗。"车尔尼雪夫斯基也曾说过:"要使人成为真正有教养的人,必须具备三项品质:渊博的知识、思维的习惯和高尚的情操。"有着良好修养的人,其气质上表现出态度诚恳、谈吐得当、举止大方和遵纪守时等特点;而修养较差的人则表现为虚情假意、出言不逊、举止粗俗和无所顾忌等特征。

人与社会、人与环境、人与人之间是有相互联系的,在社交中,一个人的谈吐、举止与外在形象同等重要。良好的外在形象是建立在自身的文化修养基础之上的,而人的个性及心理素质则要靠丰富的文化修养来调节。具备了一定的文化艺术修养,才能使自身的形象更加丰满、完善。在形象设计中,如果将妆容设计、发型设计、身体塑形、服饰搭配比作硬件的话,那么个性与心理的塑造以及文化艺术修养的提升则是软件。硬件可以借助形象设计师来塑造和变化,而软件则需靠自身的不断学习和修炼。只有当"硬件"和"软件"合二为一时,才能达到形象设计的最佳效果。

第三节　形象设计的原则

人物形象设计的意图,就是要将人自身的优点最大限度地挖掘出来,并将其所存在的缺点给予恰到好处的修饰,以符合形象设计审美的艺术标准,塑造美观大方、协调和谐的整体形象,最终满足人们的物质需要与精神需求。在形象设计构思时,要遵循变化与统一相结合的基本观念,在实践中,则必须把握 TPO 法则、比例与尺度、对称与均衡和多样与统一等基本原则。

一、TPO 法则

TPO,是指时间(Time)、地点(Place)、场合(Occasion)或者是目的(Objective)这几个英文单词的首字母。设计对象的穿着打扮都必须符合这些方面的要求。从"设计的指向应该是人"的思想出发,形象设计不仅关乎设计对象本身的视觉效果,同时还涉及与设计对象有关的各种因素,如个人的职业特点、工作性质、生活环境和社交场合等所引起的一系列连锁反应。

整体的形象设计,在不同的时间、地点和场合是不同的,体现的目的也不同。TPO 法则的含义,就是要求人们在选择服装、考虑其具体款式时,首先应当兼顾时间、地点和目的,并应力求使自己的着装及其具体款式与着装的时间、地点和目的协调一致,较为和谐般配。

二、比例与尺度

形象设计最直接的目标,就是要使设计对象在形式上达到美的最佳效果,因此外形的美观是形象设计必然要强调的。

(一)人体美的标准

人体美(Physical Beauty)也可翻译成"形体美",指的是人的形体结构、姿态、色泽的美,这是人的自然美之一。人体美是人的重要的审美对象,能使人愉悦,提升自信。人体美的发展同社会条件密切相关,不同时代、民族的人对人体美的审美标准有共同点,也存在差异性。现如今,文明的社会环境、美好的社会生活和长期的锻炼、保养,为人体的日益美化提供了更多可能性。

我国体育美学权威人士胡小明等研究人员,综合了古今中外一些美学家和艺术家对人体美的见解,根据中国的实际情况,得出人体美的标准如下。

(1)骨骼发育正常,关节不显得粗大突出。
(2)肌肉均匀发达,皮下脂肪适当。
(3)五官端正,与头部配合协调。

(4) 双肩对称,男宽女圆。

(5) 脊柱正视垂直,侧看曲度正常。

(6) 胸廓隆起;正、背面略呈 V 形;女性胸廓丰满而有明显曲线。

(7) 腰细而结实,微呈圆柱形。

(8) 腹部扁平,男子有腹肌垒块隐现。

(9) 臀部圆满适度。

(10) 腿修长,大腿线条柔和,小腿腓肠肌稍突出;足弓高。

(二) 关于比例

所谓比例,就是指事物的形式因素在部分与整体、部分与部分之间合乎一定数量的关系。比例就是"关系的规律",凡是处于正常状态的物体,其各部分的比例关系都是合乎常规的。比例如果恰当,就是匀称,而匀称的比例关系,则会使物体的形象具有严整、和谐的美;严重的比例失调,则会出现畸形和不和谐,畸形在形式上是丑的。我们赞美一个人通常说"五官端正"或是"身材匀称",这些都体现了人体面部结构和身体结构的匀称比例关系。

"黄金比例分割"是世界上比较通用的美学比例分割法则,其"黄金分割原理"也叫"黄金律"。黄金分割具有严格的比例性、艺术性与和谐性,蕴藏着丰富的美学价值。意大利著名画家和解剖学家达·芬奇通过对无数尸体解剖的实际测量和研究证实得出结论,人体中有许多部分符合黄金分割律的比例关系,19 世纪德国美学家柴侬辛在此基础上又做出了进一步的计算。

黄金分割(Golden Section)是一种数学上的比例关系,应用时一般取 0.618,就像圆周率在应用时取 3.14 一样。有趣的是,这个数字在自然界和人们生活中到处可见:人们的肚脐是人体总长的黄金分割点,人的膝盖是肚脐到脚跟的黄金分割点。建筑师们对数字 0.618 都特别偏爱,无论是古埃及的金字塔,还是巴黎的圣母院,或者是近世纪的法国埃菲尔铁塔,都有与 0.618 有关的数据。人们还发现,一些名画、雕塑、摄影作品的主题,大多在画面的 0.618 处。艺术家们认为弦乐器的琴马放在琴弦的 0.618 处,能使琴声更加柔和甜美。所以,符合黄金分割原理的比例,在比例的均衡与整体的和谐方面都更符合人们的审美标准。

许多美学实验表明,多数人喜欢这种比例,认为最合乎美感的要求。但值得强调的是,0.618 作为人体健美的一种标准尺度,是无可厚非的,但不能忽视其存在的"模糊特性",它同其他美学参数一样,受种族、地域和个体差异的制约,都有一个允许变化的幅度。

(三) 关于尺度

尺度也叫"度",指的是事物的量和质统一的界限,一般以量来体现质的标准。事物超过一定的量就会发生质变,达不到一定的量也不能成为某种质。例如在人的面部五官中,眼睛、鼻子和嘴巴是人们审美的重点,处于主要地位,而眉毛、耳朵则处于次要地位,如果一个人的眉毛修饰得过分或是耳环太夸张,就会给人以喧宾夺主的感觉,影响美观。

形式美的尺度,指同一事物形式中整体与部分、部分与部分之间的大小、粗细和高低等因素恰如其分的比例关系,如果比例不符合一定的尺度,就显得不和谐,使人感到不美。匀称和黄金分割等就是重要的尺度。个人的修饰和打扮也要适度,不宜过于夸张,也不宜张扬,更不能为显示个性突出而追求另类,如若打破了尺度,不仅不美,反而会适得其反,有损形象。

比例与尺度在形象设计中的运用,就是要有效改善人体或服装各部分尺寸之间的比例关系,使其合乎适宜的尺度,最大化地增强美感。如通过发型改善脸型,通过化妆矫正五官,通过服装改善形体和体型等。

三、对称与均衡

(一) 关于对称

对称是指整体中的各部分依照实际的或者是假想的对称轴(也称对称点),在两端形成同等的体量对应关系,使其具有稳定统一的美感。对称又分为静态对称和动态对称两种,静态对称有左右对称、上下对称和前后对称等,其中左右对称是基本,上下对称和前后对称其实是左右对称的移动;放射对称是以经过中心点的直线为中心轴的多方位(包括前后、左右、上下)对称的组合。

对称是自热界常见的现象,一切生物体的常态几乎都是对称的,例如我们看到的美丽的蝴蝶、蜻蜓等。人类之所以把对称看作是美的,就是因为它体现了生命体的一种正常发育状态。因为人体在正常情况下,体型是左右对称的,以鼻梁上线为中心轴,双眉、双眼、双耳的部位间距和高低位置是均等的,行走时双脚前后移动、双臂前后摆动幅度也是均等的。在长期的审美实践中,人们认识到对称具有平衡稳定的特性,会使人的心理产生愉悦感,反之,残缺的、不对称的或是畸形的物体,则会让人产生不愉快的观感。

(二) 关于均衡

均衡是从运动规律中升华的形式美法则,它指的是对应的双方等量而不等形,即对应的双方在左右、上下的形式上虽然不一定对称,但在分量上是均等的。均衡是静中有动的对称,最典型的就是杆秤式对称,犹如一杆秤,其平衡点是固定不变的,但两边平衡物体的距离则随着秤锤的移动而不同,使得重量平衡。

均衡是对称的一种变形,使得作品形式在稳定中富于变化,显得更加生动活泼,产生动态的美感。例如,古希腊的艺术家认为人最优美的站立姿势,是把全身的重心落在一条腿上面,使另一条腿放松,这样为了保持人体重心的稳定,整个身体就会自然而然地形成一个S形的曲线美,我们在一些雕塑和绘画中能够看到这样的形态。

对称和均衡是形象设计中经常运用到的法则。人体的器官特别是体表器官,都存在左右对称的现象,故以对称为美;完美的面容也都是对称的,但是现实中绝对对称的面容极少存在,因此,在形象设计中就要对脸型和五官进行矫正。人的发型设计以及端庄大方的服饰装扮,也大多采用对称的原则,但过度讲究对称,会显得呆板、拘谨,因此,在某种程度上要打破对称,避免单调和刻板,多从均衡的对比关系方面考虑,创造生动活泼的形象。例如,在发型上可采用斜刘海、侧分等形式,在服装上可通过口袋、切线、装饰物和面料花色的非对称形态,与基本形态相结合,从而增加变化和动感,使人物形象更加生动秀丽。

四、多样与统一

多样与统一是形式美的最高法则,又称和谐。多样与统一体现了大自然和人在生活中的矛盾对立统一现象,如形状有大小、方圆、长短、高低、曲直和正斜;性质有明暗、刚柔、粗细、强弱、轻重和润燥;形态有动静、徐疾、抑扬、进退、聚散和升沉等。这些对立因素在艺术形象上得到统一,就能够形成和谐的形式美。

多样与统一是自然科学和社会科学中辩证法对立统一规律在审美活动中的表现,是所有艺术领域的总的原理,我们所处的世界乃至整个宇宙都是包含这一法则的丰富多变而又统一的整体。多样与统一法则要求在艺术创作中,运用多种手段使各种综合因素之间得以协调共存,在单一中求变化,在变化中求对比,在对比中求协调,在协调中求统一,这样才能构成一个有机的整体,达到最高的表现形式。

多样与统一包括两种基本类型,一种是对比,即各种对立因素之间并存形成的统一;一种是调和,即各种非对立因素之间相联系的统一。无论是对比还是调和,其本身都要求有变化,在统一中有变化,在变化中求统一,方能显示出多样统一的美感。在形象设计中,每个人的发型、妆容、造型、色彩和服饰等都会有一定差异,既要追求个性和风格上的变化,又要防止各因素的杂乱堆积失去统一性,因而要考虑各部分的内在联系,将其与整体形象统一起来,做到有所取舍,突出重点和主题,保持多样和统一之间的均衡关系,才能使设计对象趋于完美,体现整体形象的和谐观感。

第四节　空乘人员职业形象的内涵

空乘人员指的是民航运输行业的服务人员。由于其行业的特殊性,常常被人们看成美的化身。空乘服务是高质量、高标准的标杆式服务,而空乘人员则是这种优质服务行业的形象代言人。空乘人员形象设计是一个综合性的、全方位的设计,绝不能只把它单纯地看成是特定时刻的穿着打扮,也绝不能将目光停留在表面的设计上。形式上的美观不是空乘人员形象的全部内容,仪态、气质、言谈举止、性格、心理的打造,以及文化艺术修养的提升也同样不可或缺,它们都是美的内涵,而外观美是帮助传达"美的内涵"的有效途径,是实现最佳形象设计效果的表达方式。

一、空乘人员职业形象的特点

健康靓丽、干净整洁、举止得体、仪态大方、态度亲切、待人真诚、手脚麻利、聪慧灵敏和沉着干练等,是空乘人员职业形象的最高标准,也是当今乘客对空乘人员共有的心理期待，而这些形象特征首先是通过精心设计的外观美，才能得以一步一步实现。无论如何，空乘人员在妆容、服饰和发型等外在装扮上的讲究永远是最重要的。妆容、衣着和发型是空乘人员的外包装，在空乘人员形象设计中处于很重要的地位，不可掉以轻心。良好的外形条件（比如身高、体型和面貌等）是空乘人员职业形象的基础条件，但光有这些还远远不够，还需要具备高尚的道德情操，以及丰富的学识和内涵，才能拥有由内而外散发的优良气质。因而，空乘人员职业形象既包括外观形象上的美，也包括内在气质的外部体现，是一种综合的美。

前面的内容已经对形象做了解释，下面让我们对气质进行相应的了解。

"气"在汉语中是个神秘的字眼，它看不见、摸不着，却又无处不在，令人无法捉摸。"气质"一词在《现代汉语词典》中的解释是：(1) 指人相对稳定的个性特点，如活泼、直爽、沉静和浮躁等，是高级神经活动在人的行动上的表现。(2) 指人的风格、气度。美学中给气质所下的定义是：所谓气质，指的是一个人的风格、风度和风貌等。由此我们可以看出，气质是指人的外部行为、形态所传递的信息，人们的感官可以捕捉到它的存在，但不如形象那么具体和直接。形象是视觉能捕捉到的东西，能用"高大、矮小""靓丽、丑陋""整洁、猥琐""清纯、成熟"等相应的词语来形容它，是很直观的。而气质是通过人的仪容仪表和言谈举止等所传递的一种特殊的感觉，它是人们在心理活动或行为方式上表现出来的动态心理特征，我们常常见到人们用"雍容典雅、仪态万方""优雅、高贵"等词语来形容一个人的气质，可见它给人的感觉不如形象那么直观。

气质是人类文明的产物，是人类所独有的，只有人类才懂得评价气质，欣赏气质，追求气质，塑造气质。气质与形象的美在人的外部表现上是相辅相成的，形象的好坏直接影响到气质的表现，但气质是高于形象的，它除了体现外表的美感，还表现在举手投足、谈吐修养等诸多细节之中。人的内在气质和心态，有相当大一部分会通过外在仪表和姿态反映出来，有时，姿态和举止比服装打扮更能表现一个人的气质。形象上的不足，可以通过装扮加以改善，而优雅气质的培养和塑造，则必须经过良好的教育与长期的训练，在内涵方面多下功夫才能够实现。

空乘人员在人们的心目中，应该是面目姣好、皮肤白皙、体型修长、服饰整洁和装扮清丽的形象，其代表了大多数人在视觉感官上对美好形象的追求。但是，由于行业的特殊性，空乘人员形象美的要求不仅仅是单纯的视觉感官上的欣赏，而是要更多地适应服务对象的心理需求。所以，空乘人员光有漂亮的外表是不够的，必须具备良好的从业素质，其中良好的气质就是很重要的部分。对于空乘人员的良好气质，则应定位为优雅、大方、谦和与可亲，具体体现在甜美的微笑、亲切的话语、谦逊的态度和周到的服务等方面。因为形象是直观的，而气质的特点则要通过人与人之间的相互交往接触才能显现出来，乘务人员的服务过程恰恰就是与人交往的过程，所以对空乘人员的气质要求更高。

二、空乘人员的职业素养

大多数人会认为形象只是指人的外表，形象的美只是体现在外观上。其实，形象与气质是相辅相成的，没有良好的气质，外在条件再好也产生不了美感。气质的美是由内向外散发的，是心灵美与外在条件的最佳结合，因此，不能忽视人物内涵与素养的塑造，要加强良好的行为与习惯、良好的性格与人脉和良好的心态与意志力等方面的培养，从而进一步塑造良好的形象与气质，这些都与空乘人员的职业素养有关。

（一）关于素养

《现代汉语词典》中对"素养"一词的解释是平时的修养，我们可以更宽泛地理解为素质和修养的集大成。素质包括一个人的知识、能力、德行，以及对事业的执着追求等各种要素和品质，它为人的持续发展提供重要的潜能；修养指的是人在理论知识和思想内涵等方面的水平，待人处事的正确态度，以及平时养成的行为习惯，它能帮助人们获得更多的成功。

职业素养是将素质与修养进行有效的结合并使之与职业相匹配。空乘人员的职业素养包括符合空乘行业需要的方方面面，是一个人在思想、品格、行为、习惯、心态、意志力、智慧、情感和人脉等各个方面的综合体现。空乘人员需要较高的职业素养，因为他所从事的服务工作并不是简单化的劳动，除了完成各项基本服务任务外，还要妥善处理各种突发事件。如面对特殊旅客、飞机延误等事件的态度，以及发生劫机、旅客突发急病等危急情况时的处理、救护等，都集中体现了空乘人员的职业素养。

（二）职业素养的外部表现

形象与气质从某种意义上来说，是一个人基本素养的直接反映，一个人的基本素养如何，将会直接影响到形象与气质的外部表现。

空乘人员的职业素养从以下几方面来体现。

1. 爱岗敬业

空乘服务需要高品质的人才，这种高品质的人才首先应具备高尚的职业道德，体现出对工作岗位的热爱和对旅客的关爱，并能克服职业倦怠感，长久保持对乘务工作的热情。一个从事空乘服务将近二十年的空姐，在介绍自己的经验时说：永远把旅客当作自己的亲人，才会觉得为旅客服务永远是快乐的事情。空乘人员从事的是较为单调的劳动，要求既有爱心又有耐心，周到细致地为旅客服务，没有爱岗敬业、乐于奉献的精神是做不好的。尤其当面对那些残疾人、老年人等特殊旅客时，空乘人员要给予更多的帮助和关照，通过真诚服务在人们心中留下的良好形象，远比外观容貌和装扮上的美丽要持久得多。

和蔼可亲是空乘人员最基本的气质，微笑就是最好的化妆品，微笑也是一种职业态度，更是体现空乘职业素质的一种基本功。自然真诚的微笑，能够拉近人与人之间的距离，只有真正热爱这个行业的人，才会流露出发自内心的笑容。服务行业有句口号：顾客就是上帝，善待每一位服务对象，是空乘人员的职业要求。微笑服务绝不只是单纯地笑对旅客，而是要竭诚为旅客着想，温暖为旅客服务。在服务过程中，要待旅客如亲人一般，通过微笑与其产生心与心的交流，使旅客有宾至如归之感，让旅客体会温馨的优质服务，才能使旅客在心目中对空乘人员产生最美好的印象。

实操 1：

微笑训练：对着镜子，练习微笑着与人打招呼的表情。具体要求：微笑要发自内心，眼神要充满笑意，要露出八颗牙齿，通过眼神、面部表情来体现内心的热情。

2. 包容之心

宽容是一种非凡的气度和宽广的胸怀，体现的是对人的包容和对事的接纳，宽容别人就是善待自己。霍姆林斯基说过："宽容产生的道德上的震动比责罚产生的要强烈得多。"宽容是一种高尚的品质，拥有它意味着为人要大度，不计较得失，对人要真诚地付出和给予，便能得到更多的尊重和帮助；宽容也是一种智慧和境界，拥有它意味着为人要谦和，心境平和超脱，能使人更加从容自信，得到更多的快乐。

在日常生活中，我们要与各种各样的人打交道，需要有宽容的态度和包容之心，才能有更多的朋友。在空乘服务过程中，会遇到各种脾气性格的旅客，尤其在气流颠簸和航班延误等情况下，面对旅客的埋怨和争执，甚至是屈辱，空乘人员也要保持耐心、谦和的形象，怀着真诚和包容之心做好服务，对旅客进行耐心的解释和安抚，以维护航空公司的形象和利益。

3. 举止文雅

从一个人行为和习惯表现的优劣，能看出这个人形象与气质的层次。空乘人员要通过长期的学习和积累，规范言行举止，提升形象气质。从整体上来讲，空乘人员在旅客面前，要做到站姿挺拔，走姿优美，坐姿端庄，主动适时地给予顾客礼貌的问候和亲切的关怀，提供周到的服务，在这些过程中都要注意养成良好的行为习惯，从而获得更好的形象气质，给旅客留下更好的印象。

一般说来，空乘人员的外在形象首先是从服装和妆容上体现的。空乘人员的妆容切忌浓妆艳抹，要干净清爽、富有朝气，还应保持发型干净齐整，达到赏心悦目的效果，带给旅客良好的第一印象；空乘人员的服装主要是以整洁大方的制服为主，应尽量保持制服、鞋袜、领结和丝巾穿着上的一致，并维持整洁、不起皱，所佩戴的首饰也应与服装、发型等相适合，避免过于复杂和花哨，体现出干练、简洁的行业特点。其次，还应该通过言谈、行为举止等气质方面的表现，进一步在旅客面前树立良好的职业形象。在与旅客进行语言交流时，态度要亲切温和，做到有礼有节、亲善友好；语言的表达能力要强，注意说话时的语气、语速、语调的变化和情感的运用，音量要适中，说话时眼神要礼貌地看着服务对象，还要恰到好处地运用面部表情、手势和身体的姿态等无声的态势语言，给人以宾至如归的感觉，使得旅客产生良好的心理感受；迎客和送客时的语言要发自内心，用微笑辅助亲切的话语，给旅客以亲切感，为旅客营造轻松愉快的心境和氛围。

在服务过程中，要培养满意服务的行为习惯，做到"六勤"，实现高效服务，提高旅客满意程度。"六勤"即眼勤、口勤、耳勤、手勤、腿勤和脑勤。"眼勤"指眼里有活儿，眼睛要密切关注客舱里的动静，适时捕捉旅客的需要，有时通过一个表情或动作，就能立刻明白旅客需要什么；"口勤"指做到热情主动打招呼，询问旅客需求，提供指导等；"耳勤"指用听觉关注旅客和客舱中的情况，有问题时能及时发现和处理；"手勤"指多用手提供各种系列服务，比如检查行李架，摆放行李，递送餐食、毛毯等；"腿勤"指平飞时常在客舱中走动，及时为旅客提供服务;"脑勤"指主动思考,为提高服务质量,提升服务形象动脑筋、想办法。这些良好的行为习惯,能为满意服务打下良好的基础。

实操2:

坐姿训练:将臀部坐在椅子深一些的部位,上身挺拔,头部端正,目光平视,面带微笑,双手略交叉放置在一条腿上或双膝中间,双脚并拢略向后收并略微偏向一侧,坚持三分钟以上。

4. 良好的个性

服务人员需要具备较好的个性,因为他们所面对的是活生生的人,具备良好的个性才能受到欢迎,从而与服务对象之间建立和形成良好的合作关系。

人的个性是由人的性格所决定的,人的性格是个人对现实的稳定的态度以及与此相适应的习惯化的行为方式。对于周围现实的影响,每个人都会有一定的反应,有什么样的反应,表现一个人对现实的态度,怎样去反应,表明一个人的行为方式,这种态度和行为方式如果已经在生活经验中巩固起来,成为稳固的态度和习惯化的行为方式,那就构成了一个人独特的性格特征,也就是个性。

人的性格是多种多样的,且男女有别。男性的性格特征更多地偏向于意志型或者理智与意志的混合型,偏向于独立型和外倾型,其中,意志型和理智与意志的混合型特征较占优势,因此,男性大多目标明确,行为比较主动,能进行冷静的思考,喜欢独立思考,遇事好强,比较善于交际,因此,他们心理表现中的自尊、自信、独立、果敢、坚韧、主动、好奇和好动等性格特征比较明显,但是如果缺乏引导,就容易狂妄自大、骄傲自满、盲目乐观、狂热冲动或逞能好强。女性的性格特征更多地偏向于情绪型或理智与情绪的混合型,偏向于顺从型和内倾型,其中情绪型或理智与情绪的混合型较占优势,容易被情绪所左右,易凭感情办事,但是有时也能用理智来控制情感、支配行动。大多较为沉静,不太喜欢与人竞争。因此,女性心理表现中的踏实好学、真挚热情、耐心细致、感情丰富、持久、顺从、谦虚与亲和等性格特征比较明显,但是意志力较弱,独立性较差,如果缺乏引导,容易优柔寡断、缺乏主见或盲目服从。

空乘人员由于其行业的特殊性,拥有复合型性格较为理想,集上述性格中综合的优点于一身,即,既能像男性那样遇事果敢、反应迅速,又能像女性那样沉静、善解人意,遇事能理智地思考、克制冲动;工作中既乐观、有创意、有干劲,又能细心细致、充满爱心等。做一名优秀的空乘人员的确标准很高,有志者要努力用高标准来严格要求自己,尽量使自己的个性向健康的方向发展。

良好的个性也有利于建立良好的人际关系。空乘人员从事的劳动过程,需要与人建立很好的合作关系,包括上下级、同事间的合作,更重要的是在短暂的航行过程中,与旅客建立良好的合作和互动,这就需要热情主动、落落大方的脾气和性格,具备较好的沟通能力和表达能力,才能形成良好的人际关系。在空乘服务过程中,要做到友好地面对服务对象,倾听旅客的需求,是服务人员富有亲和力形象的最佳体现。在倾听旅客说话时,面部带有微笑,身体略向前倾,用目光与旅客亲切对视,态度温和。对旅客的询问要耐心解答,当旅客有不理解和烦躁的情绪时,更要耐心询问和解释,做好安抚工作,有时良好的倾听态度,能鼓励旅客更好地表达,良好的倾听艺术,能化解旅客之间的矛盾和不快,善于倾听,在旅客心中更能建立良好而深刻的印象。

5. 耐受力和意志力

空乘服务工作不仅很烦琐,工作流程也相对复杂,对不同的机型和飞行服务知识,要实时掌握,在高强度的服务工作之下,还要经常接受各种考核,压力很大,尤其是飞远程距离的航线或者是航班长时间的延误时,非常辛苦,这些因素对空乘人员耐受力的考验是要求很高的。这种耐受力表现出来的形象是不骄不躁,能够始终保持较为高涨的工作热情。

生活中需要勇气,勇气的根源是意志力。空乘人员要具备顽强的意志力,才能有勇气从容应对可能发生的事情,甚至要有为事业献身的思想准备。在各国航空史上,都有发生空难和各类事故的记载,在灾难和事故发生的时刻,空乘人员的意志力将受到严峻的考验。

据资料记载,2002年4月15日,中国国际航空公司的CA129航班在韩国釜山发生空难,此次空难创造了生命的奇迹,有38人生还。当飞机尾部撞上山脊的时候,机身剧烈震动且开始分裂,一名男性乘务人员拉起身边的一位女乘客,从裂缝中逃了出来,当他预料到飞机早晚会爆炸时,他奋力喊话让已经逃出来的人赶紧远离飞机,并让乘客先行离开,最后他自己身负重伤,成为人们心目中的英雄。在他身上体现出的这种临危不乱、舍身救旅客的精神,就源自于他那顽强的意志力,以及旅客至上的职业道德感,因而他的形象是高大的、感人至深的。还有一个实例,那是1998年的一天,在上海虹桥机场,一架正待降落的DC-11型飞机的起落架打不开了,情况危急万分。当时,具有安全飞行1万多小时经历的倪机长却十分机智冷静,他让机组人员立刻向旅客说明情况,并要求旅客很好地配合,不要慌乱。于是机长驾驶飞机在机场上空盘旋近三个小时,将机上的燃油几乎耗尽,最后实施迫降,降落时机长用娴熟的驾驶技术,将机头略加上倾,飞机腹部在跑道上滑行,飞机划伤了,但机上全部人员的性命都保全了,免除了一场空难的发生。面对紧急状况,机长和机组人员以高度的使命感和顽强的意志力,在旅客面前塑造了坚强和高大的光辉形象,他们的英雄形象和大无畏的精神,构成了空乘人员特殊的形象和气质,这也是另一种深层次的美丽,将产生经久不衰的魅力。

【本章小结】

本章阐述了形象设计的概念、原则和要素,重点介绍了空乘人员形象与气质的特点以及必须具备的职业素养。空乘人员工作在民航服务的第一线,与乘客近距离接触,其形象气质是乘客对航空公司的第一印象,乘客对企业服务的评价结果是由其服务周到和贴心与否决定的。因此,一个合格的空乘人员,不仅仅要体现在外部表象上的容貌美,还要在服务过程中,通过对旅客的关爱和周到的服务行为,体现其职业操守、高尚的品质、完善的人格和全面的修养,通过举手投足间自然流露出来的气质与美感,体现内在的心灵美,给人以深刻的完美的印象。

形象设计的最终目的是通过各种要素的组合、重叠和取舍,从而产生理想中的整体美,而这种美的根源便是"和谐"。无论形象设计的构想怎样,无论选用材料的性质与性能怎样,无论形象设计各种要素之间的组织配合怎样,其终极目标是让受众的各种感官在接受过程中产生一种和谐感,这种和谐感才是创造最佳形象设计效果的最关键的手法和诀窍。空乘人员不可以只一味关心自身形象是否高贵脱俗或者是否前卫时髦,而忽视了职业的要求,忽视与周围环境的和谐性、贴切性。只有当你心里有追求,眼里有美感,手里有技术时,才能真正打造出符合行业要求、适应职业特点和契合大众审美眼光的良好的空乘人员形象。

【思考与练习】

1. 如何理解形象设计的定义?
2. 简述形象设计的基本内容和主要原则。
3. 形象设计的要素包含哪些方面?
4. 简述空乘人员的职业素养。

第二章

形象设计中的美学知识

【章前导读】

本章介绍美学的基本知识,概略地讲述了中西方美学发展的进程,对比中西方美学的特点、类型等知识点,引导学生理解形象美的概念,了解形象美的构成形态,培养审美意识、审美感受和审美能力,懂得发现美和欣赏美,为创造美打下良好的基础。

【学习目标】

1. 了解美学的基本知识;
2. 提高对形象美的认知;
3. 培养审美能力。

第一节　美学基础知识

美的内涵是指世间客观事物所存在的能引起人们产生美感的一种共同的本质属性。常言道,爱美之心,人皆有之。美是每一个人向往追求的精神享受。虽然人们都能感受到美,并且能够识别美,但是在回答"究竟什么是美"的问题时,答案却千差万别。因为在现实生活中,由于人们所处的时代、地域、经济地位,以及人生观、价值观、道德观、思想素质、文化素质、生活水平和行为习俗等方面的不同,所以存在不同的审美观念,对美的感受也是各异的。"美"具有时代感、民族性甚至鲜明的主观性特征,因而,各个时代对美的需求与标准也是不一样的。

一、美学的含义

美学(Aesthetics)是一门古老而又年轻的学科。"美学"一词来源于希腊语 Aesthesis,最初的意思是"对感官的感受"。早在 1750 年,德国哲学家鲍姆嘉通(1714—1762)在他用拉丁文写成的《美学》一书中,首次提出了美学的概念,把"感性的认识"和"美"联系起来,因而人们称之为"美学之父"。

自人类诞生以来,人们就开始了对美的探索,无论是西方的古希腊,还是中国的春秋战国时期,思想家们都对美表现出热切的关注,他们从自己的思想体系出发,对美的理论探索发表了很多观点,为美学的发展奠定了基础。随着社会的发展,人类对美的理论探求日益丰富,迄今为止,美学已被赋予多种多样的含义,众说纷纭。归纳起来,有以下几个方面。

(1)美学是美的科学。认为美学就是把美作为自己的研究对象,这一观点由鲍姆嘉通提出,同时也是西方现代美学主流的基本取向:美学的研究对象是感性认识的完善,即关于美的科学。

(2)美学是美的艺术哲学。这是黑格尔等西方美学史上一批哲学家、艺术家的观点,主要是从艺术的角度去探求美。

（3）美学是审美心理学。这是一大批心理学家以移情说、直觉论、精神分析学等依据来建构美学，认为美就是美感。

（4）美学是关于美、美感和艺术的科学。该定义是中国美学家李泽厚首先提出的观点，把美学研究的重要内容都包括在内，因此，该观点得到很多中国美学家的赞同。

基于上述各方面综合考虑，"美学"的含义应该是：以美的哲学为基础，以审美经验为中心，用来研究美、美感、艺术和美育的科学。美学是一门人文历史学科，它以一切审美活动现象为研究对象，系统阐释审美对象、审美意识和审美实践的本质特征、存在形态及其发生、发展和演变规律。

二、美学研究的对象与范围

美学的研究对象和范围一直存在争论，比较有代表性的观点有以下几种。

（1）认为美学是研究"美"的，包括研究美的本质以及美的规律，如美的性质、内容、心理、功用和审美标准等。

（2）认为美学是研究人与现实的审美关系，即认为美学应该研究主体和客体的审美关系，包括客体的自然美、社会美、艺术美、科学美和技术美等。

（3）认为美学是研究艺术的科学，即艺术哲学，因此美学研究的对象是艺术，研究艺术和现实的关系，解决艺术和现实存在的矛盾。

（4）认为美学是以审美体验为中心研究美和艺术的学科，把美学的研究对象从探求客观存在的审美关系的研究，转移到主体的审美经验和审美态度。

（5）认为美学应该研究审美的实践活动及其规律。

（6）认为美学是对生命的最高阐释。认为美学的研究对象是人的生命、生存或是存在，提出生命即审美，审美即生命。

三、美的基本形态

美的形态指美的存在形式，通过对美的形态的认识，对理解美的一般性质和表现，从总体上把握美、认识美，有着十分重要的意义。

根据美在现实世界中所存在的不同领域，美的形态分以下几种。

（1）自然美：指的是具有审美价值的自然事物和现象体现出来的美。一种是未经加工的纯自然的环境和现象，如明月、阳光、山川和河流等；另一种是经过人们加工改造所利用的自然物和自然环境，如林荫大道、园林和建筑等。马克思的美学思想中强调，美的本质是人和自然的协调统一，是主观意识和客观意识在实践中的协调统一，强调的就是这种自然美。

（2）社会美：指的是社会事物、社会现象表现出来的美。社会美非常广泛，除了自然美，其他都可归为社会美。社会美是美的最直接的存在形态，是现实美的最主要的、最核心的部分。社会美包括实践主体的美、实践活动的美以及实践环境的美三部分内容：① 实践主体是人,因此社会美的核心是人的美,一是人体的形体美,也叫人体美;二是人的内在美,也称心灵美或灵魂美。② 实践活动的美包括生产劳动的美、社会斗争的美和科学实验的美。③ 实践环境的美包括社会环境之美和自然环境之美,社会环境主要是人与人之间的关系,自然环境是人的个人活动和社会活动的场所。因而,生活美、劳动美和科技美都包含在其中。

(3) 艺术美:指的是各种艺术作品所显现的美,是美的重要的存在形态。艺术来源于生活,离不开现实,是艺术家根据自己的审美经验、审美情趣、审美观点和审美思想,对现实生活进行创造性的提炼加工而成的产物。艺术美具有情感性、形象性和创造性的特征,是艺术家将自己的思想情感、心灵和灵魂,附着于艺术作品上而产生的结晶。

(4) 科技美:指的是由于社会发展、科学进步而带来的美,包括科学美和技术美两个方面。科学美是科学家的智慧、能力和水平在科学创造上的外在体现,是客观世界美在科学理论形态上的反映,科学家在探索自然奥秘的过程中,将主观目的和追求与客观规律的呈现统一起来,发明创造了科学美;技术美是人类技术活动的最佳体现,是通过劳动技术创造出来的成果。

(5) 生活美:生活美指的是日常生活中存在的美学形态。可以说在人们日常生活的各个方面,都与美学相关,在衣、食、住、行等各个领域都可以探究审美规律,开展审美活动。生活美存在的目的,是丰富人们的生活状态,提高人们的生活水平,改善生活条件,满足物质和精神生活的需要。无论是谁,都会对美有追求,生活水平越高,越是在生活环境和生活过程中希望得到美的享受。正如高尔基所说:"照天性来说,人都是艺术家,他无论在什么地方,总是希望把美带到他的生活中去。"

(6) 人体美:指的是人的身体和样貌在外观上的美。它是现实美中最重要的部分,具体可分为形体美和姿态美。形体美主要是指人体外部的身材、样貌及其呈现出来的线条、比例、结构和色彩等方面的美,这是一种相对静态的美;姿态美则是指人行为举止中产生的美,是人的身体各部分在活动过程中形成的各种姿态所体现的美感,是动态的美。

四、美学的产生与发展

美学这门学科的诞生,经历了漫长的历史进程。从美学的思想观念产生看,和人类的起源一样悠久和古老。自从原始人类通过劳动改变了自己,摆脱了动物的状态,便开始懂得装饰自己、娱乐自己,从考古发现中可以看到原始人类用石头或兽骨制成的装饰物,可以窥见人们追求美、探索美的萌芽状态。人们从古代社会就已经开始了对美和艺术的理论探索,古希腊的思想家们有自己对美学和艺术的观念,中国春秋战国时期的思想家们也提出了不少对美的看法。我们要了解形象美,就必须了解美学的起源,明白由于不同历史时期、不同国家和地域、不同民族存在的文化差异,人们对形象美的认知,也会存在较大的差异。

(一) 西方美学的产生与发展

1. 萌芽时期

公元前6世纪到公元5世纪,西方美学开始萌芽,以古希腊、古罗马的美学思想为代表,属于古典主义美学范畴。古希腊的哲学家有毕达哥拉斯和亚里士多德,他们把审美作为人类对世界的一种特殊体验,从理性主义去演绎美,从经验主义去归纳美;古罗马时期以贺拉斯、西塞罗为代表,通过艺术创作规律的研究,对艺术作品进行审美评价。他们认为"美是形式的和谐",开创了美学研究的先锋。

2. 形成阶段

经历了较长的时期,中世纪(公元5世纪—14世纪)属于神秘主义美学时期,认为"美是上帝的属性",代表人物为柏拉图、奥古斯汀等;文艺复兴时期(公元15世纪—16世纪)属于人文主义美学时期,认为"美是完善",代表人物是达·芬奇、莎士比亚等;新古典主义时期(公元17世纪—18世纪)属于启蒙主义美学时期,认为"美是关系",代表人物有法国的伏尔泰、卢梭,德国的鲍姆嘉通,英国的培根、洛克等。其中,德国的鲍姆嘉通贡献最大,他写出了美学专著,初步形成了美学学科的基本框架,美学学科由此正式诞生。

3. 重要发展阶段

鲍姆嘉通之后,经历了德国古典美学、马克思主义美学和西方近现代美学三个发展阶段。德国古典美学学派以康德和黑格尔为代表,认为"美是理念的感性显现";马克思虽然没有美学专著,但他在很多著作中谈到了大量关于美学的问题,将实验的观点引入美学研究,从而使对美的探讨建立在主客体辩证统一的基础上,对美学研究产生指导作用;19世纪中叶之后,西方美学发展流派众多,观点异彩纷呈。现代西方美学不再遵循传统美学自上而下的哲学演绎的研究方法,而采用自下而上的实证法,强调直觉、潜意识、本能冲动、欲望升华、主观价值和情感表现等主观因素的研究。自19世纪下半叶以来,先后出现了实验美学、游戏说、快乐说、移情说、距离说、表现说、心理分析和格式塔等各种美学流派。这些流派对美的探索有不同程度的贡献,但也出现了反理性主义和神秘主义的倾向。

(二)中国美学的产生与发展

(1)起源:中国美学思想在很早以前就已经产生了,公元前6世纪到公元3世纪,即先秦和两汉期间,属于中国美学的发端时期。先秦的思想家老子、孔子、庄子和荀子等在他们的哲学思想中,都包含了美学思想,其中,孔子特别重视人的道德情操之美,他所提出的很多思想观点,至今尚有很重要的意义。先秦思想家们开创了中国美学史上的黄金时代,并成为后来中国古典美学中"气韵说""意象说""意境说"以及关于审美客体、审美观照、艺术创造和艺术生命等美学思想的发源地。

(2)两汉美学是先秦美学思想向魏、晋、南北朝美学发展的过渡时期,到了公元3世纪至17世纪,即魏、晋、南北朝到明代,是中国古典美学的重要发展时期,在这个阶段,美学家们围绕意象这个中心,对人类的审美活动和艺术规律开展了多方面、多层次的探索,形成了中国美学史上的第二个黄金时代。明代中后期,由于资本主义的萌芽带来了思想解放潮流,是思维的碰撞和理论研究的活跃期。

(3)公元17世纪到18世纪的清代前期,是中国古典美学的总结期,这是中国古典美学的第三个黄金时代。代表人物有王夫之、石涛等,这一时期还出现了由刘熙所著的美学著作

《艺概》，使得中国古典美学达到高峰。

（4）19世纪鸦片战争后的近代阶段，中国美学主要是学习和介绍西方美学，此时期的代表人物有梁启超、王国维以及鲁迅和蔡元培等。五四前后，李大钊的美学思想是对中国近代美学的否定，被看作是中国现代美学的真正起点。

（5）我国现代美学的研究纷繁复杂，兼收并蓄，美学研究的对象和范围一直在变动中，并日趋扩大范围，不仅研究传统的艺术问题，还介入工艺学、设计学和生态环境学等，涉及人们生活的各个角落。

中西方美学思想相互影响、相互交融并求同存异，对社会和人类的发展产生了重要的作用。如今，美学越来越引起人们的重视，随着生活水平的提高，人们对美的追求越来越广泛，思想意识有了更高的要求。值得注意的是，中西方在审美观念上存在较大的差异，在不同的人眼里，美的评价标准不同，在西方人眼中的美丽形象不一定符合中国人的审美，同样，中国人对美与丑的评判也与西方认识不太一致，所以，学习者要明白这个道理，不要盲目跟风，一定要设计出符合中国国情和大众审美取向的形象。空乘人员对这个问题更要有清醒的认识，在形象装扮上一定要符合国情和行业标准。

第二节　对形象美的认知

美学以美为研究对象，形象设计美学的研究对象自然是形象美。人的形象美并不是单纯的，从不同的角度、不同的方面去观察，得到的结论往往是不同的，不同的人对形象美的见解也往往会各不相同。关键要明白一个原则，我们所欣赏的形象美，应该是富有特色的、符合中国人审美眼光的和被绝大多数人认可接受的"东方美"，而不是盲目地崇拜和跟风，更不能标新立异，只追求个性和特色，要最大限度地做到求同存异，才能真正掌握形象美的真谛。

一、形象设计的容貌美

人的容貌美是一种客观现象，也是人们最重视的形象设计主题。因为脸庞是人际交往中最易被注视的部位，所以在形象设计中占主导地位。人的容貌的形态、神情和气色之美，主要由面部轮廓、五官形态和表情动态等物质条件和精神要素构成。对容貌美的影响最突出的部分，按照影响程度的大小分别在眼睛、鼻子、嘴巴、眉毛和耳朵等部位。本书专门有章节对这些部位的化妆进行详细的阐述，意在采用恰当的化妆技术，重点提升设计对象的容貌美。

人在交往中的第一印象就是容貌。人在社会交往过程中，首先用目光进行注视对望，也正是因为人的容貌具有个体特性差异，才能成为彼此记忆和欣赏的主要依据。容貌由于结构比例、五官形状和分布不同，以及肤色、表情和气质等差异化，形成了千人千面、千姿百态和容貌各异的形象特征，成为人们互相识别的最重要的标志。容貌也是人们进行形象评价的主要内容，人们所用的"漂亮""帅气"等形容词，主要是用以形容容貌的。容貌美能够产生自信并获得一定的信任感,正如亚里士多德所说,"美是比任何介绍信都有用的推荐"。

人的容貌是接受外界美感信息的主渠道,通过面部五官中的眼、耳、鼻和嘴等感觉器官所产生的视觉、听觉、嗅觉和味觉,能够接受大自然世界中的绝大部分信息,产生有意识的、受意识支配的和人类专属的美感效应。人的眼睛能看到美好的形象,耳朵能听到美好的声音,鼻子能嗅到醉人的芬芳,嘴巴能品尝到美味佳肴,这一切都能够引发美好的心灵感受。同时,这些主要器官又是人们表达情感和传递美感的最佳途径,是展示心灵和个性流露的窗口。人的喜乐怒哀等多种情感以及各种欲望,都能够通过五官和面部表情进行表达和传递。

对容貌美的认识分以下两种。

1. 脸形美的标准

(1) "三庭五眼"

世界各国均认为"瓜子脸、鹅蛋脸"是最美的脸形,我国用"三庭五眼"作为五官与脸形相搭配的美学标准。从标准脸形的美学标准来看,面部长度与宽度的比例为1.618:1,也就是说,符合黄金分割比例的脸形才是最理想的。

三庭:在面部正中作一条垂直轴线,通过眉弓作一条水平线,通过鼻翼下缘作一条水平线。这样,两条平行线就将面部分成三个等份:从发际线到眉间连线;眉间到鼻翼下缘;鼻翼下缘到下巴尖;上、中、下恰好各占三分之一,谓之"三庭"。

五眼:是指将面部正面纵向分为五等份,以一个眼长为一等份,整个面部正面纵向分为五个眼之距离。眼角外侧到同侧发际边缘,刚好一个眼睛的长度,两个眼睛之间也是一个眼睛的长度,另一侧到发际边是一个眼睛长度。这就是"五眼"。

(2) "四高三低"

四高:第一高点,额部;第二个高点,鼻尖;第三高点,唇珠;第四高点,下巴尖。

三低:分别是两个眼睛之间,鼻额交界处必须是凹陷的;在唇珠的上方,人中沟是凹陷的,美女的人中沟一般都很深,人中脊较为明显;下唇的下方,有一个小小的凹陷,共三个凹陷。

"四高三低"在头侧面相上最明确。符合"三庭五眼"和"四高三低"美学规律的面容是好看、和谐的面容,如果加上五官局部美和头面轮廓美,拥有好的肤色和肤质,以及生动的神情和笑容,才是真正的美女或帅男。

2. 五官美的标准

(1) 眼睛美:容貌美的重点在于眼睛,眼睛被誉为"美之窗";双眼对称,眼窝深浅适中,形态、结构、比例恰到好处,与面部协调;眼神清亮、眉目传情。

(2) 鼻子美:五官端正,重心在鼻,故而有"颜中主"之称;鼻长约为脸长1/3为最佳;鼻根宽度大约相当于一眼的宽度。

(3) 耳郭美:双耳是容貌的配角,但功能和作用很重要;双耳形状需对称、大小要相同,其位置和形态的美感能使得整体面容更加趋于和谐、完美。

(4) 口唇美:神在双目,情在口唇,其重要性仅次于眼睛;唇形端正,上下唇协调对称、厚薄适中,唇的曲线、弧度优美流畅,上唇中间的下1/3部微向前翘。

(5) 牙齿美：俗话说，牙齐三分美，"唇红齿白"能为形象增添魅力；牙齿整齐、洁白，正中上前牙大小形状与面形相适合，静止状态时上前牙覆盖下前牙形的1/3，微笑时露出上齿双侧尖牙。

以上标准只是大致上的总结，对容貌美的评价应该是立体的、多视角的，要将静态的美和动态的美结合起来考量。容貌静态的美主要体现在形状和形态上的结构对称、比例得当及搭配和谐等方面；容貌动态的美往往会显现出更多层次的魅力，主要通过眉毛、眼睛和嘴巴等部位的各种表情而产生，其中，笑是容貌动态美的核心。微笑是反映人内心情感的最细腻、最迷人的表情动态，对人的外貌美的衬托作用是最明显的。微笑是容貌美最有代表性的动态表现，是一种愉悦的表达，也能够引起观者愉悦的心理反应，是人类最具魅力的表情。微笑是空乘人员的基本功，想要做一个合格的空乘人员，首先就要学会发自内心的甜美可亲的微笑。进行微笑训练，也是空乘人员养成训练中的重要一环。

二、形象设计的形体美与整体美

（一）形体美

形体美是指人的体型、躯干、四肢和皮肤等身体基本条件，在形状、结构、比例关系和质地等方面，与人的整体形象形成协调、和谐和优美的外观特征。形体美由先天条件所决定，除遗传因素外，又因后天的劳动锻炼以及一定社会环境中形成的审美习惯有关。

不同的历史时代、不同的国家和地区，对形体美的审美标准存在一定的差异，例如我国唐代以胖为美，西方人的体型和中国人的体型存在较大差异，因而对形体美的标准也会有所不同。古今中外关于形体美的衡量标准有很多，在实际生活中，因年代、性别和民族等差异，也不可能有一个固定不变的衡量标准。但就总体而言，还是有很多共性的审美评价标准，无论中西方还是在哪个历史时期，形体美最基本的要求首先是要健康，即体格健全，肌肉发达，发育正常；其次是身体各部位要符合美学中形式美的原则，即各部分的比例要匀称，和谐统一。

形体美包括躯干和四肢、体型和皮肤的美。躯干和四肢由颈部、肩部、背部、胸部、腰部、上肢和下肢等部位组成，它们的美主要是建立在各自部位正常的生理状态和生理功能上，四肢和躯干的美都能透出生命的活力。构成形体美的这些物质因素在先天条件的基础上，可以通过一定的体育锻炼和形体训练，保持较好的身材，修正不良的体态，如高低肩、抠胸和驼背等。还可以通过服饰搭配，调整结构和比例，恰当地掩盖体型上的缺陷，获得更好的形体外观。本书有关于服饰搭配的相关内容，并且对形体美的塑造也有专题介绍。

人的皮肤是人体最大的器官，覆盖整个人体，由表皮和真皮组织构成，好的肤色以及干净、平滑有弹性的肤质是形体美的重要因素。毛发是皮肤的附属物质，拥有一头健康、干净、漂亮而有光泽的头发，也可以增加很多美感。本书专门有章节介绍皮肤和毛发的养护，发型的设计等知识，目的就是指导学习者进一步了解形体美，掌握提升形体美的方法，为个人形象增添魅力。

（二）整体美

人体头部的外观形成人的容貌，人体躯干和四肢所组成的外观形态构成了人的身材，包裹人体的皮肤质地和颜色形成了人的肤色，人的神情特征和肢体语言特征构成了人的气质，人的言谈、行为举止显示了人的风度，将这些方面有机地结合起来，便形成了人的整体美。

整体美是各个局部有序的、完美的集合，整体美也包括外在美和内在美两个方面。外在美指的是身形、样貌、妆容、服饰、言谈和举止的外观表现。内在美指的是人的道德品质、学识、修养和性格等内在素质，也就是常说的"精气神"，始终贯穿在人的样貌、穿着打扮和举手投足中。二者相辅相成，融汇成人物形象的整体美，也是人的生命活力美的最高境界。

外在美主要通过仪容仪表来体现，可以运用相关手法和手段来修饰和提升，包括妆容设计、发型设计和服饰搭配等，使人获得较为理想的外观形象。内在美主要通过仪态、体态、风度和气质来体现，人的言行举止、举手投足和坐立行走，无不体现出一个人的内在素质和修养。仪态、体态的美不仅要按照美的规律进行锻炼和塑造，更要注意自身道德品质、文化素质、艺术修养和性格气质的提高，因为人的外在仪态、体态和举止的美，在很大程度上是内在心灵美的自然流露，因此，不能只追求表面形式上的美观，忽略对内在美的追求。

优雅的风度和气质，良好的言行举止不是天生就有的，每个人应积极主动进行学习知识，配合相关的礼仪培训和形体训练，掌握正确的举止姿态，矫正不良习惯，以达到自然美与修饰美的最佳结合，在任何场合中都能找到自信，以从容、优雅得体的形象来表现自我。

第三节　培养审美能力

在审美活动中，人是处于主宰地位的。审美的世界是人的世界，是对人自身的精神生活的最高需求。形象设计是对人的外观外貌所进行的一种审美创造，也在很大程度上反映出人的内心世界，它的实现过程必须遵循美的规律，要认识和了解美的规律，应该具备较高的审美能力，这是认识美、欣赏美必须具备的能力，更是指导人们创造美的基础。

培养审美能力，首先要培养美感。美感就是对美的感知能力。感知是美感的出发点和源头，想象是美感的纽带和载体，情感是美感的媒介和动力，理解是美感的指导和归宿，美感就是它们之间复杂交错的自由运动，是审美趣味的综合体现。美感是形象性、思想性和社会性的统一。人都有感知美的能力，但不是天生的，而是在社会实践中产生和发展起来的。不同时代、阶级、民族和地域的人，固然具有不同的美感，个人与个人之间，也会由于文化修养、个性特征的不同，而形成美感的差异性。

增加个体的美感，首先在于推崇自然，这是总的原则。抛开自然美，盲目追求人工雕琢的美是庸俗的，不能形成最佳的审美结果。而自然美又必须超越传统，大胆创新，从美学原理出发，结合形象设计中的色彩知识，巧妙利用现代修饰技巧和手法，将人体生命活力美及个性气质美进行有机的融合，并使之协调统一，从而形成整体美，使形象设计创作达到最佳状态。

一、美感的建立

(一) 对美感的认知

美感是一个美学名词,指的是审美活动中,人对美的主观反应、感受、欣赏和评价。美感有两种含义:广义的美感即"审美意识",所谓审美意识,就是在审美活动中,通过审美实践,不断积累和形成的审美体验、审美认识和审美鉴别的综合能力;狭义的美感专指美引发的一种感觉,也就是审美感受,它是由客观事物和对象的审美属性,通过感官传送至大脑相应的感觉神经中枢而产生的一种特殊感觉,是人的一种心理状态和精神体验,是在审美主体对审美客体的观照下,触发的心理愉悦感。美感在审美实践中产生与发展,它的基本心理因素有感觉、知觉、表象、联想、情感、思维和意志等。

美感的基本特征如下。

(1) 美感是人类接触美的形象和事物时,所引起的一种主观反应。因此,美具有直觉性的特征。

(2) 审美过程中,审美主体受到审美客体的美的感染和熏陶,是始终处于愉快、喜悦、舒畅、满足甚至是陶醉的心境中的,审美客体受到审美主体的欣赏和赞许,也会有良好的回应。因此,美感具有情感性的特征。

(3) 在审美过程中,人们对美好的事物和形象,会在大脑中留下较深的印象,并作为一定的审美经验储存起来,形成惯性思维,对后来出现的一些事物和形象,会不由自主地用既往的印象进行比照,因而美感具有记忆性的特征。

(4) 美是一种客观存在,在审美过程中,不同的国家和地区、不同的人种和民族、不同的历史时代和不同的文化背景等的影响,对美的评价标准有很大的不同。即使是同一个人对同一审美对象,由于时间和空间的不同,也会有不同的审美感受。所以,美感最重要的特征就是差异性。因此,审美活动也是对审美主体的一种检验,一个人的文化修养、思想境界和道德情操,都通过审美取向表现,其欣赏的眼光和呈现的形象装扮,都会成为独特的个性标志。

(5) 审美活动中,尽管存在个体的、时代的、民族的和阶级的差异,但在很多方面,能够找到相似或相近的审美感受,这就是美感的共同性特征。不同国家、不同民族和不同时代的审美趣味、审美习惯、审美意识和审美取向,也会随之相互影响和相互渗透。

在审美活动中,作为审美主体的人始终处于丰富的情感状态之中,客观美的事物通过人们的感官感受,引发情感的共鸣,产生想象和联想,获得兴奋、愉悦的心理状态,从而产生美的感受。人的美感又随着时代的发展和历史的变迁,不断变化和升华,给人类带来更多的精神享受。

(二) 形象设计美感

形象设计美感是审美主体在设计的过程中,通过感受美、理解美、创造美和评价美而获得的一种精神上的愉悦感,也是设计者在审美客体得到完美呈现之后获得的一种心理上的满足感,这是一个理性的思维和感性的认识交叉混合、融会贯通的过程,在直观的基础上融合了审美主体的审美意识、审美观念和审美理想等。

形象设计美感的形成分为三个阶段:首先,美感始于直观,这是设计者对个人形象的第一感受,通过直接感受设计对象的外貌和样子,如头型发型、面貌五官、身材体型、言谈举止和年龄身份等感性因素,形成直觉;其次,根据个体形象的具体情况和自身的审美观念,进行想象和联想,形成对设计对象的理解和评价,这是审美主体和审美客体的情感互动的过程;再次,通过理性的分析和判断,确立形象美的定位,并采用恰当的设计手段和化妆手法,对设计对象进行美的创造,使其达到理想化的形象标准;最后,呈现的结果越是完美,设计美感的升华程度越高,设计者和设计对象的心理满足感也就越强。

形象设计的构成,通常是将形象的内容划分为头部、面部、体型的仪表和仪态等部分,分别进行发型、妆容、服饰、体态的设计和塑造,最终将这些局部整合起来,结合时间、地点、环境和人物个性特征等因素,使之相互协调、相互配合,形成完整的、美好的个人形象。因而要有整体设计美感,从整体出发,进行形象设计的定位,并采用有效的手段和方法将局部精确处理到位,使局部的美服从整体的需要,从上到下、由内到外,全方位地塑造出理想的人物形象。

二、审美能力的培养

(一)审美观的建立

审美观指的是人们在审美活动中评判美丑所持的一贯稳定的看法和态度。审美观是人主观的意识,是在人们头脑中对客观存在事物的具体反映,因此,客观现实中美的存在是审美观形成的物质基础,而社会实践则是人们形成正确审美观的必然过程。爱美是人类一种必然的,也是正常的心理状态。不同时代受不同文化主流的影响,每个历史时期的审美观也就依时代的不同而不同。不同的人,由于其文化层次和社会生活阅历不同,审美观也同样存在很大差异。

培养审美能力,关键是要建立正确的审美观,以此为基础,培养鉴别美、评价美和欣赏美的能力。

《论语·八佾》记载:"子谓《韶》:'尽美矣,又尽善也。'谓《武》:'尽美矣,未尽善也。'"孔子首次将美与善区别开来,看到了美与善的矛盾性。他认为,美不同于善。因为从善的观点看是完满的东西,从美的观点看却是不完满的。美具有独立存在的价值。"尽善"并不等于"尽美"。但是孔子又认为,美同善相比,善是更根本的。美虽然能给人以感官的愉快,但美必须符合"仁"的要求,即具有善的内涵,才有社会的意义和价值。因此,孔子主张既要"尽美",也要"尽善",美与善要实现完满的统一。孔子这一思想对后世的文与道、华与实和情与理等问题讨论都产生了深远的影响。

黑格尔在《美学》一书中也曾说过:"美的要素可分为两种,一种是内在的,即内容;另一种是外在的,即内容借以现出意蕴和特性的东西。"由此可见,任何美的事物都是一定的内容和形式的统一,只看形式、不看内容,或者只看内容、不看形式,都是不科学的审美观;只看局部、不看整体,也不能正确把握美的实质。只有当局部与整体、形式与内容达到高度统一时,才是全面的、正确的和科学的审美观,这就是整体审美观。基于整体审美观的要求,应切实地从整体的角度,对个体形象进行全方位的设计与包装,应当从发型、化妆、服饰、礼仪风度和个性气质等方面的每一个局部进行精心装扮、修饰定位,应当从形式到内容、从外表到内在,塑造一个全新的、整体美的形象,这便是形象设计所要达到的目的。

(二)审美标准

审美标准,是指衡量、评价审美对象的审美价值、存在意义和地位的相对固定的尺度。审美标准是审美意识的组成部分,它是在审美实践中形成、发展的,并且受一定社会历史条件、文化心理结构和特定对象审美特质制约,既具有主观性和相对性,又具有客观性和普遍性。

真正的美是局部美和整体美之间形成的固有的和谐,以及内在美和外在美的高度一致,局部的美和整体的美要相得益彰,内在美和外在美要相互促进,人们在进行审美标准的确定时,一定要关注内在和外在,兼顾局部和整体,只有多方面都达到较为理想的状态时,这种美才是恒久的、有吸引力和生命力的。

审美观对审美标准起决定性的作用,可以说有什么样的审美观就有什么样的标准。审美观会随着社会和时代的发展产生变化,审美标准同样也会根据审美观点、审美意识的不同,形成各异的审美眼光和评价标准。本章第二节中所列出的关于形象美的评价标准,在东西方的美学观念中,也会存在一定的差异,我们要活学活用、取长补短,根据实际需要,建立符合大多数人审美眼光的评价标准,并以此指导自己进行形象定位和形象设计。

(三)培养审美能力的方法和途径

要培养审美能力,学习和提高的方式和途径有很多,就看你是不是个有心人。书本中有知识,课堂中有老师指导,课外要进行丰富的社会实践,还要充分利用互联网的优势进行广泛的了解,建立科学的审美观,提升审美品位,全面提高自己的欣赏水平和创造美的动手能力。培养审美能力的方法和途径如下。

(1) 学习美学相关知识,培养审美意识,让美育尤其是艺术教育发挥重要作用;

(2) 了解绘画、摄影、造型和舞蹈等艺术门类的基本知识,熟悉和掌握各门艺术的基本规律;

(3) 从经典艺术作品和人物形象入手,进行大量的审美欣赏实践,提高审美鉴赏力;

(4) 辅之以一定的历史文化知识,开阔眼界,增加文学修养;

(5) 积累丰富的生活阅历和人生经验,提升审美眼光。

【本章小结】

本章介绍了美学的基本知识,包括美学的含义、美的研究范围、基本形态以及中外美学发展的基本历程；重点介绍了关于形象美必须了解的几个重要方面，即容貌美、形体美和整体美等；讲述了美感、审美观和审美标准等基本知识。空乘人员是美的化身，要懂得美的原理，明确美的标准，掌握美的方法，提高审美能力，培养优雅的气质与风度，将内在的心灵美和外在的形象美结合起来，才能真正建立符合行业标准的完美形象。

【思考与练习】

1. 简述形象美的基本形态。
2. 简述美感的概念。
3. 根据设计美学的原理，结合自身现状，设定自身形象设计目标。

第三章

服饰与搭配

【章前导读】

服饰搭配是一门非常有趣的学问。本章通过服饰的色彩搭配常识,讲述服饰搭配的基本要领,以及不同场合服饰搭配的基本原则;介绍配饰的选择与搭配知识,以及丝巾的常见佩戴方法。

【学习目标】

1. 了解服饰搭配及其主要内容;
2. 根据服饰搭配的基本原则进行实操训练。

第一节　服饰的色彩搭配

俗话说:"人靠衣装,佛靠金装。"服饰搭配是门大学问,擅于搭配的人给人的印象是高雅的、有品位的,而不懂搭配的人往往给人的印象则是邋遢的、无品位的。莎士比亚曾说过:"一个人的穿着打扮是他自身教养最形象的说明。"因此,穿衣品位,是一种生活态度,更是一种无形的智慧和财富。

一、色彩

(一)色彩的概念

色彩是光的特性的延伸,是色光、物体、视觉器官三者之间在极其复杂的关系下产生的一种物理现象。

色彩是一门独立的艺术,具有独立的艺术审美性,使万物生机勃勃。不同色彩有着不同的启示作用和暗示力,用以表现内心的感受。我们要学会运用色彩,因为色彩是形态以外的另一个设计要素,是无可替代的信息传达方式和最富有吸引力的设计手段之一。

(二)色彩的分类

我们的世界是丰富多彩的,我们的周围也都为色彩所包围,每个事物都有属于它的色彩。一般色彩分为无彩色和有彩色两大类。

(1) 无彩色是指我们常见的黑、白、灰等不带颜色的色彩(见插页图3-1)。

(2) 有彩色是指红、黄、蓝等带有颜色的色彩,其中这三种颜色也被称为三原色(见插页图3-2)。

（三）色彩的三要素

色彩的三要素包括色相、明度和纯度。

(1) 色相：指颜色本身所具有的面貌，能够比较确切地表示某种颜色色别的名称，也是区别其他颜色的名称。

(2) 明度：指色相的明暗程度，它包括同一颜色的色相差别，也包括不同色相自身所具有的明暗差异，即人们常说的"深浅差别"。怎样区别一个色彩的明暗程度呢？一个色彩加入白色越多，明度越高，反之，加入黑色越多，明度越低。

(3) 纯度：指色彩的鲜艳程度、饱和程度，它是由颜色中含有其他颜色的多少所决定的。一个色彩只要不加入其他色彩，就是高纯度的，只要加入了其他色彩，纯度就会降低。

（四）色彩的属性

按色彩接受在色相上呈现出来的总印象，把色彩分为冷色系和暖色系两大类。当我们观察物象色彩时，通常把某些颜色称为冷色，某些颜色称为暖色，这是基于物理、生理、心理以及色彩本身的面貌。这些综合因素，依赖于人和社会生活经验与联想产生的感受，因此色彩的冷暖定位是一个假定性的概念，只有比较才能确定其色性。

在一般人的感觉中，色彩有着不同温度，这种温度的感觉多半来自色彩与物体之间的联想。如黄色通常容易使人联想到太阳、火焰和钨丝灯等，这些东西都是会发热的，因此以黄色为主的颜色都被称为暖色；相反，蓝色的联想大都是清凉的海洋、天空等，因此以蓝色为主的颜色被称为冷色。如插页图3-3所示。

二、搭配

（一）色系搭配

在搭配时我们一般都会有一个主色，占到全身衣服面积的60％以上，辅助色占全身面积的40％以下，5％～15％的颜色是点缀色。

（二）肤色搭配

衣服的颜色十分重要，然而，不同肤色的人穿着同样颜色的衣服，给人的感觉也是不一样的，因为颜色会给人的眼睛造成错觉。

怎样根据自己的肤色选择衣服的颜色呢？

(1) 皮肤白皙或肤色红润的人选择服装色彩的范围比较广。但是如果肤色太白，或者偏青色，则不宜穿冷色调，更不宜穿深黄色，否则会越加突出脸色的苍白，甚至会显得面容呈病态。

(2) 皮肤黝黑的人，不宜选用亮光修饰的黑衣服，会显得更黑，宜穿暖色调的弱饱和色衣着，可选择鱼肚白、豆沙色、藏蓝色等，这些颜色会起一种反衬作用，使其肤色不显得突出；

肤色灰暗者忌用咖啡色,色彩浑浊的衣服会使人显得更加灰暗,也不要穿大面积的深蓝色、深红色等颜色的衣服,这样会使人看起来灰头土脸的,宜选用干净明快的色彩。若肤色太红,要避免浅蓝色和淡绿色的衣服,因为颜色对比强烈,会使肤色显得发紫。

(3)面色偏黄的人群,需要恰当地运用色彩的深浅和冷暖关系来衬托,使人在感觉上减少黄的成分,据此可选择紫红色、橘红色和粉绿色等给人以健康、文静的形象,也适合穿蓝色或浅蓝色的上装,它能衬托出皮肤的洁白娇嫩。要尽量少穿绿色或灰色调的衣服,宝蓝色或紫色的上衣也不合适,这样会使皮肤显得更黄甚至会显出"病容"。黑白两色的强烈对比很适合这类肤色,如深蓝、炭灰等沉实的色彩,以及深红、翠绿这些色彩也能很好地突出开朗的个性。此类人不适合穿茶绿、墨绿等颜色的衣服,因为与肤色的反差太大。

(三)职场着装的三色原则

所谓"三色原则",是指全身上下的衣着,应当保持在三种色彩之内。三色原则是在国际经典商务礼仪规范中被强调的,国内很多著名的礼仪专家也多次强调过这一原则。

男士在正式场合穿着西装时,全身颜色色系必须限制在三种之内,否则就会显得不伦不类,失之于庄重和保守。男子在社交场合选择的服饰,应当遵从三色原则,即西服套装、衬衫、领带、腰带、鞋袜一般不应超过三种颜色。这是因为,从视觉上讲,服装的色彩在三种以内较好搭配,一旦超过了三种颜色,就会显得杂乱无章。

女士在商务场合也谨慎地"黑白配"。其实适当的色彩提亮,一定会增色很多,而且不会丧失"信任度"。

第二节 服饰搭配基本要领

一、服装与彩色妆容的搭配

彩妆在时尚搭配里是很重要的,彩妆与搭配的四大原则大家一定要好好遵循。

1. 要为彩妆选择正确的色彩

要让彩妆和服饰有搭配效果,唇膏的颜色首选最好是与鞋子或者T恤同色,找不到同色的唇膏也不要烦恼,同种色系也会起到搭配效果。为了避免色彩太过于明显,唇膏最好选择带一些亮度或者透亮的柔滑唇膏,不要选择不带亮感粉雾质地的唇膏。

2. 彩妆的选择要看时间和场合

如果是晚上的场合,就用比较深色的色彩来搭配,会比白天的造型不容易出错。在冬天就不太适用青春艳丽的颜色来搭配,多数会选择深沉一些的颜色打造冬日彩妆。

3. 有点距离的彩妆配色具有美感

配色搭配太相近会让人觉得不时尚,不善于搭配,红色彩妆搭配红色围巾或者红色墨镜等,挤在了一起一点都不具备时尚感,反而会让人觉得你只喜欢这一种颜色。所以,配色带点距离是会产生不一样的美感的。

4. 彩妆搭配太过夸张反而累赘

时尚搭配中彩妆搭配起到的作用跟配饰是一样的,所以彩妆搭配好了,如果再配上一些太过于闪亮耀眼的配饰装饰会让整体搭配效果显得累赘繁重,造型感立刻下降,时尚造型会减分。

二、服装与体型的搭配

衣服穿着合身,是穿出美感的基础。当然,穿得合身并不仅仅只是简单地挑对S/M/L码,而是要根据自己的体型选择能够扬长避短的廓形与搭配。关于体型的分类方法有很多种,在这里选用比较直观的字母分类法,也就是将体型分为X、V、A、H等类型。

1. "X"型体型的人

这种体型俗称"沙漏型",又叫匀称的体型。尤其对女生来说,这是经典的、理想的和标准的体型。匀称是指身体各部分的长短、粗细合乎一定的比例,易给人以协调、和谐美感的体型。其特征是以细腰平稳上下身,胸与臀几近等宽。由于匀称性的体型是标准的体型,因此这样的人体曲线优美,无论穿哪种款、色的服饰都恰到好处。即使穿上最时新、最大胆的时装色彩也能显得不出格。世界上那些高级时装设计师就是以他们为假想对象来进行创作的,这样的腰型往往具有浪漫、活泼、高雅的风度。"X"型体型的人,若穿着"X"款的服饰,会显得高贵典雅、仪态万千。这种造型生动活泼,寓庄重于浪漫之中,备受人们的喜爱。

2. "V"型体型的人

对于男子来说,这是最标准、最健美的体型。这种倒三角形的着装,可轻易地显示男士的潇洒、健美风度。

然而,"V"型体型对于女性来说,并不是一个优美的体型。虽然这是一种女性感特别强的体型,但这种肩部宽、胸部大、过于丰满,会使之显得矮些,使臀部与大腿相形见瘦,总希望通过着装来改变现状,使自己显得高一些,轻盈一些。为此,选择服饰时,上衣最好用暗灰色调或冷色调,使上身在视觉上显得小些,也可以利用饰物色彩强调来表惠腰、臀和腿,避免别人的注意力集中到上部。上衣不宜选择艳色、暖色或亮色,也不宜选择前胸部有绣花、贴袋之类的色彩装饰。

3. "A"型体型的人

这种体型俗称"梨子型"。一般是小胸或胸部较平或乳部较上,窄肩,腰部较细,腹部突出,臀部过于丰满,大腿粗壮,下身重量相对集中,因此在整体上使下部显得沉重。这种体型如果要发胖,其重量将大部分集中于臀部和大腿。为此,服饰色彩的选用原则与"V"型体型的人大致相反。下身可选用线条柔和、质地厚薄均匀、色彩纯实偏深的长裙,上下身服饰色彩反差不宜过小,并扎上一条窄的皮带,这样就能避免别人视线下引,造成视觉体型上匀称之效果,或者下裙用较暗、单一色调(或深蓝色)裙子,配以色彩明亮、鲜艳的有膨胀感的上衣(如浅粉色上衣),就能达到收缩臀部而扩大胸部的视错效果,再加上领线处可挂大饰物以转移视线,就会显得体型优美丰满。

4. "H"型体型的人

这种体型特征是,上下一般粗,腰身线条起伏不明显,整体上缺少"三围"的曲线变化。着装可以通过颈围、臀部和下摆线上的色彩细节来转移对腰线注意的视线。同时,也可采用色彩对比较强的直向条纹的连衣裙,再加一根深色宽皮带,由对比强烈的直向线条造成的视觉差与深色的宽皮带造成的凝聚感,能消除没有腰身的感觉,从而给人以修养洒脱轻盈之感。在"H"型体型的人中,肥胖型的人胸围、腰围、臀围等横向宽度都较大,因而服饰长度也必须相应地增加。全身细长的服饰色彩能改变肥胖笨拙的视觉体态,给人以丰满、成熟和洒脱的印象,尤其不宜在腰线处使用跳跃、强烈的色彩,以减少对腰部的注意。

5. 体型太肥胖的人

这种体型不宜穿色彩太艳丽或大花纹、横纹的服饰,这样会导致体型偏向横宽错视方面。肥胖体型的人适宜穿深色、冷色小花纹,直线纹服饰以显清瘦一些。色彩上忌上身深、下身浅,这样会增加人体不稳定感。冬天,不宜穿浅色外衣;夏天,不宜穿暖色、艳色或太浅的裤子,因为它会使胖人显得更胖。款式上切忌繁复,要力求简洁明了。过厚面料会使人显得更胖,而过薄布料也易暴露出肥胖的体型。

6. 体型太瘦高的人

这种体型宜穿浅色横色纹或大方格、圆圈等的服饰,以视错觉来增加体型横宽感。同时可选用红、橙、黄等暖色的服饰,使之看上去或健壮一些,或丰满一些,或更匀称一些。不宜选择单一性冷色、暗色的服饰色彩。

7. 体型太矮的人

体型太矮的人尽量少穿或不穿色彩过重或纯黑色的服饰,免得在视觉上造成缩小感觉。不要穿那些鲜艳大花图案和宽格条的服饰,应该挑选素净色和长条纹服饰。体型太矮的人,在色彩搭配上要掌握两个基本要领:一是服饰色调以温和者为佳,极深色与极浅色都不好;二是上装的色调要相近搭配且属同一色系,反差太大,对比强烈都不好。

此外,个子较矮的人若配上亮度大的鞋、帽,反而显得更矮。这是因为"两头扩大""中间收缩"的缘故。如果身着灰色服饰,配上一顶亮度小的帽子,可显得高一些。

8. 体型太大的人

这里所说的"体型太大",指的是高度与宽度都超过标准体型的人。这种体型不宜穿着颜色浅且鲜艳的服饰,而且最好免去大花格布,而代之以小花隐纹面料,主要是避免造成扩张感,以免使形体在视觉上显得更大。

9. 胸部偏小的女性

此种体型,除应选用质地轻薄、飘垂和宽松的上衣外,色调宜淡不宜深、宜暖不宜冷,也不宜穿紧身衣。

上装若用鲜艳色调、轻松色调的图案来装饰,可使胸部显得丰满些。

10. 胸部过于丰满的女性

此种体型,宜穿宽松式上装和深色、冷色而单一的色彩,这样可使胸部显小些,而且上装款式不宜繁复,以避免视觉停留。

三、服装与肤色的搭配

不同的人的肤色不尽相同,因此肤色对服装的要求很高。一般来说,需要根据肤色选择合适的服装和配饰的颜色,才能达到理想的效果。

(1) 如果皮肤发灰,那么衣着的主色应为蓝、绿、紫罗兰、灰绿、灰、深紫和黑色。蓝灰色可用深棕色作为补色,紫灰色可用黄棕色作为补色,绿灰色可用微红色作为补色,紫色以灰黄作为补色。这种肤色的女士绝对不能采用白色作为衣着,哪怕做装饰也不行。

(2) 如果皮肤较黑,那么衣着主色最好采用冷色,装饰色可采用较暖的颜色。此类女士衣着以深紫、灰绿、棕红、棕黄以及黑色为佳。如果以黑色作为主色,那么装饰色宜采用紫罗兰色、黄灰色或灰绿色。作为黄灰色的补色,可采用紫罗兰色;作为蓝灰色的补色,可采用浅棕色;作为绿灰色的补色,可采用樱桃色。此外,黄棕色的补色是灰紫色,红棕色的补色则是灰绿色。装饰色一般可采用白色和黑色。

(3) 白皙皮肤的特质在于面颊经太阳一晒便容易发红,拥有这类皮肤的女性是幸运儿,因为大部分颜色都能令白皙的皮肤更亮丽动人,色系当中尤以黄色系与蓝色系最能突出洁白的皮肤,令整体显得明艳照人,色调如淡橙红、柠檬黄、苹果绿、紫红和天蓝等明亮色彩最合适。

(4) 皮肤黝黑的人宜穿暖色的弱饱和色衣着,亦可穿纯黑色衣着,以绿、红和紫罗兰色作为补充色。这种类型的女士可选择三种颜色作为调和色,即白、灰和黑色。主色可以选择浅棕色。紫罗兰配上黄色、深绿色,红棕色、深蓝色配上黄棕色或深灰色,都可以。此外,略带浅蓝、深灰二色,配上鲜红、白、灰色,也是相宜的。若穿上黄棕色或黄灰色的衣着,脸色就会显得明亮一些;若穿上绿灰色的衣着,脸色就会显得红润一些。此外,诸如绿、黄橙和蓝灰等色亦可。

(5) 面色红润的黑发女士,最宜采用微饱和的暖色作为衣着颜色,也可采用淡棕黄色、黑色或珍珠色加彩色装饰,用以陪衬健美的肤色。黄色镶黑色的衣着对这类女士最为相宜。不宜采用紫罗兰色、亮黄色、浅色调的绿色和纯白色,因为这些颜色会过分突出皮肤的红色。此外,冷色高的淡色,如淡灰等也不相宜。如果用蓝色或绿色,那就应采用饱和程度最大的颜色。如果脸色红嫩,可采用非常淡的丁香色和黄色,不必考虑何者为主色。这种脸色的女士可穿淡咖啡色配蓝色,黄棕色配蓝紫色,红棕色配蓝绿色,以及淡橙黄色、灰色和黑色等。

(6) 肤色较白,则不宜穿冷色调,否则会越加突出脸色的苍白。这种肤色的人最好穿蓝、黄、浅橙黄、淡玫瑰色、浅绿色一类的浅色调衣服。另外,以较重的黄色加上黑色或紫罗兰色的装饰色,或是紫罗兰色配上黄棕色的装饰色对女士也很合适。黄色部分最好靠近脸部,否则皮肤就会显得过于暗淡。

(7) 深褐色皮肤,皮肤色调较深的人适合一些茶褐色系,令你看起来更有个性。墨绿色、枣红色、咖啡色、金黄色都会使你看起来自然高雅,相反蓝色系则与你格格不入,最好别穿蓝色系的上衣。

(8) 淡黄或偏黄皮肤,皮肤偏黄的宜穿蓝色调服装,例如酒红、淡紫、紫蓝等色彩,能令面容更白皙,但强烈的黄色系如褐色、橘红等最好能不穿则不穿,以免令面色显得更加暗黄而无光彩。

(9) 健康小麦色,拥有这种肌肤色调的女性给人健康活泼的感觉,黑白这种强烈对比的搭配与她们出奇地合衬,深蓝、炭灰等沉实的色调,以及桃红、深红、翠绿这些鲜艳色彩最能突出开朗个性。

第三节 不同场合的服装搭配

一、空乘人员工作装的要求

民航乘务员作为高水准、高素质的服务行业的形象代表,统一规范的制服是其职业形象中最基本的要素之一。统一的制服不仅能展现航空公司的风格,同时也使得旅客对乘务人员专业的服务技能产生信赖感和安全感。航空公司的制服风格往往直接表现出一家企业的文化与服务水准。空姐制服在一定程度上,已经成为航空公司服务的重要竞争力。

民航乘务员工作制服着装主要有以下几点要求。

1. 合身得体

制服的尺寸必须符合乘务人员的身材特点。空乘人员必须充分了解自己身材的优势和特点,利用工作制服的款式、色彩装扮自己,扬长避短,达到美化自我的效果。

2. 干净整洁

空乘人员的制服应保持干净整洁,定期进行换洗。制服干净整洁体现的是对工作岗位的尊重与热爱,是服务行业人员最基本的要求。空乘人员的制服要求无异色、无异味、无异物,尤其是衣领口与袖口等外露部分更要注意保持干净整洁。一位对自己制服是否干净都不在乎的乘务人员,一定不会有热情为乘客服务,也一定不是一位合格的空乘人员。

3. 熨烫挺括

空乘人员穿着制服必须是熨烫过或者没有褶皱的制服。制服清洗后应熨烫平整,穿着制服时,注意自己的动作幅度,不乱坐乱靠,穿过之后应用衣架挂好或者叠放整齐,存放过程中留意保持制服平整。

4. 完整规范

空乘人员穿着制服应保持完整,避免制服出现破损、开线和缺失纽扣等现象。空乘人员在工作时必须全过程统一穿着制服,并按照《民航乘务员职业技能鉴定指南》中对空乘人员的着装要求穿着制服。

(1) 女性民航乘务员的制服着装要求

着制服时,必须系好纽扣,将衬衣下摆系入裙子或裤子中;戴帽子时,帽子应戴在眉上方1~2指处;着大衣时必须系好纽扣和腰带;登机证佩戴在衬衣、制服或风衣的胸前侧,上机后摘掉;胸牌佩戴在制服左上侧;供餐饮服务时穿戴围裙,保持围裙整洁。

(2) 男性民航乘务员的制服着装要求

着制服时,必须系好纽扣,不能袒胸露背、高卷袖筒、挽起裤腿;必须佩戴领带、肩章;衬衣须扣好纽扣,将衬衣下摆系入裤子中;着制服、风衣、大衣和衬衣时要戴帽子;裤子应熨烫平整,保持干净、整洁;皮鞋保持光亮;空中服务时可穿马甲;着风衣、大衣时须扣好纽扣、系好腰带,并佩戴手套、帽子;登机证佩戴在衬衣、制服或风衣的胸前侧,上机后摘掉;胸牌佩戴在制服左上侧。

二、空乘人员的生活装

现代社会中,优越的物质条件对人们的外在形象提出了更高的要求,服饰在很大程度上是一个人性格、身份、职业、文化背景和社会环境的外在体现。空乘人员在选择生活装时,应注意扬长避短、锦上添花,穿出自己的风格与个性。色彩对服装造型的整体感受有着先入为主的效果,所以应特别重视服装色彩的选择和搭配。

(一) 服装与色彩搭配

1. 同类色搭配

同类色也称为类似色,主要指的是在同一色相中不同颜色的变化。如红色中有紫红、深红、玫瑰红、大红、朱红和橘红等种类,黄色中有深黄、土黄、中黄、橘黄、淡黄和柠檬黄等区别。同类色色调统一和谐,又有微妙的变化,给人稳重、成熟的形象,但容易显得单调,一般职业人士多选择此类搭配。

无色彩是以黑白灰组成的色系。黑色给人神秘高贵的感觉,在正式场合穿着黑色正装或者套装能凸显气质和风度。白色给人纯洁、优雅、浪漫的效果,适合年轻女性穿着。灰色兼有黑色和白色二者的优点,显得沉稳、庄重和温文尔雅。

2. 邻近色搭配

邻近色是指色环上任一颜色与其相邻的颜色。比如黄色分别掺入适量的红色和橘色,就形成橘黄色和橘红色,橘黄色和橘红色就属于邻近色。其他例如黄色与绿色、绿色与青色、青色与紫色都属于邻近色。由于是相邻的色系,视觉反差较小,因此,类似色搭配效果柔和,没有极强烈的对比,极易搭配并给人协调安定的感觉。

3. 对比色搭配

对比色是指在色环上画直径,正好相对(即距离最远)的两种颜色,例如红与绿、蓝与橙、紫与黄等。在运用对比色搭配时,色彩面积的大小直接影响色调倾向,可采取大面积冷(暖)色与小面积暖(冷)色进行组合。例如,深蓝色外衣搭配棕红色围巾,就形成以蓝色为主调的冷暖对比搭配。对比色的搭配显得活泼、动感、个性十足。

4. 主色调搭配

在多种色彩的搭配中,关键要抓住主色调,运用统一、协调的原则,使不同色彩组合在一个整体中。搭配时先选择一个或几个面积较大的颜色,然后适当搭配小面积的颜色进行调和、点缀,这样既能突出重点,又显得丰富多彩。主色调是服装搭配色彩外观的重要特征,不同的色调会给人完全不同的视觉感受。

(1) 红色:波长最长,穿透力强,感知度高,吸引力强,刺激作用大,能影响到人的心理和生理变化,强烈的红色能给人心理带来巨大的冲击。红色历来是我国传统的喜庆色彩,象征着吉祥。它易使人联想起太阳、火、血、热情和花卉等,令人感觉温暖、兴奋、活泼、热情、积极、希望、忠诚、健康、充实、饱满、幸福、长寿和吉祥,但有时也被认为是原始、暴虐、危险和嫉妒的象征。偏紫色的红给人感觉是庄严、稳重而又热情的,常见于迎接贵宾的环境场合。含白的高明度粉红色,则有柔美、甜蜜、梦幻、愉快、幸福和温雅的感觉,多用于和女性相关的色彩。

(2) 黄色:是所有色相中明度最高的色彩,它的视认性很高,注目性高,比较温和,象征着欢乐、富有和光荣。黄色给人轻快、透明、活泼、光明、辉煌、健康、明朗、快活、自信、希望、高贵、警惕和注意等感觉。由于黄色极易被人发现和识别,故常常作为安全色被使用,如室外作业者的工作服以及交通标志的颜色设计。

(3) 橙色:具有红与黄之间的色彩属性,刺激作用虽没有红色大,但它的视认性、注目性也很高,既有红色的热情,又有黄色的光明、活泼的性格,是人们普遍喜爱的色彩。橙色使人联想到火焰、灯光、霞光和水果等物象,是最温暖、响亮的色彩,给人以活泼、华丽、辉煌、跃动、炽热、温情、甜蜜、愉快和幸福等感觉。

(4) 绿色:是代表生命、青春、成长和健康的色彩。它有生命、青春、和平、草木、自然、新鲜、平静、安逸、安全感、信任、公平、理智、理想和平凡等象征含义。黄绿带给人们春天的气息;蓝绿、深绿是海洋、森林的颜色,有深沉、稳重、沉着和睿智等含义;含灰的绿,如土绿、橄榄绿和墨绿,给人以成熟、古朴和深沉的感觉。

(5) 白色:是一种包含光谱中所有色光的颜色,通常被认为是"无色"的。白色的明度最高,无色相。白色往往使人联想到冰雪、白云、棉花,给人以光明、质朴、纯真、轻快、恬静、整洁、雅致、凉爽和卫生的感觉,象征着平和与神圣。在古代,文人志士就常以素衣寄寓自己的清高,直到今天,白色仍是人们最喜爱的颜色,在服饰中应用得极为普遍。西方人举行婚礼,新娘的婚纱必须是白色的,以表示纯洁无瑕的爱情,我国也逐步流行起来。清纯的少女们,大都喜爱白色服饰。

(6) 黑色:是一种明度最低,但具有庄严、稳重效果的色彩。它给人以后退、收缩的感觉,在服装上的运用能使人显得苗条,因此,胖体型的人宜穿用,身体瘦长的人或肤色较黑的人不太适宜穿黑色服装。黑色服装给人庄重、肃穆、高雅和神秘的视觉效果,是西方上流社会中男性最常见、通用的色彩。

（二）服装的款式搭配原则

1. 整洁原则

干净整齐的原则是服装搭配打扮最基本的要求。穿着整洁总能给人积极向上的感觉，总是受欢迎的，而一个穿着褴褛肮脏的人给人的感觉则是消极颓废、遭人厌恶的。在社交场合，人们往往通过衣着是否整洁大方来判断这个人对交往是否重视，是否文明、有涵养等。整洁的原则并不意味着穿着的高档时髦，只要保持服饰干净合体、全身整齐有致便可。

2. 和谐原则

和谐原则指的是协调得体的原则，有两层含义：一是指着装应与自身体型相和谐；二是指着装应与年龄相符合。服饰本来是一种艺术，能遮盖体型的某些不足。借助于服饰，能创造出一种美妙身材的错觉。

每个人的体型都各有特点，高矮胖瘦各得其所，不同体型的人着装意识也应有所区别。对于体型高大的人而言，在服装选择与搭配上，应注意服装款式不宜太过复杂；服装色彩宜选择深色、单色为好，太亮、太淡、太花的色彩有一种扩张感，会使人显得更"壮"。对于身材矮小的人而言，则希望通过服装打扮拉长高度，故上衣不宜太长、太宽，裤子不宜太短，用提高腰线的方式达到整体显高的视觉效果；服装色彩宜稍淡、明快、柔和些为好，上下色彩一致可造成修长之感；V型无领外套，比圆领更能营造修长之感。

三、正装与礼服

（一）正式场合着装TPO原则

正式场合着装应该符合我们常说的TPO原则。TPO是英文中的时间（Time）、地点（Place）、场合（Occasion）三个词的缩写，是指人们在选择着装搭配时，应注重时间、地点和场合这三个客观因素，才能获得得体、和谐的穿衣效果。

1. 时间

从时间上讲，一年有春、夏、秋、冬四季的交替，一天有24小时的变化，显而易见，在不同的时间里，着装的类别、式样、造型应有所变化。

白天是工作时间，着装要根据自己的工作性质和特点，总体上以庄重大方为原则。如有安排社交活动或者商务活动，则应该穿得端庄典雅。穿的衣服需要面对他人，应当合身、严谨。

晚间的社交活动以宴请、舞会和音乐会等活动居多。此时，人们的社交空间距离相对较小，服饰对人们视觉与心理上影响更加明显，服饰礼仪要求更加严格，穿着更为考究。如果没有正式的社交活动，穿的衣服不为外人所见，应当宽大、随意、舒适。

一年四季的变化是大自然的规律，人们在着装时同样应遵循这一规律，注意冬暖夏凉、春秋适宜。夏天要穿通气、吸汗和凉爽的夏装。服饰色彩与款式的选择也应当考虑不同季节人们的视觉感受。夏季服饰选择应避免烦琐拖沓、叠层褶皱过多、色彩浓重复杂,以免在本来燥热的季节给人心理上的负担。冬季则应注意保暖、御寒,避免为了形体美丽而着装过于单薄,影响身体健康;同时也要注意避免因着装过厚而显得臃肿不堪。春秋两季着装的自由度较大,但总体上都应该遵循厚薄适宜、灵巧轻便、色彩和谐的原则。

2. 地点

从地点原则上讲,置身在室内或室外,驻足于闹市或乡村,停留在国内或国外,身处于单位或家中,在这些变化不同的地点,着装的款式理当有所不同,切不可以不变而应万变。

西装革履地进出高档酒店显得相得益彰,但如果穿着西装走进破旧宅院,则显得极其不协调;穿泳装、拖鞋出现在海滨、浴场,是人们司空见惯的;但若是去上班,进出写字楼办公室,则令人哗然。在办公室内穿着随意性极强的休闲装,或者是在运动场穿着西装、一步裙、高跟鞋,都会因为服饰与环境特征不相适宜而显得不协调。在国内或者西方发达国家,经常可以在马路上、商场内看到穿小背心、超短裙的年轻女性,但若是以这身行头出现在着装保守的阿拉伯国家,就显得不尊重当地人。

3. 场合

场合原则是人们约定俗成的惯例,有着深厚的人文特征和社会意义。人们的穿着服饰必须与特定的场合及气氛相和谐,一般应该事先有针对地了解活动的内容和参加人员的情况,然后根据经验挑选合乎场合氛围的服装,实现人景相融的最佳效应。比如,参加庆典活动要穿得隆重、正式;参加晚会要穿得漂亮、华丽;参加吊唁要穿得沉稳、庄重;参加婚礼要穿得喜庆、艳丽等。

着装的 TPO 原则在生活中经常用到,对于职业人士出入正式场合更为重要。了解并熟练掌握 TPO 着装原则对他人既是一种礼貌,同时也表现出自己精神焕发、大方得体的一面,体现出良好的个人修养。

(二)男式礼服

我国的男士礼服最为典型的是以孙中山先生的名字命名的中山装。中山装为关闭式八字形领口,装袖前门襟正中 5 粒明纽扣,后背整块无缝。袖口可开衩钉扣,也可开假衩钉装饰扣,或不开衩、不用扣。上衣口袋左右、上下对称,裤子有三个口袋(两个侧裤袋和一个带盖的后口袋),挽裤脚。中山装的形成在西装基本形成上又糅合了中国传统意识,整体廓形呈垫肩收腰,均衡对称,穿着稳重大方。中山装自 1923 年诞生迄今,一直是中国男子最通行和喜欢穿着的服饰,适合于各种礼仪场合。

西式的男性礼服简称西服或者西装。细分为晨礼服、小礼服和大礼服。晨礼服上装为灰、黑色,后摆为圆尾形,其上衣长与膝齐,胸前仅有一粒扣,一般用背带。配白衬衫,灰、黑、驼色领带均可,穿黑袜子和黑皮鞋。晨礼服,曾经是欧洲上流阶层出席英国 Royal Ascot 赛马场金杯赛时的服装,后来晨礼服被视作白天参加庆典、星期日的教堂礼拜以及婚礼活动的正规礼服,而且在一些正规的日间社交场合也同样会出现很多身着晨礼服的绅士。

小礼服,又称为晚餐礼服或者便礼服,为全白色或者全黑色西服上装,缎面衣领,腰间仅有一颗纽扣,下装以黑色为主,系黑领带,穿黑皮鞋。一般为参加晚宴、音乐会等活动时的着装。

大礼服,也称为燕尾服,其基本结构形式为前身短、西装领造型,后身长、后衣片呈燕尾形两片开衩,源于欧洲马车夫的服装造型。色彩多以黑色为正色,表示严肃、认真和神圣之意。时装在不断发展,现在燕尾服已经很少有人穿着,似乎退出流行的舞台,但是在一些仪式、庆典等特殊场合依然有人穿着。

(三)女士礼服

我国传统的女士礼服是旗袍,被誉为中国国粹和女性国服,是中国悠久的服饰文化中最绚烂的现象和形式之一。古典旗装大多采用平直的线条,衣身宽松,立领盘纽,摆侧开衩,单片衣料,胸腰围度与衣裙的尺寸比例较为接近。近代旗袍进入了立体造型时代,衣片上出现了省道,腰部更为合体并配上了西式的装袖,旗袍的衣长、袖长大大缩短,腰身也越为合体。

西式女性礼服种类较多,一般要根据时间、地点和环境等综合因素而定,大致分为日间礼服、正礼服和晚礼服等。日间礼服一般用于参加正式的聚会、拜访等活动,服装面料高档,裁剪讲究,再配上长长的丝网手套、精巧细致的帽子和手包,选择珍贵的项链、耳环作为配饰。

晚礼服一般采用无袖款式或无领的款式,裙长应坠地,缎、塔夫绸等闪光织物,搭配钻石等金属饰品,有光泽的华丽小包,肘关节以上的手套,如鞋与礼服为同一质地,是正式感最高的女性礼服。

实操1:系领带训练(男乘务员)

通过反复训练,男性民航乘务员至少掌握单结、半温莎结和温莎结三种系领带的方式。具体方法如下:

单结:领带的大头压小头,围绕小头转一圈后使大头穿过整个圈并系紧。

半温莎结:大头压小头后,先在大头一侧绕一圈,再围绕小头一侧绕一圈,然后让大头穿过整个圈系紧。

温莎结:大头压小头后,先在小头一侧绕一圈,然后再回到大头一侧绕自己一圈,再围绕着小头绕一圈,让头穿过这个圈系紧。

实操2:打丝巾训练(女乘务员)

通过反复训练,女性民航乘务员需快速熟练地掌握与航空公司制服相匹配的职业装方巾系法(见插页图3-4和3-5)。

实操3:乘务员工作装着装提速训练

通过反复训练,提高工作装着装速度。

训练方法:

对照镜子进行工作装着装整理。

两人一组,一人计时,训练工作装着装速度,并对对方在着装中的问题进行分析与解决。

分成若干小组,进行工作装着装比赛。

实操4:根据不同场合挑选适合自己的正装或礼服

【案例分析】

空姐小张在执行航班任务前才发现制服上有一处油渍,但由于时间紧急来不及回住处换衣服,只能硬着头皮上飞机了。航班结束后的工作讲评阶段,乘务长点名批评了小张,认为小张不仅影响了乘务组的服务质量,甚至影响到航空公司的整体形象。请问,如果你是小张,你该怎么办?

【问题处理】

假如你即将参加某航空公司面试,请为自己挑选一套适合自己的职业正装。

第四节　配饰的选择与搭配

配饰,亦称首饰、饰品,指人们在穿着打扮时用的装饰物,它可以在服饰中起到画龙点睛和烘托主题的效果。服装配饰包括两大类,第一类是实用性为主的附件,例如帽子和眼镜等;第二类是属于装饰性为主的饰物,例如项链、耳环和戒指等。

在准备佩戴首饰时,首先应考虑并注意以下几方面。

1. 要考虑整体效果、搭配协调

选择的点缀装饰物要能与服装款式相协调,提高饰物的适用功能。佩戴首饰的种类和形式多种多样,在繁多的饰物和戴法中,既要考虑人,环境,又要考虑整体的效果,要注意到诸多因素间的关系。协调一致的搭配,恰当的点缀,才能起到佩戴首饰的效果。

2. 要注意扬长避短、突出个性

首饰的佩戴要注意照顾人体本身的因素,要与人的体型、发型、脸型、肤色及服装协调一致。

3. 要注意不同场合

佩戴首饰,应与所处的环境、场合相适应。不同的场合对于首饰的质地、款式和形式要求不同,因此应采取不同的佩戴方式。

4. 注意佩戴首饰的季节性

一般地说,由于季节不同,对于饰物的质地、色彩、形式以及佩戴取舍的要求也不同。

5. 注意传统习惯

佩戴首饰要注意各地的风俗习惯、传统观念。不同地区的人,对首饰的质地、色彩有着不同的喜好。

6. 最好成套购买,不要多而杂

经济许可的情况下,在买项链时,最好同时买下同色系或同质地的耳环、手镯,以便陪衬使用。一般情况下,全身的首饰最好别超过三件,除非参加特殊的宴会。

一、首饰鉴别与保养

(一)首饰的原料及鉴别

在琳琅满目、绚丽多彩的首饰柜前,人们不禁眼花缭乱。怎样才能鉴别首饰的真假?怎样才能选择一款适合自己的首饰呢?我们从原材料的选择与鉴别开始。

制作首饰的原材料主要分为以下几类:珠宝类(珍珠、宝石、玉石、象牙和天然水晶等)、金属类(金、银、铂、铝、镁及其合金制品等)和人造原料(动物骨骼、贝壳、人造宝石、塑料和皮革等)。下面介绍几种比较常见的首饰原料。

1. 黄金首饰

黄金是一种较稀有、较珍贵和极被人看重的贵金属,作为美满和富贵的象征,不少人都喜欢佩戴黄金首饰来突显自己的品位和地位。黄金不仅仅是一种消费品,更多人把它当作是一种投资的方式。

黄金首饰是千百年来都很流行的饰品,市场上常见的黄金首饰种类较多,因其含金量的不同,主要分为纯金首饰、K金首饰、镀金首饰和仿金首饰。纯金首饰的含金量在99%以上,最高可达99.99%,故又有"九九金""十足金""赤金"之称。为了弥补黄金价格高、硬度低、颜色单一、易磨损和花纹不细巧的缺点,通常会在纯金中加入一些其他的金属元素以增加首饰金的硬度,变换其色调和降低其熔点,这样就出现成色高低有别、含金量明显不同的金合金首饰,冠之以"Karat"一词。K金的完整表示法为"Karat Gold"。K金制是国际流行的黄金计量标准,赋予K金准确的含金量标准,形成了一系列K金饰品。镀金首饰是在其他的金属首饰表面用电镀法镀上一层金色,颜色与真金首饰相仿,金黄光亮,新时较难辨认。但镀金首饰手感较轻飘,质地较硬,牙咬无印,用久易褪色。

在黄金首饰中,纯金首饰质地较软,牙咬有印,容易弯折,色泽金黄、纯正、柔和,手感沉重,有沉甸甸的感觉。K金首饰质地稍硬,牙咬无印,色泽是黄中带白,并依K数的减小,白色渐增,黄色渐浅。K金首饰的手感不如纯金首饰沉重。此外,无论是纯金还是K金首饰上都带有印鉴。

黄金首饰上的印鉴,有用"金字",也有用"Kg"英文字母表示质地。标明含金量时,用"99"字或"24K"字样的表明是纯金首饰,K金首饰依含金量不同,标明相应的K数,如标着"18K"的K金首饰,其含金量为75%。此外,首饰上还有标志着不同生产厂家的产地印鉴。真的黄金首饰,印鉴标准、完整、清晰,是重要的判别标识。

2. 白银首饰

与纯金相比,白银是一种相对不稳定的金属,会因为外界因素变黄变黑。白银在地球上的含量比黄金多,因此价格相对低廉。925银是含银925‰(92.5%)的银,和传统上的纯银不同,为了加强银饰的硬度,加入约7.5%的铜,所以925银的银本色会呈现米白银色而不是传统银的银白色。银是一种不稳定的金属,健康人体表的油脂能维护银本色,长期佩戴暴露在空气中会变黄,遇到体内有沉积毒素,或碰到"硫"的化学品(如发剂、肥皂等)会突然变黑,所以,佩戴银饰能否使之有效地保持银本色,也是身体健康与否的一种表现。

3. 玉器首饰

玉器,即使用天然玉石加工制成的器物。中国早在八千多年前就有了玉器,并不间断地延续到现在。玉器的出现是远古石器的延续与创新,也是人类古代文明里中华文明所独有的器物。玉器的鉴别有三个内容:一是鉴别玉质,即玉器的玉料品种是什么;二是鉴别人工处理,即玉器的颜色及古玉的沁色或者其他特性是否人工处理所致;三是鉴别仿冒品甚至合成品,即将真品的假冒者鉴别出来。按照玉器的质地,主要分为软玉和硬玉两大类。

软玉通常被人工处理者并不多见,因其追求的是色白,因而用不着想方设法去染色。软玉自古以来就是一种名贵的玉种,因而有仿冒品出现。出现最多的仿冒品是蛇纹石玉、石英岩玉和方解石玉等。

软玉的感观特征:一是光泽,软玉有特殊的油脂光泽,或是带有油脂感的玻璃;二是结构,软玉是一种纤维状小晶体交织组成的玉石,可以见到纤维状小晶体交织组成的、稀疏不等的花斑,但却没有透明的颗粒状小晶体,也就是所谓的"斑晶";三是透明度,相对可能混淆的玉石而言,它的透明度相对较差,虽说是半透明至不透明,实际上大部分玉石是微透明的,而半透明的软玉已不容易见到。

硬玉以翡翠为代表。翡翠的表面有星点状、线状及片状闪光。翡翠的颜色丰富多彩,是其他宝石所不具备的,所以看颜色不仅要看色彩与色调,也要注意到颜色的组合和分布。

翡翠的光泽是玻璃光泽、油脂光泽或者是带油脂的玻璃光泽。水头透明好的翡翠清润透澈,为其他玉石没有的。将翡翠光滑表面贴于脸上或唇边有凉凉的感觉,可以用以下的方法进行鉴别。

(1) 当你在眼花缭乱的玉器摊上挑选玉器而无法分辨真假时,可以就地取材,将一滴水滴在玉器上。如果水滴呈露珠状久不散开,就证明是真玉;如果水滴一下子就消失掉,那么就说明是次品或者假货。

(2) 感知。挑选玉器时,可以用手来回触摸,如果感觉到一种冰凉润滑感,则有可能是真玉,因为真玉具备这一特性。

(3) 把所看中的玉器拿起,朝向光明处看,如果颜色剔透、绿色均匀分布,就说明是真玉。

(4) 如果玉器商贩允许,可以用舌尖舔。真玉有涩感,假玉没有这一特性。

(5) 如果你在非正规玉器市场上挑选玉器,最好是带上放大镜。因为用放大镜可以分辨出玉器的优劣。一般情况下,把玉器放在放大镜下看,如果是真玉,少裂痕或者无裂痕的为好玉。如果裂痕很多或者很大,则证明是劣货。

4. 珍珠首饰

珍珠是一种古老的有机宝石,主要产在珍珠贝类和珠母贝类软体动物体内;由内分泌作用而生成的含碳酸钙的矿物(文石)珠粒,是由大量微小的文石晶体集合而成的。

古代人把珍珠视为宝物,喜以珍珠作为首饰,如珍珠冠、珍珠手镯和珍珠耳坠,还有的把珍珠缝制在衣服上,称之为"珍珠衫"等,现在多用珍珠做成串珠、项链和戒指等。珍珠的彩色是由水中所含的金属盐的成分而定。当海水中含有较多的微量元素时,便会产生带色的珍珠。

珍珠按照形成分为:天然珍珠以及人工养殖培育的珍珠;按颜色分为:白珠、黑珠、杂色珠等;按重量分为:大珠、厘珠、毛头和扣珠等;按产地分为:东珠(亚洲或东方国家)、澳洲珠、波斯珠和南海珠(密克罗尼西亚等西太平洋群岛)等。

如何鉴别天然珍珠以及人工养殖培育的珍珠,主要从以下几方面判断。

(1) 结构不同:养珠的内核是人工制作的;天然珠的内核是天然的石英砂砾或其他物质。

(2) 颜色不同:天然珠质地细腻,光泽柔和,透明度高(多为半透明);养珠因成珠年代短,质地松散,光泽不强,表面常有"小包",俗称"廉子包"或"揪"。

(3) 形状不同:天然珍珠为自然形成,颗粒不整,不够规则,圆的较少,形美者少,大颗粒较少;养珠比较整齐,圆形的较多,大颗粒较多。

(4) 天然珍珠的洞眼内外一样能看到年轮纹的纹路;养珠洞眼内外不一,从洞眼看分两层,内外两层结合得不自然。

(5) 天然珍珠,由于异物侵入而形成,生长时间长,其质地厚实,皮光较好;养珠为人工播核,生长时间短,珍珠层较薄,皮光较差。

5. 钻石

钻石其实是一种密度相当高的碳结晶体,钻石在天然矿物中的硬度最高,其脆性也相当高,用力碰撞就会碎裂。钻石源于古希腊语 Adamant,意思是坚硬不可侵犯的物质,是公认的宝石之王。天然钻石晶莹无瑕、灿烂夺目,珍贵而稀有,因此,也被视为爱情和忠贞的象征。

衡量一颗钻石品质的标准主要有四个维度,即重量(Carat)、净度(Clarity)、色泽(Colour)和切工(Cut),也就是通常所说的"4C标准"。这个标准由 GIA(美国宝石学院)创立,是目前在世界上包括中国最为主流的钻石评价标准。钻石的颜色以无色为最好,色调越深,质量越差。彩色的钻石中以红钻最为名贵。

钻石的鉴定方法如下。

(1) 硬度检验:钻石是已知最硬的自然生成物质,没有什么东西可在钻石上划上痕迹,若能划上痕迹的则绝非钻石。

(2) 导热试验:在待辨钻石和其他相似物品上同时呼一口气,若是钻石则其表面凝聚的水雾应比其他物品上的水雾蒸发得快,这是因为钻石具有高导热性的原因。

(3) 观察反射光:用放大镜可观察到钻石的腰围处呈现一种很细的磨砂状并有亮晶晶的反射光。钻石的这种特征是独一无二的。

(4) 看生长点:在放大镜下观察,真品钻石的晶面上常有沟纹和三角形生长点。赝品有两类:① 加了氧化铝的普通玻璃,因折射率和色散提高,容易误入,但硬度低。② 用化学合成的蓝宝石和无色尖晶石仿制,硬度接近,但折射率低并有双折射现象,在放大镜下可见重影。

(二) 首饰的保养

首饰种类繁多,但保养方式大多相通,主要有以下几点。

(1) 避免撞击,尽量不要佩戴首饰做家务或粗重的工作。

(2) 佩戴金银等贵金属首饰时,应避免接触其他金属,避免贵金属饰品同时堆放在一起相互摩擦,造成损耗并影响光泽,同时还应避免接触化妆品、香水、醋和果汁等物品。

(3) 人体的汗液会侵蚀金银饰品,所以夏天佩戴要经常用清水清洗,然后用干毛巾抹干。

(4) 工艺复杂的金银饰品一旦损坏,修理困难,且很难恢复原样。所以一定要小心对待,尤其是一些蛇骨链、硬身链和满天星链等,坏了无法复原,千万不能拉、折、拧、拽,洗澡、游泳和睡觉时避免佩戴。

(5) 暂时不佩戴的首饰要及时清洗,并放在干燥洁净的首饰盒内,妥善保存,以保持首饰的清洁光亮。

二、乘务人员配饰的基本要求

(一)民航乘务人员工作场合佩戴首饰的基本要求

民航乘务人员是客舱内的服务人员,因此空乘人员佩戴首饰必须以不妨碍工作效率和尊重旅客为首要原则。为了维持良好的服务形象,空乘人员可以适当佩戴首饰,但要求款式简洁大方、质地高雅,不过分张扬。《民航乘务员职业技能鉴定指南》中对民航乘务员首饰佩戴有以下几点要求。

1. 项链

项链只能戴一条,以纯金或纯银的质地为宜。不能选用粗大的造型,项链直径最好不超过5毫米,需佩戴在衬衣里面。

2. 耳饰

耳饰只允许戴一副,选择紧贴耳朵的款式,设计简单、样式保守,并且不能有吊坠,以耳钉为最佳。耳饰样式保守,镶嵌物直径不超过5毫米。

3. 戒指

戒指设计要简单,镶嵌物直径不超过5毫米。

4. 手表

手表的设计应是保守简单的,表带是银色、金色的金属或皮制表带。为了在紧急情况下准确对时,不能带没有分针和秒针的艺术手表。卡通表给人感觉不严肃,不允许佩戴。不允许佩戴脚镯和链式手镯。

(二)民航乘务人员社交场合佩戴首饰的基本要求

许多重要的场合着装都需要搭配首饰,佩戴合适的首饰往往能起到画龙点睛、锦上添花的效果。在许多正规的社交场合首饰佩戴是否合体,也是社交礼仪中的一部分。民航乘务人员在社交场合佩戴首饰,应遵循以下八条原则。

1. 数量规则

佩戴首饰在数量上的搭配原则越少越好。如果没有合适的首饰可以什么都不戴,如果一定要同时佩戴几件首饰,全身的首饰一定不要超过三种,并且要注意避免同类型的首饰重复佩戴。

2. 质地规则

不同材质的首饰,适合不同场合的佩戴。通常在工作中和生活中不适合佩戴贵重的珠宝首饰,档次较高的饰品比较适合正式重要的社交场合佩戴。同时,在佩戴首饰时尽量力求全身的首饰材质相同。如果是佩戴有镶嵌物的首饰,镶嵌的宝石也应与其他镶嵌物上的宝石一致,而贵金属材质的托架也应尽量做到颜色质地的相同。这样能够让整体看起来更加和谐统一。

3. 色彩规则

选择首饰佩戴时,应该保持身上的饰品同属一个色系。如果全身佩戴超过两件首饰,应该考虑保持色彩的相似。即使佩戴有镶嵌的首饰时,也应该保持主色调的搭配一致。一定不能将几种颜色鲜艳的首饰搭配在一起,这样很容易将自己装扮成一棵"圣诞树"。

4. 体型规则

首饰的佩戴也根据自身的形体条件来搭配。首饰的佩戴主要起到修饰和协调形体的作用,尽量做到扬长避短。因此,在佩戴首饰的时候,应该了解自身的优势和缺点,尽量佩戴饰品来弥补,也就是我们所说的避短。

5. 身份规则

选择首饰佩戴时,应考虑首饰与身份的互相协调搭配。主要是从年龄、性别、职业和工作氛围的角度来考虑,所搭配的饰品也应该与这些因素相一致,而不能使整体风格偏离太多。

6. 季节规则

选择首饰佩戴时,应根据不同的季节来选择不同颜色和材质的饰品。通常来说,不同的季节所要佩戴的首饰也不一样。比如,夏季更适合佩戴清凉鲜艳的颜色,而冬季比较适合暖色调首饰的佩戴,如金色、橘黄色等。

7. 习俗规则

选择首饰佩戴时,应根据民族的习俗来佩戴。在我国有很多少数民族,每一个民族佩戴首饰的习俗都不相同。因此,在某地某个民族佩戴饰品,应该了解其民族佩戴首饰的习惯和寓意。

8. 搭配规则

选择首饰佩戴时,应根据与服装相统一的原则。首饰的佩戴应与服装和整体形象上搭配,因此应该根据服装的风格、材质、颜色和样式,选择首饰的风格和材质也应尽量协调一致,使首饰与服装相互辉映。

实操1:
为自己选择在民航乘务工作中所佩戴的首饰。

实操 2：
思考不同的妆容搭配的首饰有什么样的特点。

实操 3：
为身材偏瘦的小李,选择一条合适的项链款式。

实操 4：
思考肤色偏黄的乘务人员,适合佩戴何种质地的首饰。

【本章小结】

本章介绍了色彩以及空乘职业着装的相关知识,包括职业着装的特点和基本要求,重点介绍了关于不同场合的着装和配饰穿戴的基本原则,以及服装和配饰搭配的注意事项。本章还非常注重理论与实践相结合,尤其是第三节专门讲述了男性乘务员系领带,以及女性乘务员系丝巾的方法,第四节专门讲授了乘务人员配饰选择和穿戴的注意事项,并配合实操训练,这些都是乘务人员必须要了解和掌握的重要知识和技能,以帮助学习者更好地掌握服饰搭配的相关知识和要领。空乘人员的职业形象要求很高,学习者要注意形象美的整体性,从妆容到服饰,都要根据职业特点、工作性质和个人气质等进行设计和打造,并且要十分注意细节,才能真正塑造出符合空乘行业标准的完美形象。

【思考与练习】

1. 黄金、白银、玉器、珍珠和钻石的鉴别方式分别有哪些?
2. 民航乘务人员佩戴首饰有哪些基本要求?
3. 不佩戴的首饰,如何清洁和保管?
4. 根据自己的脸型、发型、体型、肤色和服装,选择在日常生活中适合自己的首饰。
5. 根据自己的脸型、发型、体型、肤色和服装,选择在宴会中适合自己的首饰。

【章前导读】

本章首先通过对先天因素进行分析,了解皮肤的基础知识,对皮肤类别进行鉴别;其次从后天因素分析,了解影响皮肤的主要因素,详细介绍如何正确养护自己的皮肤;再次,通过了解护肤的重要性之后,掌握护肤的基本手法,根据肤质的不同,正确护理皮肤;最后,详细分析不同性别、不同季节、不同年龄以及不同环境的妆容要求。

【学习目标】

1. 根据自身的肤质能正确护理皮肤;
2. 根据不同场合要求设计相符合的妆容。

第一节　对皮肤的认知

爱美之心,人皆有之。拥有青春不老的容颜是每个女性的梦想,有美丽才有自信。女人的内在美需要自身的修养,外在美需要自己精心地呵护。现在,越来越多的女性朋友意识到皮肤保养的重要性,而保养要从基础护肤做起。

皮肤的生理是了解皮肤问题的根本。所有关于皮肤的问题,都和皮肤的结构、类型等有关。因此,了解皮肤问题,应从认识皮肤的组织结构开始。

一、皮肤的基本特点

皮肤是指身体表面包在肌肉外面的组织,是人体最大的器官,总重量占体重的5%～15%,厚度因人或部位而异,为0.5～4毫米。

正常健康的皮肤应是微酸、微湿、柔软、结实而富有弹性的,并有抵抗疾病的能力。它具有如下特点。

(1) 皮肤是人体最大的器官,和外界接触最为广泛;
(2) 皮肤是活的细胞组织;
(3) 皮肤具有自愈的功能。

二、皮肤的基本组成

皮肤主要由表皮、真皮和皮下组织三部分组成,如插页图4-1所示。皮肤的水分是人体水分的15%～20%,不能少于10%,否则皮肤就会干燥、缺水、出现皱纹。表皮与真皮之间呈波浪形式连接,以保持皮肤的弹性,当皮肤老化时,波浪形会消失,皮肤也会失去弹力,因而出现松弛和皱纹。

1. 表皮

皮肤最外一层,它有保护作用,并不断新陈代谢。人的生理周期代谢为28天,但随着年龄以及生活习惯的变化会产生不同的变化。

2. 真皮

表皮下一层,其厚度约为表皮的10倍,能保持皮肤张力和弹力,由大量纤维结缔组织细胞和基质构成,为皮肤提供营养,皮肤的衰老往往从真皮开始。

3. 皮下组织

皮肤最底层,由脂肪细胞组成,主要功能是储存能量,具有保温御寒及保护内部组织的作用。

三、皮肤的主要作用

在认识皮肤的基础结构后,再进一步了解皮肤的生理作用。

1. 保护作用

最重要的皮肤生理作用就是保护作用。皮肤可以保护身体,防止细菌侵入,表皮的最外层盖着一层薄的皮脂膜,有防水作用,也能防止紫外线侵入皮肤内部,这是皮肤生理作用中最重要的功能。

(1) 抵御机械性损伤:纤维组织的抗拉性及弹性,对长期机械性作用可产生保护性增生。皮下脂肪有软垫作用,对来自外界的挤压及冲撞有缓冲的作用。

(2) 抵御物理性损伤:如黑色素能反射和吸收大量紫外线,发挥紫外线滤器的作用,使内部器官和组织免受损伤。

(3) 抵御化学性损伤:表面角质及角质蛋白,对弱酸和碱性损伤有一定屏障作用。

(4) 抵御生物性损伤:角质可阻止细菌和病毒进入皮肤内,皮肤的弱酸性对微生物生长不利。

(5) 防止体内营养物质的丧失:如角质层具有半透膜的特性,体内的营养物质、电解质及水不能透过角质层,从而防止这些物质的流失。若角质层被破坏(如烧伤病人),皮肤会出现严重失水。

(6) 限制体外物质透入:角质层越厚,对外界有害物质或药物透入皮肤的限制作用就越大。

2. 外表显示作用

皮肤能显示人种、性别、人体情感及内部的健康状况。如受惊时皮肤会变白;愤怒时会转红;肝炎病患者,皮肤会发黄。外界某些因素对皮肤不利时,机体可通过皮肤提供信息,如接触性皮炎等。另外,通过皮肤实验可知机体对某些疾病或药物的免疫状态。

3. 知觉作用

外界刺激作用于皮肤后,引起神经冲动,通过不同途径传递到中枢神经系统,产生触、冷、热、痛、压以及痒等感觉,还可以由不同感受器或神经末梢的共同感知,经大脑综合分析后产生多种微妙的复合感觉,如潮湿、干燥、平滑、粗糙、柔软及坚硬等。这些感觉有的经过大脑判断其性质,做出有利于机体的反应,有的则引起相应的神经反射,如撤回反射和搔抓反射等,以维护机体的健康。

4. 体温调节作用

在外界温度不断变化下,人体可以进行自主性调节,主要调节形式是皮肤浅层血管的舒缩及汗液的蒸发。当外界温度高时,皮肤血管扩张,血流量增加,从而加大热的辐射、对流及传导,使体温降低,同时汗液分泌增加,带走较多热量;反之温度降低时,皮肤血管收缩,汗液分泌减少。

5. 分泌排毒作用

皮肤内的血液分泌皮脂,使皮肤光滑并防止水分蒸发,汗腺分泌汗水,给予皮肤湿润,毛孔张开后能排泄毒素。

6. 吸收作用

皮肤对脂溶性的东西吸收较好,水溶性的吸收较差,所以要随时给皮肤补充水分。表皮能从外界吸收各种物质,如水分及保养品的渗透、吸收,一般情况下,脂溶性物质易于透入皮肤,水溶性物质以及无机盐类一般不能透入皮肤。

(1) 皮肤吸收:通过角质层细胞膜,进入角质细胞;少量水溶性、大分子物质通过毛孔、汗孔而被吸收;通过表面细胞间隙渗透进真皮。

(2) 影响皮肤吸收的因素:角质层的厚薄,角质层越薄越容易吸收;皮肤含水量多少,含水量越多,吸收能力越强;毛孔状态,毛孔扩张时,吸收力强;局部皮温,按摩、热膜和蒸汽等使局部皮温增高,吸收力增强。

(3) 皮肤易吸收脂溶性物质,不易吸收水溶性物质。对油脂的吸收能力从强到弱依次为动物油→植物油→矿物油;对某些金属如铅、汞等有一定的吸收能力,量多会造成蓄积中毒,诱发黑斑、皮炎等。

7. 自我呼吸作用

皮肤呼吸相当于肺部的1%,它有很好的通透性。皮肤的呼吸作用为皮肤活动的原动力,皮肤最旺盛的活动时间为晚上十点到次日凌晨两点,在此期间保证良好的睡眠对养颜护肤有很大的好处。

8. 代谢作用

血液循环负责身体的新陈代谢,能供给皮肤所需的营养和水分。皮肤生长需要营养,如氧气、水、维生素、脂肪、糖、蛋白质及其他微量元素。皮肤参与整个机体的糖、蛋白质、水和电解质等新陈代谢过程,以维持机体内外的生理需求的平衡。

四、皮肤的类型

皮肤根据皮脂腺分泌的油脂和汗腺分泌的汗液之间的比例多少可分为干性皮肤、油性皮肤、中性皮肤、混合性皮肤和敏感性皮肤。

1. 干性皮肤

干性皮肤看上去很细腻,毛孔不明显,不会感觉油腻。干性皮肤的pH值为5.5~6.0,

由于角质层水分低于10%，皮脂分泌少，所以会出现干燥、产生细纹等问题。这些皮肤问题主要是由皮肤表层缺少水分，表皮细胞间的细胞间质结构不完整，皮脂腺分泌不足所致。

2. 油性皮肤

满脸油光的油性皮肤，主要是由于皮脂腺分泌过量油脂造成的。通常青春期肌肤会偏油，熬夜以及压力也会使皮肤偏油。这种肤质的毛孔显粗大，皮肤显得粗糙，皮脂分泌过盛使污垢易附着在皮肤表面而形成粉刺。

3. 中性皮肤

中性皮肤不干不油，肤质适中，红润白皙，纹理细腻。中性皮肤是最完美的一种皮肤，肌肤状况稳定，通常14岁以下发育前的少女居多。年纪轻的人尤其青春期过后仍然保持中性皮肤的很少，这种皮肤一般夏季易偏油，冬季易偏干。

4. 混合性皮肤

面部同时存在两种不同皮肤状态的混合性皮肤，主要表现在T区等偏面部中央处的油脂分泌较多，毛孔也显得粗大，容易长粉刺、暗疮，显现偏油性的皮肤状态；而脸颊等部位较为干燥，显现偏干性的皮肤状态。混合性皮肤的特性会随着季节而变化，春夏季易混合偏油，秋冬季易混合偏干。

5. 敏感性皮肤

易敏感的皮肤属于一种问题性皮肤，任何肤质中都可能有敏感性皮肤。这类皮肤十分容易受环境因素、季节变化及护肤品的刺激而导致皮肤过敏。

第二节　影响皮肤的因素

在不同的季节里，人体周围环境的气温、湿度、日照和风沙等因素都会使皮肤受到影响，因此根据不同的季节和环境，采用不同的护理方法保养皮肤。

一、季节对皮肤的影响

一年四季由于气候和温度的不同，会对人的皮肤产生较大的影响，因此根据不同的季节对皮肤进行养护。

1. 春季皮肤的保养

春天因为白天时间较长，日照量增加且气温上升，所以皮肤的新陈代谢也活跃起来了，这时冬天所积存下来的废弃物被大量排出，而皮脂与汗水的分泌也逐渐增加。

"春风"使尘土飞扬，令过敏的花粉，在肉眼无法察觉到的情况下进入空气中，使这个季节的皮肤极易受污染，细菌活动也较为旺盛，因此，春季容易诱发青春痘和其他皮肤病。尤其是年轻女性，因激素分泌旺盛，所以比年纪大的女性，更易发生皮肤病变。

初春的气候不太稳定,经常在一段非常温暖的日子后,天气仿佛突然回到了冬天,所以皮肤无法适应这种剧烈的变化,这也是造成皮肤病变的主要原因。

为了预防春季容易产生的皮肤病变,首先必须清除皮肤内的污秽,一天至少要用弱酸性的洁肤产品,仔细清洗面部2~3次;洗澡也是有效的清洁手段,尤其不要忘记洗澡后对皮肤的按摩。清洁面部之后只要擦上弱酸性化妆水即可。

选用化妆品时,应注意肌肤的状态。在冬季常用面霜类的干性皮肤,一旦到春天,皮脂和汗水的分泌都会旺盛,这个季节由于在生活规律和环境上有一定的改变,这些因素都可能助长皮肤的病变,因此,尽量保持心情的轻松和愉悦。

有人说,春季是女性最美丽的季节,但是如果皮肤出现病变等状况,再美都会被打折扣,所以不要忽略春季皮肤保养的工作。

2. 夏季皮肤的保养

夏季对皮肤而言,是一个十分严酷的季节。因为梅雨一过,紫外线突然增强,直接打击我们的肌肤。紫外线是使皮肤变黑,且增厚变硬,是形成雀斑的主要因素。如果皮肤长时间暴露在日光下,要提前擦拭防晒霜。不过,大部分的防晒霜的防晒效果都只能持续2小时左右,且防晒霜在皮肤上停留的时间过长也会失效,因此,一段时间之后还要重新在皮肤上涂抹一层防晒霜。对防御紫外线,带有一定防晒指数的粉底霜(或液)的功效也比较强,所以选用带有一定防晒指数的粉底霜(或液)也是防晒工作的重要环节。

夏季是一年中,汗水分泌量最大的季节。虽然汗水是调节体温所不能避免的现象,但其中所含的盐分和废弃物会使皮肤粗糙。夏季流汗太多时,皮肤表面的酸性度逐渐降低,而倾向于碱性,相对抵抗力也会降低,细菌容易繁殖,这些细菌还会分解皮肤的分泌物,产生难闻的气味。流汗之后,不要只是把皮肤表面的汗水擦掉,而要用酸性化妆水轻轻拍打,这点也是很重要的。

夏季的皮脂分泌也格外旺盛,因此平日肌肤正常的人,这段时期都可能倾向油性肤质,这种皮肤状况,必须时常保持皮肤的清洁。不管是洗澡还是洗脸都可以用稍微热一点的水,尽量让汗水完全排出体外,让皮肤保持清爽,汗水量也会减少。洁肤之后,应选用具有收缩性的化妆水。如果因为皮肤粗糙引起发炎时,或是晒后皮肤有红肿的现象,可将化妆水放入冰箱中冷藏之后再使用,可起到舒缓皮肤、抑制皮肤炎症继续恶化的作用。夏季在空调房中,不要使用会使皮肤干燥的蜜粉,而应改用保湿粉底霜,冷气温度不要调得太低,如果能不使用空调就最好不用,对皮肤较有益。

现在很多女性朋友都很喜欢喝酒,但酒精可以促进皮脂和汗水的分泌,所以要尽量少喝酒。饮食中应多摄取含B族维生素的食品,以预防因紫外线所引起的阳光过敏。夏季气温高,排汗较多,容易口渴,但是不宜一次性喝太多的水和饮料,这样会增加汗水的排出,而应分多次补充水分。过于炎热的夏季,常会引起食欲不振和睡眠不足的情况,如果饮食中油分太少,肌肤容易衰弱,所以要摄取适量的蛋白质,均衡一定的营养。

3. 秋季皮肤的保养

秋季到来必须重点保养因夏季暴晒而受损的肌肤,只要保养得当,可以避免晒斑的产生。在较干燥的秋季,洁肤之后要先拍大量的保湿化妆水,然后再补充乳液。此外,适当的按摩和敷面膜也可以有效地预防晒斑。

秋季的饮食中,每天都不能缺少蔬菜、水果、海藻、鱼和牛奶等,还应摄取足够的钙质和矿物质。它们可以抑制皮肤发炎,并有美白肌肤的功效。虽说是秋天,但初秋的紫外线仍然相当强烈,进入9月之后,往往容易忽略对紫外线的防护。在夏季皮肤为了预防紫外线的侵入而变厚,在秋季已逐渐变薄,因此秋季也应注重涂抹防晒霜,不要让皮肤在紫外线下长时间地暴露。

秋意逐渐加深之后,原本较活泼的皮脂和汗水的分泌会慢慢地减少,皮肤也较容易干燥。以前一直使用酸性较强的化妆水,现在可以改用酸性或中性化妆水,乳液和保湿露的量也要增加,这样才能给表皮较充足的水分。干性皮肤或者年纪较大的人,皮肤感觉干燥的时候也会来得比较早,所以只要肌肤有紧绷的感觉,就应尽早使用面霜,补充皮肤所需的油分。秋季除了对面部进行保养之外,还要注重对手、脚和头发等部位皮肤的保养,切不可忽视。

4. 冬季皮肤的保养

冬季和秋季不同,冬季除了空气干燥之外,气温也较低,皮脂膜的形成能力较弱,因此皮肤的水分很快就会蒸发掉,致使皮肤看起来总是很干燥。冬季室内有暖气,皮肤长期处于暖气房中,这也会使皮肤变得干燥而粗糙。这时,我们应在屋内安置加湿器,避免空气过于干燥,调节干湿度。

保养肌肤时,永远都不能忘记洗脸。气温降低,天气变冷,但是洗脸的程序和次数还是不能减少,洗脸永远都是最重要的。洗脸后,要涂抹足量的保湿化妆水或乳液,同时对皮肤轻拍也能帮助其更有效地吸收。总之,要先给皮肤必要的水分,再视具体情况涂抹一定的面霜。

如果每天都做面膜和按摩,则可以让因为寒冷而收缩的毛细血管中的血液畅通无阻,并促进新陈代谢。干性皮肤的人,在使用化妆水或乳液后,皮肤依然感觉到紧绷不舒服时,则应在晚上睡觉前涂抹晚霜。

外出时尤应注意,如果没有涂抹任何护肤品的脸暴露在外界的空气和紫外线中,皮肤将会更干燥,易产生皱纹和色斑,所以出门前一定要涂抹保湿面霜或者带有防晒指数的隔离霜,再多加一层粉底霜和蜜粉会更有保护作用。不光是脸部皮肤,手脚的保养也是很重要的。洗脸洗澡后一定要敷面膜并进行充分的按摩,然后抹上适量的面霜。

对于三餐的饮食,则应多摄取可使皮脂和汗水的分泌保持正常状态和功能的维生素A,油脂方面也以植物油为宜。

二、环境对皮肤的影响

不同的环境对皮肤造成的影响也特别明显,因而也要根据环境的因素,对皮肤进行有效的防护。

1. 阳光

最具伤害性的环境因素应该就是阳光了。阳光虽可激活皮肤产生维生素D,并提供温暖的感觉,使皮肤展现美好、健康的光泽,但是持续暴露在阳光下,阳光中的紫外线使皮肤干燥脱水,受到伤害,并出现皱纹和晒斑。

阳光中的紫外线对皮肤的伤害如下。

(1) 过度的紫外线照射结合高温,会造成局部被晒部位的皮肤潮红、肿胀,引起血管扩张和渗出,甚至出现红斑水疱,形成所谓的"日光性皮炎"。炎症消退后会导致色素沉着和皮肤脱屑。

(2) 使皮肤变黑、变粗糙,形成色斑。紫外线能够刺激络氨酸酶的活性,促进黑色素颗粒的产生,使皮肤变黑,形成黑斑。经常的日晒,还会导致皮肤细胞的代谢紊乱,使皮肤变得很粗糙。

(3) 引起皮肤的老化。

首先,表皮的角质层,保湿因子流失,角质增厚堆积;表皮的基底层,黑色素合成,增加基底细胞紊乱,导致黑色素积聚形成老年斑、晒斑,表皮增厚、粗糙,产生黄色丘疹和老年性黑头粉刺等皮肤疾病。

其次,真皮层的乳头层变得平坦,胶原纤维和弹性纤维变形、松散及断裂,粘多糖类物质加速凝聚,微血管扩张,皮脂腺分泌下降等,导致皮肤干燥缺水、失去弹性及张力、松弛下垂,产生皱纹及红血丝。

最后,皮下组织的脂肪层变薄,导致皮肤松弛,产生皱纹。

(4) 导致皮肤癌。紫外线可使细胞中的DNA发生变化,使细胞分裂生长的过程出现不正常的现象,产生新的变质细胞,严重时则变成皮肤癌。

2. 温度

温度低会使皮肤失去宝贵的水分;温度高则使皮脂腺分泌旺盛,造成皮肤油腻。在气候炎热及高温时,虽然皮肤会感觉油腻,但仍需进行适当的保湿护理,以防止阳光照射而使皮肤缺水。

3. 湿度

低温加上低湿度,会加速皮肤的水分流失,使皮肤感到干燥和紧绷。高温而低湿同样会造成皮肤表面被"烤"得失去水分。

4. 风沙

强风结合干燥的极冷或极热的温度,会使皮肤干燥及脱水,同时,强风带来的风沙及尘土,往往会吸附在人体皮肤的表面,造成毛孔堵塞,使皮肤窒息,加速皮肤老化。

5. 污染

烟雾及雾霾中的有害污染物会吸附在皮肤的表面,使毛孔堵塞,加速色素、皱纹等的出现。

三、其他因素(如睡眠、心理压力等)对皮肤的影响

其他因素对皮肤的影响如下。

1. 睡眠

睡眠是最简单,也是最基本的皮肤保养方法,皮肤会于人体睡眠时产生新细胞以自我更新。充足的睡眠是皮肤健康的必要条件,每日适当的睡眠量为7~8小时。

2. 压力

压力对皮肤可以产生非常严重的影响,会使其出现斑点、暗疮、失去血色及出现黑眼圈等。经常性紧绷的面部表情会使皮肤产生永久的皱纹。所以学会放松你的脸部肌肉,避免经常在压力下皱眉,可以减缓皱纹的产生。心理压力会对新陈代谢和内分泌带来刺激和负担,这也会影响我们的皮肤。

3. 水分

水分可以提供人体充分的体液,亦可帮助身体排出废物,每日饮用8大杯水,有利于人体的循环作用,并加速新陈代谢和细胞的生长,预防长痘和毛孔粗大、面色黄暗,增加肌肤保水量。除此之外,多喝牛奶、豆浆、果汁和茶等饮品,也可使皮肤细白光洁,延缓皮肤衰老,也可增加皮肤的抵抗力。

4. 营养

食物可提供人体所需的维生素及矿物质,良好的营养和皮肤的健康有直接的关系。因此,均衡正常的饮食是非常重要的。由于现在许多食品质量不合格,有必要适当地补充含有各类营养成分的保健品。

5. 运动

定期做运动有助于促进循环系统,加快皮肤表面的血液循环和自我更新。此外,运动也可以帮助减轻压力,舒缓心情,从而帮助皮肤的放松。

6. 有毒物质

吸烟危害健康,同样也会危害皮肤。烟草中的成分,使面部毛细血管收缩,造成血液、氧气及养分难以被送至皮肤表面,造成皮肤的营养障碍,进而使皮肤衰老。另外,吸烟时吸入的一氧化碳、二氧化碳等无用气体,影响血液携带和运输氧气的能力,可造成皮肤组织缺氧。多种因素可致皮肤营养障碍,代谢异常,时间越久,危害越大,渐渐可使皮肤变得灰暗、干燥,眼部以及嘴唇周围的皮肤提早出现皱纹。

酒精及咖啡因等利尿成分会导致人体的水分流失。适量饮酒,可使皮肤充血,一般来说对皮肤美容是有益的,但中国有句老话叫"过犹不及",如果饮酒使皮肤充血这种生理变化持续较长时间,以致引起皮肤毛细血管网长期充血发红,这种效果不能起到美容的作用。

第三节 洁肤与护肤

一、不同类型肤质的护理方法

脸部皮肤结构如插页图4-2所示。
不同类型肤质的护理方法如下。

1. 干性肤质

干性肤质通常分为干性缺水和干性缺油两种。缺水性皮肤的皮脂腺分泌正常,但由于护理不当等造成肌肤严重缺水,肌肤内部水分与皮脂失去平衡,刺激皮脂腺分泌增加,造成一种"外油内干"的情况。缺油性皮肤皮脂腺分泌较少,肌肤不能及时、充分地锁住水分,单纯补水只会造成补得快,蒸发得也快,"越补越干"的状况。

干性肤质的洁肤首先要选用温和的洁面乳或洗面奶,切勿洗掉过多的油脂,最好用冷水洗脸,之后选择护肤品时不能只考虑补水的产品,还要考虑适当补充油脂,化妆水应选择滋润型的,配合使用保湿乳或保湿霜,以帮助肌肤锁住水分。多喝水、多吃水果和蔬菜,多做按摩护理,促进血液循环,不要过于频繁地沐浴及过度使用洁面乳,注意补充肌肤水分与营养成分、调节水油平衡的护理。

护理要点:过度使用洁面皂、爽肤水会让干性皮肤更加干燥。阳光的热度、空调的效应对这类皮肤影响非常大。

(1) 用化妆棉片或棉球沾上油性卸妆产品轻扫眼部,清洁眼妆。油性产品可以舒缓干燥现象,不会伤害眼部的脆弱皮肤。但也不可使用太多,用量过多则有可能引起皮炎或出脂肪粒。

(2) 顽固而难以清除的睫毛膏常常在睫毛根部堆积,可用棉签沾上卸妆乳液解决这个麻烦。尽量靠近睫毛根部,但要特别小心,避免卸妆液进入眼睛。

(3) 用乳液状的洁面产品,让卸妆乳或是洁面乳停留在皮肤上一会儿,等它们发挥功效。在清水洗脸之前,先用棉片把洁面乳轻轻抹掉。动作要轻柔,以免过度的推拉会加重皱纹。

(4) 用凉水洗脸,清除洁面乳的同时还能让皮肤感到清新,加强刺激面部的血液循环,让肤色显得更加明亮。洗脸后用沾满保湿柔肤水的棉片在面部轻柔地横向擦拭,为皮肤加一层保护膜。

(5) 保湿霜是干性皮肤最重要的一步,最好使用质地厚重,锁住水分功效较强的乳霜产品。抹完之后,等待几分钟,让皮肤好好吸收,然后再化妆。

(6) 四季使用含 UV 指数的日霜和隔离霜。不要忽视秋冬的阳光,为免被紫外线直接触及皮肤而更干燥,外出时务必涂上含 SPF15 以上防晒霜。

(7) 每星期最少做一次补水、保湿面膜以滋润肌肤。

(8) 谢绝含咖啡因饮料,多吃含维生素 A 的食物,如牛奶、香蕉和胡萝卜等,带给皮肤柔软滋润的效果。

2. 油性肤质

对于肌肤出油的状况,如果只注重控油、吸油,而不补充水分,那么皮肤就会不断分泌更多的油脂以补充流失的油脂,形成"越控越油"的恶性循环。清洁、去角质可以清除多余油脂,但是减低油脂分泌是治本,要做到这一点,就要保存皮肤内的水分,同时也不会增加油脂的负担。

油性肤质要随时保持皮肤的洁净清爽,少吃刺激性的食物,多吃含有维生素的食物以增加肌肤抵抗力,注意补水及皮肤的深层清洁,控制油分的过度分泌,调节皮肤的平衡。洁肤宜使用油分较少,清爽性、抑制皮脂分泌、收缩作用较强的护肤品。白天用温水洁肤,选用适合油性皮肤的洁肤产品,保持毛孔的畅通和皮肤的清洁,质地清爽无油的保湿露或保湿凝胶,都是洁面爽肤后的最佳选择。

护理要点如下。

(1) 就算面部的其他部位都显得油汪汪的,但眼部还是同别的人一样,是细薄而脆弱的。将沾上非油性卸妆乳的化妆棉片按在眼部几秒钟,然后轻轻拂去眼部周围的睫毛膏、眼影等化妆品的残留物。

(2) 用温水打湿脸部皮肤,选用柔和的皂性洁面乳,用指尖轻柔地按摩,然后再用温水清洁。

(3) 使用紧肤水,它既可以收缩毛孔,又可以给皮肤补充水分,同时对油脂分泌过剩、毛孔粗大易堵的油性皮肤来说,还有抑制油脂分泌、消炎等作用。

(4) 油性皮肤也需要保湿,水分能使肤色柔和,脸上如果不涂一层保护膜,毛孔粗的皮肤就更易沾灰尘。油性皮肤选择水乳状或乳状的润肤露补充水分。

(5) 待保湿乳在面部停留几分钟后,可用面巾纸轻按面部,吸去多余乳液,改善油光现象。

(6) 深层洁肤面膜与水分面膜交替用,深层清洁面膜常常有去污及控油作用,最好隔天再敷纯水分面膜补充水分。

3. 中性肤质

中性肤质通常皮肤状况良好,很容易疏忽皮肤的保养。但随着季节的转换、紫外线过度的照射及年龄的增长,如果没有适当地保护,仍然会形成斑点或提前产生皱纹。

中性肤质的洁肤同干性肤质的类似,除日常清洁外,每天保养护肤非常重要,注意清洁、爽肤、润肤以及按摩的皮肤护理。注意补水、调节水油平衡的护理。在保养品的选择上,配合季节和自身年龄,夏季偏水性,冬季则可选择滋润性的护肤品,避免护肤品过于清爽或是过于滋润。

护理要点:中性皮肤护理的关键目标是保持水油平衡。

(1) 肤质好也要卸妆,可选用的范围很广,眼部的卸妆品可以根据睫毛膏是否防水来选择。

(2) 借着洁面的时机按摩一下皮肤,大约30分钟,以增强血液的循环,让肤色更亮丽。

(3) 用清水洁肤后,将面部的水轻轻拍入肌肤的表层。不要揉搓皮肤,尤其是眼部,以免给皱纹的产生埋下隐患。

(4) 用爽肤水,注意避开眼部周围。

(5) 将保湿乳液点在脸上各部位,然后用指尖以打圈的方式轻轻按摩。这层保湿品可以防止水分蒸发,又能帮助上妆。

4. 混合性肤质

对于两种性质共存的混合性肤质来说,需要平衡T区和脸颊的不同保养需求,针对不同的部位分别对待,容易干燥部位注重保湿滋润,偏油的部位要选择清爽、控油的护肤品。

混合性皮肤按偏油性、偏干性皮肤分别侧重处理,在使用护肤品时,先滋润较干的部位,再在其他部位用剩余量擦拭,注意适时补水、补营养成分、调节皮肤的平衡。洁肤首先以T字带为主,清洁出油部位的毛孔,预防粉刺、暗疮。夏季护肤品参考油性皮肤的选择,冬季护肤品参考干性皮肤的选择。

护理要点如下。

(1) 像干性皮肤那样,用油性的眼部卸妆品清除眼妆,然后用冷水洁面。

(2) 早上用皂性洁面产品,着重在油性的部位轻轻按摩,稍后冲洗干净。

(3) 晚上用洁面乳清洁皮肤,着重在干燥部位轻轻按摩,然后用棉片擦净。

(4) 针对不同部位,使用两种不同的柔肤水。有爽肤作用的轻拍在T字区附近,将保湿滋润的柔肤水用棉片抹在较为干燥的两颊。

(5) 在干燥的季节里,整个脸部都要使用保湿乳液,尤其是两颊部位,可以着重涂抹,然后再用纸巾擦去油性部位多余的乳液。

5. 敏感性肤质

对于易敏感的皮肤,首先要注重保湿,增加皮肤含水量,从而提高皮肤的屏障功能,皮肤抵抗力如果增加,就能阻隔外界物质对皮肤的刺激。敏感性皮肤要经常对皮肤进行保养,洗脸时水不能过热或过冷,要使用温和的洁肤产品进行洁面。白天要使用防晒产品,以避免日光伤害皮肤,减少紫外线对皮肤的刺激导致过敏;晚上可以使用营养型的护肤品增加皮肤的水分。

避免食用容易引起过敏的食物,选用任何护肤品在第一次使用前,都应进行适应性试用,在无过敏反应的情况下才可全脸使用,切忌使用劣质或过期的护肤品,注意不要频繁更换化妆品和同时使用多种护肤品。香料过多或过酸过碱的护肤品都不能使用,应多选用温和型或舒缓型的护肤品。

护理要点如下。

(1) 注意那些气味太芳香的产品,含酒精和果酸成分的产品对皮肤刺激大,对敏感性肌肤无疑雪上加霜,绝不能使用深层清洁的磨砂膏和去角质霜,它们都会让过敏情况加重。

(2) 在保湿、高水分的范围内挑选护肤品和彩妆品,干燥会加重敏感的状况。使用非常柔和的眼部卸妆乳,让棉片吸收,擦拭后,再用棉签去除细微残留物。

(3) 一般的洁面产品容易带走水分和油分。最好选用轻柔、保湿的洁面液清洁面部。特别敏感的皮肤可能对硬水也会产生反应,不妨使用含有舒缓因子的矿泉水喷雾来清洁面部。

(4) 洁面后立即用毛巾按一按脸上的水分,防止蒸发。

(5) 选用低敏的保湿霜,不但能补充水分,更能阻止外界的部分敏感源。

(6) 选用抗敏感的保湿面膜,以及专为敏感皮肤而设计的精华素。

二、常用按摩手法

常用按摩手法如插页图4-3~图4-9所示。

1. 按摩的功效

在自我皮肤护理中,按摩也是很重要的,准确的按摩手法具有驻颜美容的作用。一般来说,适量的、方法正确的按摩确实可以延缓皮肤的衰老,增强皮肤活力,恢复正常皮肤生理功能。当然,胡乱揉搓,反而会增加皱纹的产生和深度。

通过按摩,可避免皮肤角质层的增厚和局部的堆积,促进皮肤组织新陈代谢的正常进行,使局部皮肤温度升高,促进血液循环,利于代谢废物的排出和氧气及营养物质在局部的增加。按摩可使面部过多脂肪减少,而且通过按摩也能保持皮下脂肪的正常厚度,防止和减少皱纹。按摩还可促进营养护肤品和药物在局部的吸收,具有协助治疗的作用。

一般情况下,每天应该按摩2~3分钟。每天都按摩,似乎十分麻烦,但一旦养成习惯就不是麻烦了,为了造就健康、美丽的肌肤,千万不能怕这一点小麻烦。

2. 按摩的基本程序

选择在入浴后进行按摩,其效果最为显著。由于入浴后,毛孔全开且血液循环畅通无阻,因此这个时候来做按摩是最理想不过的。此外,洗脸后做按摩也很适当,需先用热毛巾敷脸,使毛孔全开后再来按摩。不过,按摩之前切记要把皮肤做一次彻底的清洁,如果脸上仍留有污物就进行按摩,反而会将污物推送到毛孔中。

将按摩霜均匀地涂抹在整张脸上,尤其是眼尾、额头和嘴角等特别容易出现皱纹的地方,尤应仔细而充分地按摩。对于干性皮肤,每次在按摩时如果都发生油分被皮肤吸收的现象,那么在按摩时就要记得经常补给按摩霜。按摩后必须将按摩霜和由于按摩而生成的污垢完全擦拭干净,否则将会成为皮肤病变的主要原因。为了避免这个后遗症,最好能再一次用洁面乳把脸洗干净,或者使用可以清除油脂的化妆水清洁。

3. 面部按摩

面部的健康不仅体现了人的仪态美,而且反映了人体的健康状态。除了运动之外,面部按摩同样有助于皮肤光洁。坚持面部的健康按摩,可以消减皱纹,促进血液循环,增强抵抗力,改善皮肤外观,使之光洁红润,保持青春活力。

按摩有多种手法,但总的原则是,按摩方向与肌肉的走向要一致,与皮肤皱纹方向垂直。在按摩过程中要给予皮肤足够的按摩霜(乳)。按摩动作要熟练,配合面部肌肉,手指动作须灵活,以适应面部各部位;按摩节奏要平稳,要根据皮肤的不同状态、位置,注意调节按摩力度,特别要注意眼周围按摩力度要轻。

在按摩前,要做面部清洁,最好在淋浴或热敷后,毛孔张开时进行按摩。按摩的时间不宜过长,以10~15分钟为最佳,整个按摩过程要连贯。

面部按摩手法如下。

(1) 两手相搓至发热后,由下向上按摩面部皮肤20次,力量适宜,有微热感。

(2) 仰头,用手指腹平滑地按摩颈部与下巴部分的皮肤,持续30分钟,可平缓眼部疲劳。接着从下巴开始用食指和中指,轻轻地向下挤压按摩并微微夹紧面部组织至耳垂处,重复5次。

(3) 用双手的食指和中指摆出"V"的手型。闭上双眼,食指在眉下、中指在眼下,用指腹轻轻地来回按压,以帮助消除眼袋。

（4）根据额头宽度,用三根或四根手指轻柔地来回按摩。从一边太阳穴慢慢地按摩到另一边的太阳穴,以帮助减缓脸部皱纹的产生。

4. 眼部按摩

眼部按摩可以促进眼周皮肤的血液和淋巴循环,防止眼部各种皮肤问题如皱纹、眼袋和黑眼圈的形成,并舒缓眼部神经,帮助眼睛消除疲劳。

眼部按摩手法如下。

（1）双手拇指按于眉头,四指轻按眼睑下穴位并转到鼻骨两侧,随后四指合并轻抚过眼部,收手于太阳穴。

（2）眼周八字按摩,并按压睛明穴和太阳穴。

（3）眼周环式按摩,指压睛明穴并用食指及中指夹眉骨,收手于太阳穴。

（4）双手中指或无名指在眼睑下由内往外交替按摩。

（5）眼睑下弹拨,然后用拇指及食指提捏眉骨,收手于太阳穴。

（6）眼周环式按摩后用食指及中指撑开眼尾皮肤,另一手的中指做螺旋式按摩。

5. 耳部按摩

耳部按摩手法如下。

（1）双手拇指及食指、中指搓耳朵。

（2）双手食指及中指夹耳朵。

（3）中指按压耳孔,并上下、左右牵拉。

（4）按压耳前、耳后穴位。

（5）双手掌心盖耳,并骤然放开。

总之,按摩能促进血液循环,给皮肤组织补充营养,增加氧气的输送,促进细胞新陈代谢正常进行;还可以帮助皮肤排泄出废物和二氧化碳,减少油脂的积累,使皮肤紧实而有弹性,并有助于排出皮下过多的水分,消除肿胀和皮肤松弛的现象,有效地延缓皮肤的衰老;更能放松皮下神经,得到充分休息,消除疲劳,减轻肌肉的疼痛和紧张感,令人精神焕发。

三、皮肤的常规护理程序

清洁、护肤,这是每个女性每天都要经历的日常必需程序,因此显得尤其重要。因为所有完美的皮肤都不是一天两天能够实现的,所以,细心做好每天的日常护理非常重要。

1. 日常皮肤护理

（1）早晨护理程序:洁肤→爽肤→保湿→滋润→隔离

① 洁肤:选用一款适合自己肤质的洁面产品清洁面部皮肤。

② 爽肤:干性肌肤用柔肤水,油性肌肤用收缩水。起到柔软皮肤,再次清洁,平衡酸碱度,补充水分及收缩毛孔的功效。

③ 保湿:主要是给面部皮肤补充保湿因子。

④ 滋润:白天可补充一些清爽、营养成分简单、以保护作用为主的霜类产品,以减轻肌肤负担,保持毛孔通畅。

⑤ 隔离:主要是隔离空气中的灰尘、阳光中的紫外线以及彩妆品中的化学成分。

(2) 晚间护理程序:卸妆→洁肤→爽肤→保湿→滋润

晚间护理程序基本和早晨的护理程序相同,只是在洁肤之前多了一步——卸妆,这个环节不容忽视,且是非常重要的一个环节。除此之外,晚间护理中的滋润相对于早晨的护理要选用更加营养的精华液和营养晚霜,因为夜间是皮肤进行自我养护的时间,可以有效地修护白天受损的肌肤。

2. 洁肤程序

洁肤的主要目的就是清除皮肤上的污垢,包括生理机能的污垢、化妆品形成的污垢,以及空气中的尘埃、污物。这些污垢会妨碍皮肤的吸收与排泄,影响皮肤的生理机能,因此洁肤是护肤美容、保持皮肤健康的首要前提。通过洁肤,可以清除皮肤表面的污垢,防止细菌感染,保持汗腺和皮脂腺分泌畅通,促进皮肤的新陈代谢,使皮肤保持青春活力并增加皮肤对营养物质的吸收。

(1) 卸妆

肌肤的污垢大致可分为两种:一种是灰尘、汗水、油脂等生理水溶性污垢;另一种是化妆品和护肤品等形成的污垢。由于彩妆和护肤品中的粉底、色素、美白和防晒等化学成分,附着于皮肤表面的能力强,不易脱落,且大多含油性,更是难以清洗,所以一定要选择专用的卸妆产品,才可去除油性污垢。无论多么淡的妆,光用洗面奶洗脸无法彻底去污,而且未洗净的油性卸妆液也会变成油性污垢,一定要再清洁一次脸部皮肤。卸妆时可按眼部、眉部、脸部的顺序来进行,逐一卸掉睫毛膏、眼线、眼影、眉色、口红和粉底等。

正确地卸妆可以清除皮肤毛孔中残留的化妆品、灰尘和油脂,有助于皮肤尽快地恢复到轻松的状态。妆面中有很多细节部分很难卸除干净,如睫毛、眼线和眼影,因此卸妆时应该首先卸除这些地方,尤其是使用防水性化妆品时,一定要采用油性专用卸妆液,才不会残留化妆品和污垢伤害皮肤。

卸妆步骤如下。

第一步:眼部。

眼部皮肤脆弱敏感,易受刺激,所以卸妆时手法应轻柔,应用专用的眼部卸妆液和化妆棉。

① 卸除睫毛膏:眼睛向上,然后将一小块棉片(将棉片从1/3处对折),放在自己眼睛下靠近睫毛根部,同时闭眼。用手指固定棉片,另一只手用棉签蘸取卸妆液之后从睫毛根部向下轻轻擦拭,反复多次,最后取下棉片,将其反面对折,沿眼睑由内向外轻擦,直至干净为止。

② 卸除眼线:先闭眼,用拇指轻提起上眼睑,另一只手用棉签蘸取少许卸妆液,由外向内擦拭上眼线,再由内向外擦拭下眼线,反复多次。

③ 卸除眼影:两手指分别夹住沾有卸妆液的棉片在上眼睑处由内向外轻抹至太阳穴,直至干净为止。

第二步：眉部。

卸除眉部的彩妆时，方法与卸除眼影的方法类似。用两手指夹住沾有卸妆液的棉片在眉毛处由内向外，来回反复轻抹，直至干净为止。

第三步：唇部。

卸除唇部彩妆时，一手按住一侧的嘴角，另一手的手指夹住沾有卸妆液的棉片从嘴角一侧擦拭至另一侧，直至完全清除干净。

第四步：脸部。

脸部主要是卸除粉底等底妆，可用沾有卸妆液的棉片分别按额头、鼻子、脸颊、口周的顺序来卸除。必须一遍一遍地卸除，并按面部肌肉的纹理及走向擦拭。

注意事项如下。

① 夏季或是喜欢清爽感的油性肤质，适用于胶状的卸妆产品，但其去污力比油性卸妆产品小，所以要根据化妆的浓淡选择适当的产品。

② 取适量的卸妆产品于掌心，抹在整个脸部，仔细按摩鼻翼和眼睛周围等易残留污垢的部位，让它与化妆品的颜色完全混合，即可用化妆棉轻拭之后，再用温水冲洗。

③ 卸妆时，要将卸妆产品沾满化妆棉，依次沿肌肉的方向和皮肤的纹理轻拭，才不会擦伤皮肤。化妆棉要选择质地细腻柔软的棉片，否则会伤害到皮肤较嫩薄的眼睛四周，化妆棉还应及时更换，等完全清除污垢之后再洗脸。

④ 在清洁防水性化妆品时，一定要采用油性专用的卸妆产品（眼部卸妆液等），才不会残留化妆品，伤害到面部皮肤。

（2）洁肤

想要护肤、美肤，必须先从洁肤开始。洗脸不是简单地例行公事，它的顺序与步骤的正确与否决定着你皮肤的好坏。如果你在乎自己的肌肤，就应该认真地对待洁肤这项简单又重要的工作。

洁肤步骤如下。

第一步：用温水湿润脸部。

洗脸水的温度非常重要。有的人图省事，直接用冷水洗脸；有的人认为自己是油性皮肤，要用很热的水才能把脸上的油垢洗净。其实这些都是错误的观点，正确的方法是用温水，这样既能保证毛孔充分张开，又不会使皮肤的天然保湿油分过分丢失。

第二步：使用洁面乳。

无论用什么样的洁面乳，量都不宜过多，面积有五分硬币大小即可。在向脸上涂抹之前，一定要先把洁面乳在手心充分打起泡沫，忘记这样做的人很多，而这一步却是最重要的。因为，如果洁面乳不充分起泡，不但达不到清洁的作用，还会使洁面乳残留在毛孔内，从而引起粉刺和青春痘等皮肤炎症。

第三步：轻轻按摩。

将泡沫涂在脸上后，要轻轻打圈按摩，不要太用力，以免产生皱纹。大概按摩15下，让泡沫遍及整个面部。

第四步:清洗脸部的洁面乳。

用洁面乳按摩完后就可以进行清洗了,但是切忌用毛巾用力地擦洗,这样会对娇嫩的皮肤非常不好。应该是用湿润的毛巾轻轻地擦洗,反复几次就能清洗干净,而且还不会伤害皮肤。

第五步:用冷水清洗。

用双手捧起冷水清洗面部20下,同时用沾了凉水的毛巾轻敷脸部,使毛孔收紧,促进面部血液循环。这样,才算完成了洗脸的全过程。

这样仔细认真的洗脸方法好处很多,比如防皱、美白,但需要长期坚持才有效果。假如天天都能按照这种方法去洁肤,面部肌肤一定会有所改善。

注意事项如下。

① 清洁面部时首先要洗手,以免细菌转移到面部皮肤。

② 清洁皮肤按摩时,要用指腹轻轻画圈按摩,使化妆品充分溶解,这样就不需要费劲地擦拭脸部皮肤清除化妆品及污垢。

③ 洗脸海绵的两面应轮流清洗,并及时用清水清洁,不可反复使用。

④ 每个动作要注意顺着面部肌肉的走向和皮肤的纹理擦拭,不可上下反复。

⑤ 切勿将洗面奶残留在面部,尤其注意鼻孔、耳边、发际和下巴等边缘部位。

(3) 去角质

去角质又称脱屑或去死皮,是指去除皮肤角质层内衰老死亡的细胞。随着年龄的增长,皮肤的新陈代谢功能减退,死皮容易堆积,皮肤也会变得粗糙、发黄、无光泽,甚至出现粉刺等皮肤疾病。通过去除死皮,可使皮肤恢复光泽嫩白,并更好地吸收各种护肤品的营养成分。

去角质的产品分为两种。一种是去角质霜,另一种是磨砂膏。去角质霜的使用方法是将其薄薄一层均匀涂抹于面部,待其八分干时用手指轻轻揉搓。注意揉搓时要沿肌肉的走向和面部清洁的顺序;而磨砂膏的使用方法与涂抹洗面奶相同,适用于油性肌肤。

注意事项如下。

① 去角质前,一般先用热毛巾敷脸,可使毛孔张开,有利于毛孔内深层污垢的清除。但干性肌肤或者肌肤较薄者,可先去角质后再敷脸。

② 去角质一般以T字部位为主,两颊则视皮肤状况而定,眼部周围禁止使用。

③ 一般肌肤两周去一次角质,角质层较厚者可一周去一次,敏感性肌肤者慎用。

④ 去角质后,应再做一次清洗,方法与清除洗面奶相同。

(4) 面膜

面膜是一种含有多种成分的浆状物,含多种活性成分,具有渗透性,不仅可补充皮肤营养,又可以治疗一些皮肤疾病。面膜具有以下作用。

① 清洁:面膜具有深层清洁的作用,可将皮肤深层的污垢、油垢及平时难以洗净的东西完全清除。

② 营养:面膜可增加皮表温度,加速皮肤血液循环,同时,面膜将皮肤与空气暂时隔断,减少水分的蒸发,使角质层软化,毛孔扩大,易于吸收营养物质,从而达到美容的效果。

③ 收缩：具有收缩功能的面膜可以收紧肌肤，收缩毛孔，减少细纹和肌肤松弛。

④ 治疗：很多面膜中添加了多种有效成分，可以减缓或治疗一些常见的皮肤疾病，如痤疮、过敏和炎症等。

3. 护肤程序

（1）补水

水分是肌肤的生命之源，肌肤的美丽取决于水分的含量；婴儿体内水分含量为体重的80%，所以肤质光滑细腻。但水分随年龄增长而消减，到了70岁，只剩60%。角质层是保留水分的重要角色，因里面的天然保湿因子和脂质层，能确实掌握内部的水分。角质层内的水分以20%最理想，若降至10%以下，肌肤会有干燥的现象。

补水是深层的，是将水分输送进肌肤的基底层，从根本上解决皮肤干燥的问题；而光是补充皮肤所需的水分还不够，还要阻止水分的流失，这时候就需要在肌肤表层增加锁水保湿的成分，帮助紧锁住刚补充进的水分。一般补水的产品质地较清爽，分子量很小，可以迅速到达肌肤底层，保湿化妆水、保湿精华素或者保湿面膜是理想的补水产品。

汗水或油脂分泌量，依季节而有极大的差异。夏天水分蒸发量减少，皮脂分泌旺盛，易有黏腻感，要使用收缩性化妆水，使毛孔紧缩，但蒸发量多，皮脂分泌量少，要注意紫外线或冷气会使肌肤干燥。冬天水分蒸发量多，皮脂分泌量少，易感干燥，要使用保湿度高的化妆水滋润。

（2）锁水保湿

锁水，就等同于补水，要想肌肤长久地保湿，补水和锁水还要同时进行。锁水的产品需要有一定的浓度，也大多含有油分，才能将水分牢牢锁紧，一般使用一款保湿效果好的乳液或保湿面霜就可以达到锁水效果。不管是什么肌肤，在补水的同时都需要适量的油脂来锁住水分，对于缺水又缺油的干性肌肤，更要同时补油、补水才能达到好的肌肤保湿效果。相对传统的补水类产品，更好的选择是使用锁水功能强大的玻尿酸作为肌肤保湿品。

健康肌肤的含水率应维持在15%~20%，玻尿酸的保湿效果是胶原蛋白的16倍，保水值可达1 000毫升/克，是当今最佳的保湿产品之一。由于玻尿酸可使肌肤长期维持在健康状态，故称其为"最佳保湿因子"。肌肤在涂抹完化妆水之后，可涂抹乳液形成护肤层，防止水分蒸发，有效地锁住水分和营养，还可避免肌肤直接与空气接触。

除玻尿酸外，乳液和保湿面霜也具有较好的滋润效果，能有效地缓解干燥紧绷的皮肤现象。乳液和保湿面霜的成分一样，一般都添加了油脂成分，乳液相对于保湿面霜来说，它的含水量相对更高，是保湿面霜的1~2倍。但是保湿面霜的质地比乳液要厚一些，锁水效果要好。为了使皮肤拥有足够的脂质锁水，一般建议选择适合自己肤质的乳液和保湿霜。

（3）眼部护理

作为全脸视线最集中，也是最脆弱的部位，眼睛四周的皮肤很薄，眼部表皮与真皮的厚度只有0.25~0.55毫米，仅为其他部位的十分之一，是全身皮肤中最薄、最脆弱的，更容易受紫外线、干燥环境等伤害。眼周因缺少皮脂腺与汗腺，无天然滋润能力，供给的油脂相对较少,易干燥、缺水。眼周皮肤的微血管极微细,同时胶原蛋白和弹性纤维分布很少,缺少肌肉支撑,容易形成黑眼圈、细纹等问题,且过敏源很容易穿过皮肤,是特别敏感的部位。一般25岁后,眼部周围的肌肤就开始走下坡路,且附近的肌肤因常笑或眨眼而牵动,容易疲劳、衰老,是最早出现皱纹、松弛及老化征兆的部位之一。

眼部直接反映出肌肤的老化程度与保养的力度,一旦措施不当,就会逐渐出现难以逆转的老化。眼部肌肤脆弱敏感,容易流失水分,为避免细纹、暗沉等眼周肌肤问题的出现,必须做好眼周肌肤的日常护理。眼睛离不开眼霜的呵护,但眼霜并不是随便涂抹上去的就可以,正确的涂抹手法是十分重要的,如果眼霜使用不当,非但不能减少细纹,而且还会加重眼部肌肤的负担。

(4) 颈部防护

颈部是人体躯干最细的部分,也是经常暴露在外、最容易衰老的部位之一。把保养的重点放在脸部,而忽略了同样重要的颈部肌肤,不知不觉中颈部会逐渐形成难以消除的颈纹。只有在日常生活中注重细节,肌肤看上去才会保持年轻状态。颈部肌肤比脸部肌肤薄,厚度仅有面部的2/3,皮下脂肪很少,加上每天转动,长期如此,真皮层弹性自然下降,容易出现皱纹及下垂的迹象。粗大的动脉经过,淋巴多、易发汗,是上半身排毒的重点,同时汗水太多会破坏肌肤酸碱值,日久会伤害真皮弹性,颈部比脸上纹理复杂且横向纹理较多,容易随胶原蛋白流失而塌陷,出现环状横纹。

在日常生活中,要重视颈部护理。为颈部清洁和涂抹护肤品时,应从颈部最低处,双手交替由下向上轻推,以避免皮肤松弛。除了皮肤表面的外在保养,体内的变化也是颈纹产生的源头。随着年纪的增加,体内新陈代谢与血液循环逐渐变慢,细胞更新也越来越慢。所以尽早进行颈部保养,能有效防止颈部皱纹和其他皮肤问题的产生。

(5) 美白

即使是与生俱来的白皙肌肤,也需要后天的精心保养,才能使肤色持久保持健康亮白。特别是导致暗沉、斑点、皱纹的因素,都是生活中不容易注意到的细节,一旦疏于防范,就会造成难以逆转的后果。对于东方人来说,肤色白或黑,主要是由表皮黑色素多少决定的,可能是遗传,或者是后天刺激形成。黑色素本身并不是黑色的,它是一种透明的茧状物。黑色素是存在于每个人皮肤基底层的一种蛋白质,紫外线的照射会令黑色素产生变化,形成色斑与暗沉,美白就是一个与黑色素做斗争的过程。肌肤在外界环境的影响下,黑色素会逐渐积累,导致色斑及暗沉的形成。所以我们要做的是在黑色素产生的第一阶段,通过防晒、保湿等手段改善肌肤外界环境,在源头阻碍黑色素的形成。通过调理内在肤质,根治影响美白的黑色素,才能展现真正由内而外的自然美白光彩。

即使擦了防晒品,肌肤一经阳光的照射,颜色还是会深一号。美白是需要真正有效地防晒,因此美白产品不但要求能够修复肌肤,还要能保护肌肤免受紫外线的侵害,使肌肤既能美白,又能抵御紫外线。同时,水分是美白的原动力,肌肤处于缺水状态时,肌肤的细胞活力就会大大降低,对于外界的养分吸收能力也会大大减弱,所以对于干性肌肤而言,要美白必须先补水。

无论是多么高科技的美白成分,对皮肤的作用原理都是以下几个过程:① 抑制络氨酸酶的活性。络氨酸酶是黑色素小体合成黑色素的催化剂,抑制其活性,可减少黑色素生成。② 还原净化黑色素。通过使用维生素 C 等成分,将黑色素变为无色的还原性黑色素。③ 迅速代谢黑色素。剥脱皮肤角质,加速角质层代谢,使含有黑色素的角质细胞迅速代谢掉。④ 全面隔离紫外线。紫外线会增加黑色素分泌,隔离紫外线可防止肌肤基底层生成更多的黑色素。

日常的美白护肤方法除了防晒、补水之外,给肌肤补充胶原蛋白和服用维生素 C 以及健康的生活习惯,能从内到外改善和阻止肌肤黑色素的产生和形成。日常生活中要做足美白护理,医学美容现在也是相当普及了。美白针、水光针和果酸换肤等医学美容手段能够让我们的肌肤迅速达到最佳的美白效果,但是现在的医美机构参差不齐,大家应该选择正规医疗机构具有合法行医资质的医师,才能达到既安全又有效地美白肌肤的作用。

(6) 防晒

防晒是保持皮肤健康白皙的重要护理环节。紫外线不但会使皮肤变黑,甚至还会给肌肤带来不可逆转的伤害,紫外线是太阳射至地球的一种不可见光。如果长时间被紫外线照射,会损伤表皮的细胞,导致部分细胞老化,失去抵御能力,持续产生黑色素,最终形成晒斑。使用防晒产品的主要目的是预防紫外线 UVA 和 UVB 对皮肤的伤害,选用防晒产品时应将 SPF 及 PA 作为参数。

所谓 SPF 是英文 Sun Protection Factor 的缩写,是指防晒效果的强弱程度,应根据使用与不使用隔离霜后皮肤出现日晒红斑的最少时间而定。这因人而异,并和个人的肤质有关。对亚洲人来说,一般皮肤在阳光下 15 分钟就会出现晒红的情况。SPF1 就表示隔离时间 15 分钟,SPF10 就表示隔离时间 150 分钟。

所谓 PA 是英文 Protection UVA 的缩写,是显示防止 UVA 伤害到何种程度的指标,目前市场上的防晒品采用的标准可分为 PA+(低效防护)、PA++(中效防护)和 PA+++(高效防护)。

SPF 虽然是美白防晒的重要指标,但并不表示 SPF 值越高,防护力就越强。根据许多皮肤医学专家的研究,以东方人的肤质来说,日常美白保养可选用 SPF10~15 的防晒品;如果从事游泳、打球等户外休闲运动,SPF20 就足以抵抗紫外线的伤害,且不会造成肌肤的负担,但是无论何种防晒产品都必须在出门前半小时涂抹,而且间隔 3 小时左右就要再次补充防晒品,即使是阴天或室内,也要涂抹防晒产品。

实操 1:

卸妆训练。

实操 2:

洁肤训练。

四、经典食疗护肤良方

从广义上来看,我们每一次进食都具有食疗的意义。因为五谷杂粮、各种瓜果蔬菜都各具作用,经饮食进入体内便会发生作用,因此,根本的食疗在于饮食不挑拣、不偏食,使营养全面丰富,这样才能起到护肤美容的功效。从狭义上来讲,食疗就是日常进食中,选择补气益血、益肾填精和疏肝理气等有益保健美容的食物,入汤或入粥,或为点心,或为主食,以达到美容护肤的作用。

凡经我们口中进入的食物,都会改变形态到达我们的皮肤。正确的饮食、营养均衡的三餐,可使内脏新陈代谢正常,并维持健康的身体状态,自然会造就健康的皮肤,而偏食和不正确的饮食,会使人出现焦躁、忧虑等不安定的情绪,长期积累会出现精神性的疲劳和心理压力,这正是肌肤病变与老化的原因。除了用护肤品保养皮肤,食疗也是造就美丽肌肤最根本的办法,有时候比护肤品更能发挥其功效。

1. **不同颜色食物的功效**

(1) 红色食物

红色食物,主要是滋养我们的心脏跟小肠。小肠负责我们整个身体的吸收,所以吸收不好的时候,可能就是对红色的食物摄入较少。红豆、西红柿、辣椒和西瓜等都属于红色食物,如西红柿中含有丰富的维生素C,还有血红素,它具有抗氧化的作用,因此,多吃对心脏有益。另外,红枣是非常补血的食物,贫血的女生应经常用红枣泡水喝,或熬成红枣泥。红辣椒对荷尔蒙的帮助也非常大,它能促进人体血液的循环,改变我们的脸色。当你手脚比较冷时,就应该补充红色食物,另外就是在女性生理期可以多喝红豆汤补血。

(2) 黄色食物

黄色食物健脾,中医叫脾,西医称之为胰脏。黄色食物存在于植物的根茎部。脾也跟我们的皮肤有一些关系,尤其是现代人饮食不正常,暴饮暴食或者绝食减肥的饮食习惯就容易伤脾。伤脾之后的皮肤状态比较暗沉,这时应多摄入五谷杂粮等黄色食物,补充身体能量,人才会有精神。

较多女性都害怕进入更年期,多喝豆浆可让更年期延后,并能促进睡眠,还可预防骨质疏松,补钙效果比牛奶还要好。另外,属于黄色食物的香蕉可治便秘,但是芒果多吃容易上火,应少吃为好。南瓜子可以补锌,晒干煮水喝,可以增进膀胱的功能,抑制尿频。黄色食物可促进脾的正常运行,如果脾运行不好,会使脸色暗沉,气血不足。

(3) 绿色食物

绿色食物主要是指各类绿色蔬菜,如青菜、菠菜、卷心菜,还有橄榄油等,这些食物色彩中性,本身不含脂肪,但含有丰富的营养元素,所以建议大家多摄入绿色食物。

(4) 黑色食物

黑色食物有黑芝麻、黑木耳、核桃和海带等,所含营养成分丰富,可以给体弱者补充营养,尤其对患有动脉硬化、冠心病和脑中风等疾病的人群,多吃可以帮助软化血管。

2. **不同种类食物的功效**

(1) 木耳:除了具有补血的功能,更重要的是它含有水溶性的纤维素,可以清除肠道死角。

(2) 西蓝花:抗氧化的蔬菜,维生素C含量较高。作为抗癌食物,多吃西蓝花还可以起到预防乳腺癌的作用。西蓝花不易久炒,只要烫熟快炒几下,还是翠绿的时候食用,口味最佳。

(3) 韭菜:有味道的菜对促进女性荷尔蒙分泌非常好,对人体生殖系统的一些激素有很大的帮助。

(4) 丝瓜:丝瓜是补水的食物,水分较多,可以帮助锁住水分。在整个绿色食物中,它的维生素含量较多,特别是维生素 A 的含量,且同样具有水溶性纤维。

(5) 黑豆:一般中医来讲,黑色食物都有一点偏向是滋阴补阳。所以,长期喝黑豆排骨汤对身体有好处。

(6) 黑芝麻:性平,味甘。含 60% 的脂肪酸,21.1% 的蛋白质,及维生素 A、维生素 D、维生素 E、叶酸、烟酸、卵磷脂、钙、磷和铁等。具有滋养肝肾、乌须发、润燥滑肠、抗衰老的功效。

(7) 蘑菇:蘑菇中含有硒,它可以促进皮肤的新陈代谢、防止衰老,抗皱方面的功效也不容忽视。

(8) 大豆:大豆中的异黄酮是植物性激素,类似于女性荷尔蒙,具有抗衰老的功效。长期吃豆类的食品,可以促进女性荷尔蒙的分泌,从而起到延缓衰老的作用。

(9) 牛奶:补气养血,补肺养胃,生津润肠。连续一段时间饮用牛奶等奶制品,可防治粉刺,与柠檬汁同时掺入水中洗脸,有一定的效果。

(10) 酸奶:酸奶中含有大量的活性乳酸菌,不但可以抗衰老,对脾胃虚弱的女性可以帮助消化,排出体内毒素,使皮肤更细腻光泽,起到美容养颜的作用。

(11) 燕窝:是金丝燕及多种同属燕类用唾液等混合凝结筑成的巢,分官燕、毛燕和血燕。具有养阴润燥、美容抗衰老的功效。

(12) 薏米:薏米具有消除水肿的功效,且清血解毒,对青春痘等比较有帮助。每天早餐后喝一杯薏米水,可以排出体内的多余水分,让脸迅速消肿,同时兼具美白的功效。但是薏米性寒,体质较弱的女生在生理期停吃,以免引发痛经。

(13) 鱼肉:想要拥有年轻、紧绷的皮肤,要多吃鱼肉。鱼肉中含有的化学物质能作用于表皮下的肌肉,使肌肉更加紧致且富有弹性。每天摄入一定量的鱼肉,一段时间之后就会感受到面部、颈部肌肉的明显改善。

(14) 牛肉:牛肉中含有大量的锌元素,它可以保持皮肤的油脂平衡,加速皮肤的新陈代谢,使肤色均衡,肤质细腻。摄入牛肉的同时搭配一些洋葱(洋葱含有维生素 C、钙、磷和铁等多种营养成分)可以减轻眼睛、鼻周围的皮肤发红、浮肿的状况。

3. 美容食疗食谱

(1) 红枣菊花粥

原料:红枣 50 克,粳米 100 克,菊花 15 克。

做法:以上原料一同放入锅中,加适量清水煮粥。待粥煮至浓稠时,放入适量红糖调味即可食用。

疗效:具有健脾补血、清肝明目之功效,长期食用可使面部肤色红润,起到驻颜美容的功效。

(2) 美肤去皱汤

原料:芹菜、花椰菜、西红柿、柚子、橘子、葡萄、蜂蜜、牛奶。

做法:将芹菜、花椰菜、西红柿、柚子、橘子一起榨汁,葡萄单独榨汁备用,将蜂蜜和牛奶加温水调匀,以上所有混合调匀即可食用。

疗效:上述蔬菜水果富含 B 族维生素、维生素 C、维生素 E,能加强皮肤营养和抗皱的功效,长期服用能够润肤,减缓皮肤的皱纹,使肌肤白里透红,富有光泽。

(3) 美容茶

原料:生姜 500 克,红茶 250 克,盐 100 克,甘草 150 克,丁香 25 克,沉香 25 克。

做法:以上所有原料一同捣成粗末和匀备用,清晨泡水代茶饮,每次 15~25 克。

疗效:具有补脾、养血、健胃、安神等功效,长期饮用美容茶令人肤质白嫩、细滑,皱纹减少。

第四节 化妆与身份的搭配

一、不同性别的妆容设计原则

1. 女性化妆

女性化妆既要根据美化容貌的知识和技能,也要遵循一定的美学原则。无论是基础化妆还是其他妆容,都要服从互相协调、风格统一的要求。是淡妆还是艳抹,是强调还是含蓄,要有统一安排,不能各行其是。

女性化妆要力求反映出自己特有的气质,不能照搬和模仿他人,掌握一定的化妆技巧,根据自己的容貌特点,结合不同的时间、场合,针对各种要求,为自己打造大方得体的妆面效果。一般女性的日常妆应以柔和为宗旨,色彩晕染要做到轻重有度,既有形色渲染,又能自然舒适,淡化涂抹痕迹,尤其是眼影和腮红的部分,要特别注意整体和谐的效果。

2. 男性化妆

男性化妆一般不够突出,没有引起足够的重视。但是在现实生活中的职场和社交活动时,只要化妆手段运用得当,男性的外表看上去可以变得更有男性魅力,视觉效果也可以大大改善。男性化妆如果做到审时度势,对面部五官予以适当的美化和调整,就可以有效地改善整体形象。

男性化妆相对于女性化妆要简单许多,只要突出男性的几大特征,突出重点即可。男性化妆的重点不在于色彩的晕染,而在于特点的体现。男士化妆的基本步骤是洁肤、剃须、护肤、底妆、眉部、唇部和脸颊,最后对妆面进行认真仔细的检查,以保持妆面的自然干净,达到最佳的整体效果。

二、不同季节的妆容设计原则

不同的季节,天气及环境都有很大的差别,因此,不同季节的化妆技巧也有所不同。化妆既要突出每个人的个性特点,又要注意随着环境、季节等因素的变化而变化。各种流行元素和色彩搭配的相互变化,产生自然、柔美的妆容效果。

1. 春季妆容

春季妆容(见插页图4-10)应采用明亮自然的色调。

(1)底妆:以轻薄、滋润的粉底最佳,接近肤色或略带粉色调,突出本身的肤色。在粉底之后扑上蜜粉定妆,突出妆面透明自然,有光泽感的效果。

(2)眼妆:可选择明亮、清新的色彩,以单色调为主,如粉色、浅棕色。眼线可选用黑色、深棕色,睫毛不宜涂抹过于厚重,同样选用黑色最佳。眉毛颜色可接近自己的发色,如深棕色、深灰色等。

(3)腮红:不需要刻意强调腮红,只要让脸色显出一点红润,有健康红晕的感觉。用腮红刷自下而上、浓淡适度恰当地晕染,注意腮红的部位很重要。

(4)唇妆:唇色以清淡、透薄,选用富有光泽的唇膏,突出清纯透明、晶莹剔透的感觉。

2. 夏季妆容

炎炎夏日,彩妆以淡妆为宜,在烈日下保持一份清爽、纯洁与高雅,如插页图4-11所示。

(1)底妆:底妆是夏妆的关键,直接影响到整个妆容完成后的视觉效果。要选用淡薄的透明粉底,质地稀薄、略深于自身肤色的粉底,尽量不要露出化妆的痕迹。粉底之后用蜜粉定妆,让妆面更服帖、更清透。

(2)眼妆:颜色切勿用暖色系,应以冷色系为主,带出清爽的感觉。眼妆晕染的面积不宜过大,色彩可根据服装来自由搭配。眼线和睫毛膏的颜色以黑色为主,因夏季出汗较多,容易脱妆,因此眼线和睫毛膏应带有一定的防水效果,以免脱妆影响整体妆面效果。眉毛不要过于强调,淡淡勾画出简单眉形即可。

(3)腮红:脸颊尽量避免不自然的腮红色,可选用粉质细腻、色彩淡雅的蜜粉做腮红,增加妆容的透明光泽。

(4)唇妆:唇部不强调唇线和艳丽的唇膏,选用接近唇色的唇膏或唇彩,如浅粉色、淡橘色的唇彩,使唇部看起来自然红润。

3. 秋季妆容

秋季妆容(见插页图4-12)着重体现柔美的肤色,妆面要明朗娇美,有光彩。

(1)底妆:一般无粉刺、青春痘的皮肤可直接用粉底液,如有粉刺、青春痘等皮肤问题的则应选择粉底霜来打底,与面部肤色要接近,不宜过深,也不要太苍白,体现健康的肤质。

(2)眼妆:眼影可适当选择衬托秋天季节特色的,相对稳重的棕色系,切勿选用过于鲜艳和活泼的明亮色调。眼线选用黑色、深棕色为主,睫毛膏以黑色为主,夹翘睫毛之后,以"Z"型反复涂抹睫毛,塑造眼部立体感。眉毛可选用眉粉轻扫眉形,再用眉笔对眉形进行整体修饰。

(3)腮红:可选择稍深的色系,用腮红刷将腮红扫在颧骨较低的位置,轻轻晕染,隐隐显色,增加整体的光泽度和立体感。

(4)唇妆:不用刻意勾画唇线,直接涂上与腮红同色系的唇膏或唇釉,显色稳重,有气质。珊瑚色、虾粉色都很适合秋季的妆面用色。

4. 冬季妆容

冬季妆容(见插页图4-13)主要表现的是庄重高贵的整体风格,与整个冬季的气温环境相吻合。

(1)底妆:选用滋润、遮瑕效果较好的粉底,因冬季气候干燥,应选择具有保湿锁水功效,且接近自己肤色的粉底霜,以增加底妆的立体效果。

(2)眼妆:眼影的颜色选择暖色系为主,在寒冷的冬季给人以温暖的感觉,如大地色、深棕色等。突出眼线,以黑色为主。睫毛膏选用黑色,比之前的秋季妆容更浓密些,突出眼部立体效果。眉毛可选择比发色略深的眉笔进行描画,眉形要自然,眉峰不宜过高。

(3)腮红:颜色可选择深红色系,用腮红刷在颧骨处,由下向眼尾方向轻扫,切忌太过浓重,只要呈现隐隐泛红的脸色,增加整体的脸部效果即可。

(4)唇妆:选择深红色系的唇膏或雾状唇釉,不用勾画唇线,直接将唇膏或唇釉晕染整个唇部。棕红色、深枣红色都能在寒冷的冬季给人以火热、温暖的整体效果。

三、不同年龄的妆容设计原则

人的年龄变化在外貌特征上表现最明显的是体态和脸部的变化。从儿童时期到少年再到青年时期的变化较大,从青年到中年再到老年时期,身高的变化不明显,主要的改变在于体形。而脸部的变化在人的每个年龄阶段都非常明显,当然,年龄的外貌特征也受到遗传因素和后天保养的影响。

(一)年龄的外貌特征

1. 儿童时期

从骨骼上来看,儿童及少年时期的骨骼圆润、骨点不明显。面部看不到眉弓,鼻骨也较小,加之面颊脂肪丰厚,所以看上去是圆额头、圆脸、翘鼻子、翘嘴。儿童及少年脑颅部分较大,面颅部分较小,随着年龄的增长,面颅也越来越大。儿童及少年脸部五官相对比较紧凑,脸部各部分的比例与成人有所不同,在于由上至下逐步缩短,成人眼睛在面部中间,儿童及少年眉毛在面部中间,下巴较短,下嘴唇位于下庭中间。

2. 青年时期

随着年龄的增长,头部骨骼比例开始发生变化,脸部逐渐变大,五官开始展开,成年人的眼睛处于面部的二分之一处。青年时期处于生理发育的最高峰,虽然个体之间有差别,但是从总体上看,青年人呈现在外表上的形态是健康、丰满、美丽的。具体特征是:皮肤红润,富有弹性和光泽;头发数量多,发质好,浓密有型;身体挺直,身材匀称;脸廓紧致,脸部肌肉饱满;眉眼有神采;嘴型轮廓清晰,唇色红润健康。

3. 中年时期

中年是人生中一个比较长的阶段。在此期间,骨骼结构不再发生大的变化,改变的是肌肉和皮肤。此时,皮肤的水分开始流失,皮肤开始变厚。皮肤出现褶皱,脸部肤色有所变化。和年轻时相比,中年人的皮肤弹性开始减弱,光泽度不明显,有的甚至会出现色斑。在眼睛周围和额头处皱纹出现,还会逐渐增多、加深。

许多人到了中年以后开始发胖,这样的变化在脸部也会显现,脸型变大,颧骨下端和下巴处因脂肪增多而变大,所以脸型有所改变。面部一些肌肉开始松弛,眼、嘴、颌、鼻和额等处肌肉变松后出现的结构变化日渐明显。偏胖的人,下眼睑、鼻唇沟、腮部、颌部和嘴角四周开始出现赘肉,日渐明显。偏瘦的人,骨骼的凹凸起伏明显。由于表情活动频繁,以及外界气候环境等因素的影响,加上身体新陈代谢的原因,五官开始发生变化。眼袋明显、眼皮略有松弛、眼角下垂、眼窝凹陷,鼻唇沟明显、嘴角下挂和嘴角出现皱纹等。

进入中年之后,头发的质与量也在发生变化。头发开始变稀、变干和发黄,大部分人逐渐出现白发甚至全白。不过,虽然人到中年容貌出现衰老,但中年独有的稳重、高雅和成熟的魅力却是青年人无法做到的。而且随着生活水平的提高,保养和装扮等各种因素的影响,现代人的衰老普遍推迟,在生理和外表上没有出现太明显的老化的感觉。

4. 老年时期

到了老年阶段,由于皮肤机制衰老而皮肉松弛,皮肤粗糙、皱纹丛生,皮下脂肪减少,肤色变深或变灰。随着年龄的增长,下眼睑会逐步地出现泪囊下垂,鼻唇沟、眼眉纹逐渐明显,眼窝逐渐小凹。除了脸上有明显的皱纹以外,由于牙床的萎缩,使脸部变短。结构方面,整个头部的骨形随之越来越明显。体形偏瘦的老人,骨骼很明显凹凸,体形偏胖的老人,肌肉松弛下垂,在眼窝、颧骨等处也会因肌肉的萎缩、变松而出现骨骼的微凹结构。须发变白或是稀少脱落。岁月留给人类的还有衰老的体形、脱落的牙齿和蹒跚的步伐等。

(二)年龄妆的化妆要求

美的形象是丰富多彩的,不同年龄应具有不同的化妆定位和要求,关键是要掌握各年龄段人所拥有的气质与内涵。一般来说,生活中不同年龄的人,希望通过化妆达到符合年龄段的自然得体的效果,虽然也有希望通过化妆手段能变年轻或成熟的,但原则是自然而适度。对女性来讲,一般通过化妆展示美的空间要比男性更大,在不同场合中,不同年龄的女性可以运用多样的化妆手段展示和补充自然赋予的容貌美,塑造各种美的形象,而不同年龄的男性在展示自身形象美的时候,主要以化妆对象的本貌为基础。

1. 儿童及青少年时期

儿童时期的妆容普遍遵循一个原则,越小越淡,最好不化。这个年龄阶段的孩子,皮肤十分脆弱,很容易引起皮肤过敏,所以儿童是不提倡化妆的,即使参加重要表演或一些重要场合需要化妆时,也应遵循保持孩子天真可爱、活泼童真的原则,稍加修饰,点到为止。男孩比女孩妆容还要更淡些,且要注意化妆品的安全性,切记不要损伤孩子幼嫩的皮肤。

青少年的最大特点就是青春、活力,只要展示并突出这一年龄阶段的青春朝气就可以了,应遵循清新自然,切勿浓妆艳抹,一些演出和特定的场合可以略施粉黛。

2. 青年时期

智慧、健康和青春是青年人的化妆要求。因为这时他们身上既保持着少年时的青春,又因生活、学习和工作的经历,添加了几分雅致的成熟之美。化妆时,应特别注意依据化妆对象的不同长相和气质特点,把握年龄本色是重点。这一年龄阶段的女性往往通过化妆展示对美的追求,因而要表现出青年女性超凡脱俗的气质和风度。白天讲究化妆的整体淡雅,晚间则可稍微浓重一些。配色要用同色系的色彩搭配,保持颜色的和谐统一。男性一般只有在演出和一些特定场合才需要化妆,但目前也有一些时尚的青年男性在日常生活中也会有化妆的习惯,化妆手段比女性更细致和讲究,稍有偏差就会弄巧成拙,破坏形象。

青年化妆的最大特点就是要根据自身条件和独特气质,把握优点,展示个性美。要具有时代性和个性特点,要把握好尺度,灵活处理,要着重展现青春朝气和成熟之美。

3. 中年时期

人到中年,多以表现端庄、稳重的妆容为宗旨。大方的妆容配合色彩亮丽、款式新颖的服装,加上精致的发型,中年人就显得更神采奕奕,也保持了独特的青春活力。

中年时期是保持青春、延缓衰老的关键时期。这一时期的女性除了要特别注意皮肤的保养之外,还应借助化妆留住青春。因而中年女性的重点在于修饰,重点突出优美的线条和轮廓的装扮,使中年女性在保持优雅气质的基础上,突出自然、端庄的美感。男性与青年时期的要求大致相同,重点体现整体的精神面貌。

4. 老年时期

老年人的化妆,应根据老年人的面容特征,采用简单的化妆手段使其神采奕奕。因为步入老年之后,形体、容貌和精神状态都会有明显的改变,因此,要借助巧妙的化妆技巧来适当地美化自身的容貌,展现容光焕发的精神面貌。老年人化妆时要将皱纹较多、肌肉松弛的颈部稍加掩饰,也可将花白的头发染色,显得更为年轻,但有时保留满头银发也是别有风采和特点的。如头发稀疏,可以将发型吹得蓬松丰满,如果选择一个适合自己的假发套,也可以起到美化的作用。

四、不同身份场合的妆容设计原则

1. 生活妆

生活妆(见插页图4-14)是最常见的妆容,也是使用最多的妆型,适用于日常生活中工作、休闲和运动等各种场合。生活妆一般呈现在白天自然光线下,属于淡妆系列,妆效应力求真实自然、清淡柔和,使用的彩妆产品要少而精,色彩不宜过多过杂,以体现天生丽质之感,避免修饰的痕迹过重而失真。根据不同的场合,生活妆分为职业妆和休闲妆。

(1)职业妆主要着重体现自身的内在修养和性格特征,突出高雅品位和风格魅力,适合于职场白领、特殊职业等场合，打造职业妆的整洁干练、端庄稳重的整体形象。妆容要色彩淡雅、大方得体、线条清晰和精致简洁，切忌过浓过艳。特殊职业如空乘人员等的妆容要求需根据航空公司的规定做统一要求。

（2）休闲妆主要适用于逛街、约会和运动等场合，突出轻松、自然和舒适的休闲度假的状态，有清新自然、活泼靓丽的感觉。妆面要注意扬长避短，色彩明快，避免脱妆。

2. 新娘妆

新娘妆（见插页图4-15）可分为传统新娘妆、现代新娘妆和个性时尚新娘妆。

中国传统的婚礼中，新娘大多以红色旗袍或中式礼服出场，体现传统的古典美，带有强烈的中华民族的元素。化妆多以红色、橙色等暖色系为主色调，与服装协调统一，充分表现喜庆的热闹场面。由于红色的饱和度较高，妆面的色调要略浓艳一些，避免与服装色搭配之后显得面色苍白，暗淡无光。在继承传统文化的同时，还可以添加一些流行时尚的元素，选用一些同类色、对比色、互补色与主色调产生对比，使妆面更有个性和时代感，烘托出欢快喜悦的气氛。但是要特别注意妆容不宜选用大面积的暗色调，使人看上去比较沉闷。

现代生活中，越来越多的女性选择白色婚纱作为婚礼礼服。由于婚纱的款式各不相同，有表现纯洁浪漫的，也有表现典雅端庄的，还有表现娇艳妩媚的，所以妆容一定要与婚纱的款式和首饰配件的色系相协调。

除了传统的民族婚礼之外，还有许多人把婚礼形式作为一个展现个性风采的舞台，根据自己的喜好、兴趣等因素选择不同形式的婚礼仪式。新娘的妆容和整体造型应该根据婚礼现场的环境特点和婚礼主题等来定，整体妆容要突出浪漫、时尚和前卫的个性化。

3. 晚宴妆

随着现代人的社交活动的增加，参加各种社会聚会、晚宴的机会也逐渐增多。优雅华丽的环境、讲究得体的服装服饰和恰到好处的化妆，成为人们展现自身个性风采的方式。晚宴妆（见插页图4-16）不仅仅可以藏缺露优，扬长避短，充分展现女性的优美风姿，更代表一种礼仪，表现出对人的尊重。在不同的社交场合，晚宴妆可以展现不同风格的晚宴妆造型，与环境、气氛融为一体，是社交活动中不可缺少的迹象。

晚宴妆应用于正式的商务酒会和晚会等场合，与其他妆容不同，晚宴妆主要呈现在夜晚的灯光下，因此妆效应体现高贵妩媚、光彩夺目和个性鲜明的特点，要求用色丰富，搭配大胆，属于浓妆系列。晚宴妆讲究妆面、发型和服装的整体协调统一。一般的晚宴妆因与人近距离接触，妆面要偏浓一些，增加妆面颜色的变化，进一步体现面部轮廓和五官的立体效果。如果是表演、参赛的晚宴妆，因表演者是在舞台，不与观众近距离接触，因此化妆的手法要相对夸张，发挥余地更大，还可根据不同的主题要求进行大胆发挥，打造更为突出的妆容效果。

【本章小结】

本章介绍了关于皮肤的知识，包括皮肤的结构、功能和作用等，从季节、环境、睡眠和心理压力等方面分析了对皮肤产生影响的一些因素，介绍了关于皮肤的保养方法；从不同性别、不同季节、不同年龄和不同场合等角度出发,重点讲述了化妆与身份搭配的基本原则,为学习后面的化妆、造型等相关知识和技巧打下良好的基础。

【思考与练习】

1. 不同季节的化妆要注意什么?
2. 不同年龄的化妆重点是什么?
3. 怎么才能让妆容与所需的身份场合相符合?
4. 根据本章所讲各种不同妆容的要求和步骤,为自己完成妆容设计和化妆。

第五章

化妆基础知识

【章前导读】

化妆品种类繁多,在认识化妆品的同时要将其分类。要正确掌握每一类化妆品的用处和用法,这样才能挑选到最适合自己的化妆品。在了解化妆品用处和用法的同时,还要认识了解化妆工具,每个部位的化妆工具都要学会使用,这使妆容可以更加服帖自然。在完成了脸部妆容之后,香水也是必不可少的。无论男生女生都可以使用香水,选择一款对的香水,更能增添个人魅力。

【学习目标】

1. 认识化妆品和化妆工具,挑选最适合自己的化妆品和化妆工具;
2. 学会画适合自己的妆容;
3. 学会正确地挑选并使用香水。

第一节　化妆品及其分类

化妆品指的是人们用来修饰、改善、扮美容颜的用品,了解化妆品的种类、功效和作用,能够帮助人们更好地选择和使用化妆品,使其发挥更大的作用。

现如今市场上,化妆品种类繁多、品种丰富,其功能和作用也越来越全面。将常见的化妆品按化妆使用的部位进行如下分类。

一、底妆

完美的妆容最关键的是底妆,底妆也是大有学问的,其化妆品又由很多种产品构成。

1. 隔离霜

隔离霜是保护皮肤的重要物品。隔离霜对紫外线确实有隔离作用,其实质就是防晒。隔离霜所用的防晒剂和防晒霜中所用一样,通常分为有机防晒剂和物理防晒剂两类。有机防晒剂和紫外线作用,使原本对肌肤有害的紫外线,转变为无害;物理防晒剂主要是靠折射原理来阻挡紫外线。妆前乳也属于隔离霜的一种。

2. 粉底

粉底包括传统的粉底液、粉底膏,现在又增加了CC霜、BB霜和气垫粉等。它们的作用都是用于调整肤色,改善面部质感,遮盖瑕疵,体现质感。粉底的数值越大,颜色越深,使用时与肤色的色差不要过大,应选择与肤色接近的粉底。

3. 遮瑕产品

遮瑕产品是遮盖脸部瑕疵的美妆品,可以遮盖黑眼圈、细小雀斑和痘印等瑕疵,一般常见遮瑕产品有遮瑕笔和遮瑕膏。

4. 提亮产品

提亮液是涂抹在脸部 T 区和 C 区的,用来增强五官的立体感。常见产品有提亮液和提亮笔。

5. 粉饼

粉饼造就轻柔的亚光质感。粉饼的魅力在于滑爽、轻盈的触感。小巧的粉盒,便于外出携带,使用起来也方便。粉饼用于粉底之后,附着在粉底的油质之上,使妆容持久自然。

6. 定妆粉

定妆粉也称作散粉或者蜜粉。有吸收面部多余油脂、减少面部油光的作用,可以全面调整肤色,令妆容更持久、柔滑细致,并防止脱妆。多用于彩妆的最后一步,刷好散粉,就代表妆容完成。此外,令妆容看上去更为柔和,尤其适用于日常生活妆。

二、眉部

化任何一款妆容的时候,都不能忽视眉毛的重要性,做好画眉毛这一步很重要。

1. 眉笔

最常见的眉毛产品,是后来演变出的各种画眉产品的"鼻祖"。使用的时候,眉笔应该足够的柔软,质地柔滑而不应该觉得肌肤有被拉扯的感觉。

2. 眉粉

亚光的眉粉可以明显地填补眉毛间的空隙以帮助修饰眉形。眉粉有非常自然的效果,上色持久而且用途多样,可用在眉笔后用来固定妆容。

3. 染眉膏

染眉膏是用刷子上妆的膏状且高度上色的眉毛产品,遮盖力极佳。它能快速给眉毛上色和定型,不仅可以理顺不平整的眉毛,还能让眉毛立体有型。

三、眼部

俗话说,眼睛是心灵的窗户,从"画龙点睛"这个成语,也可见眼部在化妆中的重要程度。针对眼睛及眼睛周围部分进行上妆,可以让眼睛更明亮立体,使得整体妆容达到更漂亮的效果。

1. 眼影

用于对眼部周围的化妆,以色与影使之具有立体感。眼影有粉末状、棒状、膏状、眼影乳液状和铅笔状。颜色十分多样,眼影的首要作用就是要赋予眼部立体感并透过色彩的张力,让整个脸庞明媚动人。

2. 眼线

让眼睛看上去大而有神,描画眼线是必不可少的。关于眼线的化妆品有眼线笔、眼线液、眼线膏及眼线粉。现在大家比较常用的是眼线液及眼线膏。

3. 睫毛膏

睫毛膏为涂抹于睫毛的化妆品,目的是使睫毛浓密,纤长,卷翘,以及加深睫毛的颜色。睫毛膏的刷子本身有弯曲型也有直立型,睫毛膏的质地可分为乳状膏体和粉状膏体。

4. 假睫毛

假睫毛也是美容用品眼妆的一种,用于眼部,睫毛闪动时能展现精灵般的气质。很多人现在都在用假睫毛来美化自己的眼睛,正确地使用会使眼睛楚楚动人。一般使用得比较多的是手工睫毛,质地柔软、自然,并且也分为上、下睫毛。

5. 美瞳

美瞳具有美容效果,正确佩戴能使双眼看上去明亮、有神、放大。按照使用时间来说,美瞳有日抛、月抛、季抛、半年抛和年抛几种类型。按照佩戴效果来说,有自然放大效果,也有多色彩的夸张效果。

四、唇部

唇部在妆容中属于重点装饰的部位。通过化妆让设计对象拥有好的唇形和唇色,会显得更加精神。

1. 唇部打底

在涂抹口红之前,必须进行唇部打底。常见的有润唇膏、唇部精华,它们能有效地起到对唇部滋润的作用,以及抚平唇纹。

2. 唇部遮瑕

一般用于唇色较深的人,能淡化唇色,涂抹口红时能更加显色。

3. 唇线笔

现今使用唇线笔的人比较少,其实唇线笔可以在涂抹口红之前,先根据自己想要的唇形描画一圈,可以使唇部轮廓更加清晰,并且在涂抹口红时,不会有边缘不清晰、不整齐的担忧。

4. 口红

口红是所有唇部彩妆的总称。口红包括唇膏、唇彩和唇釉等,能让唇部红润有光泽,达到滋润、保护嘴唇,增加面部美感及修正嘴唇轮廓,是女性必备的化妆品之一,可显出女性之性感、妩媚。

五、脸部

1. 腮红

艳丽且柔和的腮红,使用后会使面颊呈现健康红润的颜色。如果说,眼妆是脸部彩妆的焦点,口红是化妆包里不可或缺的要件,那么,腮红就是修饰脸型、美化肤色的最佳工具。

2. 修容粉

修容粉一般涂抹在鼻梁两侧,额头两侧,颧骨下方,和脖子与脸之间的骨头那里。可以修饰脸型、增加脸部立体感。

3. 高光产品

高光产品可以用在鼻梁中间、额头中间、颧骨上方,以及下巴中间。能使脸部看上去有光泽、透亮。高光产品一般有粉状、膏状及液体。

第二节　化妆品的选择与使用

本节内容所讲述的化妆品,主要是指彩妆用品。在选择化妆品之前,一定要做好护肤保养的工作。只有拥有好的肌肤,在上彩妆的时候,妆容才能自然、服帖、干净、透亮。当然,根据自身不同的肤质,对化妆品的选择和使用也是非常重要的。

一、底妆的选择与使用

妆容里最基础、最重要的就是底妆。不同肤质的人群应该如何选择底妆？

1. 干性皮肤

干性皮肤的人群,在做完基础保养润肤之后,应待保养品稍微吸收,然后挑选一款保湿度、滋润性较高的并且易于涂抹开的隔离霜涂抹于整个面部。隔离霜最好不要有过多的修容成分,应尽量选择接近无色的隔离霜。隔离霜之后,就应该挑选一款粉底产品。粉底产品以粉底液为首选。在专业的彩妆品牌专柜挑选一款滋养水润的粉底液,保湿时间持久,并且最好粉底液里含有保湿精华成分,这样粉底才能保湿持久。底妆还有一部分是粉饼,粉饼一定要选用粉质细腻和柔滑的。

2. 油性皮肤

油性皮肤的人群,在做完基础保养后,应选用较为轻薄、透气、控油的隔离产品,比如透明材质控油的隔离。不宜选用有过多修容成分的隔离霜,不然会加重毛孔负担,使得妆面容易出现不均匀。有很多油性肌肤的人认为自己皮肤易出油,就不敢用粉底液,而直接涂抹散粉或粉饼,其实油性肌肤人群在选择粉底产品的时候,可以选用一些较为轻薄、控油的粉底液,每个专业彩妆柜台,都会有适合不同肤质的粉底液,粉底液的质地也各有不同。所以,并不是油性肌肤人群就不能用粉底液。在粉饼的选择上,也应选择轻薄、控油的质地。

3. 敏感性皮肤

敏感性皮肤的人群,由于肌肤容易过敏,极易出现红肿、瘙痒、长痘等现象,在选择保养品的时候就应特别小心,日常的护理也极其重要。而在选择彩妆品的时候,无论是隔离还是粉底,都应选择不刺激、亲肤的产品,尽量选用一些天然植物成分较多的、无香精的,或是一些药妆品牌。

4. 中性皮肤

中性皮肤可以说是最理想的肤质了,在选择底妆用品时可选的范围比较广。但隔离霜不要选用有过多修容成分的,应选择带有一些滋润成分且颜色偏淡的隔离霜。如果隔离霜里修容成分太多,会造成堵塞毛孔并且使之后的粉底颜色起变化。粉底液的选择上,选用质地柔滑稍带滋润的粉底液即可。

以上是按照肤质的不同来分析底妆的选择,除了肤质,还要根据不同的肤色选择适合的粉底。亚洲人属于黄种人,大多数人的肤色偏黄、偏暗,当然,也有很多人拥有白皙的肌肤。所以,市面上大部分彩妆品的粉底系列,至少会有三个颜色。有一部分人可以在这三个颜色中挑选到适合自己的,而也有一部分人可能在这三个颜色中挑选不到,特别是男性,很难在一般彩妆品柜台挑到适合自己肌肤颜色的粉底。这时可去专业彩妆柜台进行挑选,而不是一味地追求大品牌或是性价比。专业彩妆品牌其实也有不少,在各大商场也很常见,粉底质地一般会有3~4种,粉底的色号一般会有8~10个色号,甚至更多色号,供大家选择。选择粉底液而不选用时下非常流行的 BB 霜、CC 霜、气垫粉,是因为它们不但材质单一,色号也很少。

无论是白皙肌肤、暗黄肌肤或是小麦色健康肌肤,选择粉底液的时候都要进行试用,最好能试用在面部,而不要在手上进行试用。粉底液的颜色必须与自身面部、颈部肤色接近,不要一味地追求肤色变白,而选择不适合的色号,否则只会出现反效果,使面部颜色变得更加暗沉、灰暗。男性在选择粉底液时,应选择稍稍深过自己肤色的粉底液色号,男性肌肤容易出油、毛孔较大,更容易长痘、留痘印,深过自身肤色的粉底液更具修容遮瑕作用,男性妆容不宜过厚,所以建议选择深一号的粉底。

在使用粉底液的时候,需注意的是不要一下挤出太多涂抹于面部,需要一点点地涂抹,注意均匀、轻薄,避免粉底液过厚,造成浪费。

二、眉部化妆品的选择与使用

(一) 眉笔

眉笔是出现最久的眉部彩妆用品,最容易上手,也最为广泛地被运用。相对于眉粉,眉笔更易掌握,更好操作。眉毛的颜色应该与自己的头发颜色相接近。眉笔一般有黑色、深咖啡色、浅棕色(奶茶色)、灰色和灰棕色五种颜色。

1. 黑色眉笔

一般适合男性使用,女性使用黑色会显得不柔和、太中性。

2. 深咖啡色眉笔

这个颜色的眉笔适合大部分人。黑色眉笔女性使用太过浓重,深咖啡色比较合适。可以使眉形更加清晰,适合各种场合。

3. 浅棕色眉笔

这个颜色的眉笔适合染了亚麻色或是偏浅色头发的人群,这样跟头发颜色相接近,整体看上去才不会突兀。

4. 灰色眉笔

亚洲大部分女性的眉毛颜色,不是特别黑,而是比黑色稍微淡一点的灰黑色,所以会出现灰色的眉笔。大部分灰色的眉笔,看上去觉得和眉毛颜色很相近,可是当我们描画完之后,颜色往往会有些泛藏青色,并不是那么自然。特别提醒肤色偏黄、偏暗的女性,如果使用这种灰色眉笔,会更显得肤色暗淡,所以要尽量避免使用。

5. 灰棕色眉笔

这款颜色是在灰色眉笔上进行改良之后的颜色,介于灰色和棕色之间,皮肤白皙或是眉毛稀少的女性使用较为适宜。

也许会有女性依然找不到适合自己眉毛的眉笔,比如一位女性的眉毛较为浓密,眉毛颜色偏黑,并且毛发还比较硬,如果选用黑色眉笔会造成更加阳刚的效果,选用深咖啡色又与自己的眉毛颜色出入较大。这时,应该先选用深咖啡色眉笔描画眉毛,然后再用深咖啡色染眉膏对眉毛进行修饰,这样能使本来看上去过于男性化的眉毛变得柔和、均匀。

注意事项:在使用眉笔的时候需注意笔头的粗细程度,笔头不宜太细,太细会造成拉扯皮肤或描画不自然的现象,笔头过粗又会造成眉形描画不精细、眉形不清晰的现象,难以塑形。描画眉毛时,眉笔应倾斜45°左右,首先确定眉峰的大概位置,在眉峰的位置,用眉笔轻轻划出"へ"字形做记号,轻轻地描画在你认为是眉峰的附近就可以了,位置不要非常精确。然后从眉峰到眉尾的方向,一点一点地描画。沿着眉峰到眉尾方向描画外侧线,眉笔从内到外一点一点地轻轻移动。相比一笔画成而言,一点点用重写的短线更容易描画。连接上侧边缘线,描画中间部分从距离眉头1厘米处开始到刚刚标记的眉峰位置,将眉毛上缘线连接起来。把眉毛当成肌肤一样,用稍微加力的笔触涂画,整理眉形。注意眉头的颜色要轻薄,顺着朝向鼻梁的方向描画。轻握眉笔点触般地描画效果更自然。眉头颜色本身就浓重的人不描眉头也可以。还有巧妙使用眉刷,将外侧边缘线晕染开。用眉刷将眉毛上侧的边缘线,沿着从眉头、眉峰到眉尾的方向轻轻滑动,不要用力过大,否则就会使边缘的线条完全消失。将眉笔的颜色和眉毛的颜色融为一体。最后把整体眉色调匀。使用眉刷的前端部分,把毛根从下到上立起来是窍门。这时用力一定要轻,不要把着色都弄掉。

(二) 染眉膏

除了眉笔,染眉膏也有很多种颜色供大家选择,眉毛颜色过深,可以选择浅棕色系染眉膏进行修饰,眉毛颜色过淡,可以选择深咖啡色来弥补。但要提醒大家的是,染眉膏有亚光和光泽两种质地,建议大家选择亚光染眉膏,使用起来更为自然立体。

在使用染眉膏的时候,需注意不宜一次涂抹太多于眉毛上,而应该一点一点地涂抹于眉毛表面,手法需要特别注意。

三、眼部化妆品的选择

眼睛是五官中最重要的器官，眼神可以表达很多内心的想法，同时，眼睛周围的肌肤也是最为娇嫩的，我们在给眼部选择化妆品时一定要慎重。

1. 眼影的选择

选择眼影时，质地非常重要，因为是小范围地涂抹眼影，所以眼影的粉质一定要非常细腻才行，颗粒稍大的眼影容易产生掉粉、晕染的现象，这样就无法精确地在眼部描画眼影。通常选购眼影时，大家都会选购专柜已经搭配好的眼影盘，每个眼影盘都有4～5格的眼影，这4～5格的眼影通常都是一个色系的。这些眼影盘有全亚光眼影盘、全珠光眼影盘、亚光珠光在一起的眼影盘。这时，我们需要亚光珠光在一起的眼影盘，明暗结合的搭配才会有立体深邃的效果。全亚光眼影盘，比较适合欧美白种人。全珠光眼影，过于夸张，而且全珠光效果会显得眼睛浮肿。所以最好的选择是一个眼影盘里，既有亚光眼影也有珠光眼影，亚光一般是这盒眼影盘中最深的那个颜色，珠光眼影可以是这个眼影盘中的提亮色，如白色、浅粉色，剩下的一至两种颜色，可以是珠光也可以是亚光。

在使用眼影时，要注意蘸取眼影粉时不要过量，轻触一下即可，可多次反复蘸取，因为涂抹眼影的部分比较小，涂抹时也需要比较精细。

2. 眼线的选择

眼线笔是最传统的画眼线的工具，颜色选择比较全面并且上色较容易。此外，由于它是笔状，所以操作起来比较容易，特别适合初学者使用。但是画的时候线条粗细不易掌握，并且容易晕妆以及脱妆，大大提高了熊猫眼的概率。因此，现在时下使用较多的是眼线液，线条感相当明确，妆容持久，不易晕妆，但线条过细，不好塑形，由于是液体的原因，使用起来也有一定难度。再有一个就是眼线膏了，目前认为它是最好用的一款眼线化妆品，其特点是颜色鲜明，线条粗细比较好掌握，配合眼线刷使用容易上手，优点是持久性强，不容易花妆，颜色方面也有很多选择。

上述三款描绘眼线的产品结合起来使用效果会更好，因而在眼妆中都需要用到。眼线笔质地较软，好操作，可以用来描画内眼线（上睫毛根部靠下）的部分；眼线膏随意变化粗细线条，塑形最佳；眼线液则可以用来填补眼线空隙，或是在贴完假睫毛之后，在假睫毛根部容易漏胶的地方画上眼线液，效果非常好。

3. 睫毛膏的选择

睫毛膏主要是使睫毛浓密、卷翘。在挑选时，可以选择定型效果比较好的，如果没有定型效果，很可能在我们夹卷了睫毛之后，涂上睫毛膏，由于睫毛膏本身的重量，就会使睫毛下垂。所以在专柜试用睫毛膏时，一定要慎重挑选。

在使用睫毛膏涂抹时，应从睫毛根部Z字形慢慢往上涂抹，这样可以使睫毛浓密、自然。

4. 假睫毛的选择

日常生活妆或工作妆，最好选用自然柔软的棉线梗的手工睫毛。棉线梗能很好地贴合睫毛根部，对眼部肌肤无刺激。如果是舞台妆或晚宴妆，可以选用一些较浓密或是尾部加长的款式。

在使用假睫毛时，一定要选择一瓶黏性好的睫毛胶水，把胶水涂抹于假睫毛的棉线处，均匀涂抹，不能涂得太轻薄，否则黏性不够。待 5～6 秒后，趁着胶水没有全部干的情况下，紧挨着睫毛根部贴于眼线处，再等 3 秒后，胶水彻底干透，睁眼。

四、唇部化妆品的选择

唇部化妆品主要有唇膏性质的口红、唇彩和唇釉。每个时期流行的唇部妆容是不一样的，而且流行趋势也是不断地在循环重复，如近二十年就是亚光唇、珠光唇不断地在重复。对于唇部的颜色，也是不断地在变换，从比较早期的正红色红唇到接近自然的猪肝色，再到玫红色、橘色、粉红色和裸色，直到后来又开始大热的正红色。其实在挑选口红时，不要盲目跟随时下流行，而要根据自己的肤色来挑选，比较不挑肤色的口红是正红色、猪肝色。如果本身肤色比较暗沉，建议不要选择玫红色、橘色、裸色，因为这些颜色会使肤色更暗沉。如若本身肤色白皙，那唇部的色彩可以随意挑选。

在涂抹唇部化妆品上色之前，可以挑选一支同色的唇线笔，先对唇部进行勾画。轮廓画出来后，再上口红等，可以让唇部彩妆不易溢出，并且不会出现在涂抹唇部彩妆时因手抖而造成的边缘不整齐。

1. 口红

口红是滋润度较高，方便使用，最为普遍的一款唇部化妆品。既有亚光口红也有珠光口红，如果唇部较为干燥，可以选用滋润有光泽的口红。

2. 唇彩

唇彩让唇部看上去水润、透亮。

3. 唇釉

唇釉相对于口红和唇彩，它的持久度更好，色彩饱和度也更好。唇釉既有亚光质地也有珠光质地，是时下非常受欢迎的一款唇部化妆品。

需要注意的是，由于唇部化妆品是涂抹在嘴唇部位的，很容易被误食，而且任何一个品牌的化妆品都或多或少含有化学成分，所以在挑选唇部化妆品时，一定要选择正规厂家生产的、质量合格的产品。

在使用唇膏之前，一定要先把嘴唇洗干净，再涂上一层润唇膏或防裂膏，起到护唇防裂的作用，以更好上妆，可用粉底或遮盖霜，调整修饰嘴唇的轮廓。其次，用唇线笔勾画出理想的轮廓线，嘴唇要自然放松，这样可以更好地观察唇形线的形状。按上、下唇的顺序画，画上唇时要闭上嘴，从中央向两边画。下唇线则从两侧向中央画。如果不想突出唇形，也可以不画唇线。用大拇指和食指捏住唇膏或沾满口红的唇刷，让小指按在下巴上，以便把手固定和支撑好，描画唇山及下唇中央处，以决定唇厚。然后，先从上嘴唇的两边嘴角向唇中涂，再从下嘴唇的两边嘴角向唇中涂，此时，双唇略张，可画出更完美的线条。注意左右两侧的平衡。涂完外侧后,逐步涂向内侧,直到全部涂满。以面纸轻压双唇,去除多余油脂。压时,略张双唇,效果可达双唇内侧。在唇中央涂上亮光唇膏或具强调效果的银光口红,可使双唇更显丰满。

五、脸部化妆品的选择

使用在脸部的化妆品,除去之前提到的底妆,需要涂抹在整个面部的还有涂抹在面颊处的腮红,和涂抹在脸部边缘,如下颌骨、发际线等处的修容粉或者修容液,以及涂抹在T区、C区等处的高光提亮。

1. 腮红

使用腮红会使面颊呈现健康红润的颜色。涂在面庞上的化妆品,有粉质和油质两种。在涂抹腮红之前,脸上已经上好底妆,也就是脸上已经涂抹了粉底霜、粉饼,皮肤是呈无油干爽状态,所以在腮红的选择上,建议大家选择粉状腮红为佳,易上色,好操作。如涂抹油质腮红,操作不够熟练,用量不够恰当,容易造成结块不均匀等现象。

2. 修容粉

修容是修饰脸部的,修饰幅度较小,可让五官更立体。修容粉一般以棕色或者咖啡色为主,用处是修饰脸部轮廓。还有属于修容里的阴影粉,一般用于比较大的面部修容处理,如鼻侧影、腮帮处。修容粉一般适用生活妆,而阴影粉多用于舞台妆、梦幻妆。

3. 高光提亮

高光提亮与修容阴影正好是相反的,也是配合使用的。高光提亮的产品有液体、膏状和粉状。一般液体的产品有提亮液,可以混合在粉底霜里一起使用,也可以在上完底妆之后,取少许涂抹于面部。膏状的产品有提亮膏、高光笔等,可用于卧蚕处、眼头处、鼻梁处和眉骨处等。粉状的产品就是高光粉,粉质细腻、晶莹透闪,可在整个妆容的最后涂抹于额头眉心及鼻梁(T区)处、苹果肌处和外眼角半圈(C区)处。

在使用腮红的时候,一般涂抹的位置是从耳前向鼻翼刷过颧骨最高处。温和粉红的粉末使用起来的效果更加有质感和真实效果,体现出一种自然健康的美。能够有效抑制油光,使用时为了避免"下手过重",可以先在手背上涂抹,减少刷头上的粉。

使用修容粉时,用粉刷扫在脸部凹陷部位比如鼻梁两侧,额头两边,颧骨下方。用小刷子蘸上浅色修容粉,刷在窄小、不够突出的部位,脸庞会顿时变得明亮而有生气。

第三节 常用化妆工具

一个完美的妆容离不开好的化妆品,而好的化妆品必须与正确的化妆手法、适当的化妆工具相配合而成。因此,在学习了化妆品分类、选择和使用方法后,必须要了解化妆工具。以下分类介绍各种化妆工具。

一、底妆工具

1. 粉扑

粉扑一般分为天然与合成两种质地。天然海绵吸水度佳,适合粉底液、粉底霜使用;合成海绵弹性较好,但吸水度不足,适合粉饼使用;还有一种散粉粉扑,一般在散粉盒里都会配上粉扑。

现在市面上涂抹粉底液的粉扑,还有很多种形状,如圆形、长方形、三角形、菱形和葫芦形等,这些形状的粉扑可以用于脸上不同的部位。每次涂抹粉底液时,都应该使用粉扑干净的一面,这样妆容可以更加持久服帖。粉扑也需要定期清洗,最好每次清洁粉扑后都能把它放在通风处,让其自然风干,不能直接暴露在太阳底下照晒。

2. 粉底刷

粉底刷的主要用途是刷粉底,许多的专业彩妆大师都是使用粉底刷打粉底,因为粉底刷所打出来的粉底比较透亮,通常不会有厚重的情形发生。例如,要修饰小地方的粉底就可以使用较小支的粉底刷来做修饰。粉底刷能完整地保留粉底的原有质地,操作灵活而且刷出的底妆厚薄均匀,使用寿命长,清洗保养容易。我们在挑选粉底刷的时候,要注意以下几点:软硬度要偏硬、有弹性,刷毛密度要丰厚紧密,刷毛长短约 5 厘米,毛型要呈斜梯形,握柄要顺手好拿,材质最好挑选貂毛或合成纤维粉底刷。不吸水、高延展度,是合成纤维刷毛的最大优点。而且它释放粉底液的功能极佳,可以很稳定地随着笔刷运作释放出均匀的粉底液,零浪费地把粉底用到一滴不剩。

二、眉部工具

1. 修眉刀

修眉刀又名刮眉刀,是一种美容工具,通常选用优质塑料和刀片制作而成。修眉刀能帮助修除多余的眉毛,轻轻不留痕迹,刀头小巧易于掌握,能有效修整美眉,带有防护网,以免弄伤娇嫩的肌肤。修眉刀根据人的生理特点设计,手感好,质感好,使用方便简单,能够修出完美的眉形角度。修眉时根据所修眉毛的部位用力适度地握住眉刀的部分,另一只手的手指按住眉毛上方,拉紧皮肤,这样不会有疼痛感。

2. 眉钳

选择眉钳时,钳头应平整,没有空隙,钳身不能太短,否则使不上力。镊子口最好是斜面的,便于控制和操作。

3. 眉梳和眉剪

眉梳和眉剪都是休整眉毛的工具。用眉梳把眉毛从下往上梳,并使用眉剪的刀刃与眉毛下方平行,将超出的毛发剪短。再用眉梳从上向下梳,将眉毛下方过长的毛发剪短并修整。眉剪其实还有很多作用,可以修剪双眼皮贴的形状,也可以修剪假睫毛,所以眉剪是一个必不可少的工具。

4. 眉刷

修眉或描眉之前先用眉刷扫掉眉毛上的毛屑,刷出理想的眉毛走势;画眉之后用眉刷沿眉毛方向轻梳,使眉色深浅一致,自然协调。眉刷的造型也有好几种,如牙刷形、螺旋形和斜角形。

三、眼部工具

1. 眼影刷

眼影刷可使眼线和眼周、眉下部分的眼影充分融合,晕刷出色彩的层次感。毛量适中,易于控制粉妆的使用量。长柄设计拥有极佳的安定感,可轻松展现细腻的线条,让色彩自然晕染蔓延。眼影刷也可用于塑造鼻部阴影。眼影刷的刷毛以动物毛为佳。一般分为小马毛、山羊毛和水貂毛三种,前两种最常见,价位适中;水貂毛是最好的刷毛材质,质地柔软且经洗耐用,也最为昂贵。眼影刷能展现出柔和的颜色,按照功能可细分很多不同的款型。眼影刷的优点在于可以均匀上色、针对范围上色。建议选购大、中、小眼影刷各一支,可以满足基本的需求。大的眼影刷在大范围上色时使用,如眼皮打底、上色,或者用来柔和各色眼影。小的眼影刷,尤其是刷头紧密、有角度的眼影刷,可以用来加强眼睛的轮廓。

2. 眼线刷

眼线刷通常用在膏状或液状的眼线产品,适用于点画眼球周围之高光部位,使眼球更凸一些,使眼睛看上去更富神韵。常用眼线刷主要有貂毛眼线刷、尼龙眼线刷和马毛眼线刷。

3. 双眼皮贴

双眼皮贴主要有两种,一种是宽的、小小的,呈半圆形,这种双眼皮贴顺着睫毛的弧度贴,还有一种双眼皮贴是窄的,呈月牙儿形。这种双眼皮贴不能顺着睫毛贴,要顺着理想的双眼皮纹路贴。

四、唇部工具

唇刷:涂唇膏的化妆工具。唇刷可以使唇线轮廓清晰,唇膏色泽均匀。唇刷选择应以毛质软中兼硬、毛量适中为好。毛质太软的唇刷涂唇膏时难以掌握轻重,模糊而不肯定的唇线是整个妆容中煞风景的败笔。唇刷可以灵活调整局部浓淡,描画出精致的唇角边缘线。需要突显立体感,唇刷就必不可少了。无论是唇膏还是唇蜜,要色泽均匀地附着于唇上,一定要用唇刷上色、涂擦。精确勾勒唇形,使双唇色彩饱满均匀,更为持久。

五、脸部工具

1. 蜜粉刷

用蜜粉刷蘸上蜜粉,刷在涂有粉底的脸上,比用粉扑更柔和、更自然,能把蜜粉刷得非常均匀。它还可以用来定妆,也可用来刷去多余的蜜粉,使眼睛、面颊的色彩变得柔和协调。

2. 腮红刷

腮红刷是指比蜜粉刷稍小的扁平刷子,刷毛顶部呈半圆排列。一把好的腮红刷能使胭脂扫得又轻松,又自然。将刷子蘸取腮红粉,轻甩掉多余粉屑再上妆,颜色不够可慢慢添补。

在完成整个妆容的过程中,一定要有一套好的化妆工具,以上是分部位的化妆工具。其实,可以选择一套化妆套刷来进行化妆。套刷有初学者用的 8 支套刷,也有比较专业的 18 支以及 22 支,甚至更多支的套刷,大家可以按照个人平时的需要进行选择。

第四节　基本化妆与矫正化妆

有道是,女人是三分长相,七分打扮,生活中没有丑女人,只有懒女人。社会的不断进步,为人们追求理想的美创造了良好的条件。在现代生活中,人们追求的美,应该是科学的美、健康的美。化妆对现在的女性来说,应该是必备的技能。化妆的作用主要表现在以下三个方面:第一,美化容貌,人们化妆的直接目的是为了美化自己的容貌。通过化妆,可突出个性,表现活泼开朗、文静庄重等内在的性格特征。第二,增强自信,化妆是对外交往和社会活动的需要。化妆在为人们增添美感的同时,也为人们带来了自信。第三,弥补缺陷,完美无瑕的容貌不是每个女性都可以拥有的,通过后天的修饰来弥补先天的不足,使自己更漂亮,却是每个女性可以追求和渴望的,化妆便是实现这一愿望的重要手段之一。化妆可通过运用色彩的明暗和色调的对比关系造成人的视错觉,从而达到弥补不足的目的。

一、基本化妆的步骤与手法

基本化妆的步骤与手法如下。

第一步:首先应该清洁皮肤,如果时间允许,最好能够敷一片面膜,对肌肤进行滋润。如若时间不够,就按照正常肌肤保养的步骤进行滋润保养。待面部稍微吸收一下营养霜,可以进行修眉的步骤,然后进行下一步。

第二步:在进行完面部滋润之后,就进入底妆部分,完美的妆容最关键的是底妆。底妆首先不是上粉底,而是隔离霜,最好选择轻薄、透明和控油的隔离霜。然后再选择跟肤色同色号的粉底液,利用粉底刷在脸上均匀刷上粉底液,来回轻扫,避免留下刷痕,就像是在脸上打上无数的小"X"的感觉,在粉底刷使用完之后可以再用海绵块轻轻按压一下全脸,这样能帮助粉底分布更均匀,也让整体妆效更加自然通透。

第三步:有很多女性朋友一直感觉自己的妆面脏脏油油的,问题就出在没有仔细地定妆。大多数蜜粉是分很多色号的,出这么多色号不单单是好看,而是有原因的,比如粉红色的是适合皮肤苍白的,绿色适合皮肤上有红血丝的,紫色适合皮肤暗沉的。先用干粉扑蘸取适量的蜜粉对折揉匀,用手指弹去多余的粉末,然后均匀地按压在肌肤上,再用大号化妆刷刷去多余的粉末,千万不可遗忘眼角、鼻翼、嘴角这些油脂较丰富的区域。好的蜜粉不仅仅是起到一个定妆吸走油光效果,更重要的是起到二次修饰的作用。

第四步:底妆上完之后,就开始化局部妆容了。从眉毛开始,通常我们在修饰眉形的时候会强调"三点一线"的概念。即眉头、内眼角、鼻翼三点构成一垂直线,眉尾、外眼角和鼻翼三点也构成一线,但在化妆时常常忽视这重要的一点。

第五步:在画完眉毛之后,接下来就是眼妆部分。眼妆部分从眼影开始,眼影一般涂抹在上眼睑的部分。想要画出眼妆的层次,必须正确地使用3~4种颜色的眼影才能显现出来。可以先用浅色带微珠光的眼影涂满整个眼睑,然后从眼头到眼尾由浅至深地上色,再用提亮色在内眼角处提亮。画完眼影之后,就可以进行眼线的描画,无论上下眼线,都一定要紧挨着睫毛根部描画,如果想要加粗眼线,也是在这基础上进行描画。最后是睫毛,我们可以涂抹睫毛膏来增加眼睛的神采,在涂抹睫毛膏之前,先使用睫毛夹把睫毛夹翘,使睫毛有一定的卷翘弧度,再使用浓密型或拉长型睫毛膏进行涂抹。这样才能使睫毛卷曲上扬,增加眼妆魅力。

第六步:描画腮红,可以通过微笑这个动作,找出自己的笑肌。运用腮红刷蘸取少许腮红,轻轻涂抹,打造一个由内而外透出的好脸色。

第七步:最后是描画口红。在擦口红之前,一定记得给唇部涂抹滋润唇膏或打底唇膏。然后可以使用唇线笔先勾勒出唇部的轮廓,再用唇刷蘸取口红,填满嘴唇,使唇部颜色均匀饱满。

在掌握了基本化妆之后,应多加练习手法,毕竟熟能生巧,大家也可以在不断地练习和实践中,摸索出一个更加适合自己特色的妆容。化妆范例如插页图5-1~图5-4所示。

二、矫正化妆

对面部有一些小缺陷的人来说,单单掌握了基本化妆似乎还不能达到完美的效果,这时,我们就需要学习矫正化妆的一些手法和技巧。

矫正化妆手法中,最常见的有眉形的矫正、脸型的矫正、眼型的矫正和唇形的矫正等。

(一)眉形的矫正化妆

眉形的设计要考虑不同的脸型、眼型、性格、气质、年龄、职业以及本身眉毛的状态等综合因素,才能使之自然和谐,真正成为眼睛的好陪衬。

第一种:眉毛稀少者(即过淡眉形)。眉毛过稀过淡缺乏个性,但其优势是可根据个体特征随意选择较满意的眉形,如曲线优美的眉形可表现出女性的柔美,朦胧平坦的眉形可表现天真纯洁的风格,画眉时要顺着眉头的方向,根据眉毛的稀疏修补,遵循两头淡、眉腰逐渐加深到眉峰、上下左右较淡的原则,使之轻重相宜、虚实相间、自然过渡。

第二种:散乱眉形。散乱眉形主要表现在眉毛生长比较散乱,没有明显的眉形,可以先在眉部勾画出适合的眉形轮廓,然后修剪掉轮廓外的散眉。

第三种:下挂眉形。下挂眉形俗称"八字眉",在进行眉形矫正化妆时,在原有眉头的下端向下画出与眉毛颜色相同的线条,然后在眉峰、眉梢的上端加上一定的线条,从而纠正眉形下挂,造成眉毛略微上扬的感觉。

第四种:上斜眉形。上斜眉给人严厉凶狠的印象,修饰的方法与下挂眉相反,在眉头的上端向上画出线条,然后在眉峰与眉梢下端加上一定的线条。注意画眉时颜色一定要过渡自然柔和。

第五种:空缺眉形。这种眉形矫正要以原有眉形为基础,设计出一条完整的眉形,对空缺的地方进行描画增补,描画的部分衔接处颜色要深浅自然。

(二)脸型的矫正化妆

莱布尼茨说:"世界上找不到两片相同的树叶。"人的相貌也是如此,即便是双胞胎也有不同之处。虽然人的头部构造相同,相貌却呈现千差万别,这是因为头骨是由许多块不规则形状的骨骼构成,每个人骨骼的大小、形状不一,每块骨骼上又附着不同厚度的肌肉、脂肪和皮肤,形成了不同的转折、凹凸和弧面,所以有了不同的脸型和相貌。一般需要矫正化妆的脸型有五种。

第一种:圆形脸。面颊圆润,面部骨骼转折平缓无棱角,脸的长度与宽度的比例小于4∶3,给人以珠圆玉润、亲切可爱的视觉感受。反之,也会给人肥胖或缺少威严感的感觉。这时可用暗影色在两颊及下颌角等部位晕染,消弱脸的宽度,用高光色在额骨、眉骨、鼻骨、颧骨上缘和下颌等部位提亮,加长脸的长度和增强脸部立体感。画眉时应把眉头压低,眉尾略扬,画出眉峰,使眉毛挑起上扬而有棱角,破掉脸的圆润感。

第二种:方形脸。额角与下颌角较方,转折明显,使人看起来刚毅坚强。反之,会有不柔和且男性化的感觉。这时可用高光色提亮额中部、颧骨上方、鼻骨及下颌,使面部中间部分突出,忽略脸型特征。暗影色用于额角、下颌角两侧,使面部看起来圆润柔和。也可借助刘海来遮盖额头棱角。画眉时,应修掉眉峰棱角,使眉毛线条柔和圆润,呈拱形,眉尾不宜拉长。

第三种:长形脸。三庭过长,两颊消瘦,脸的长度与宽度的比例大于4∶3,这种脸形给人感觉缺少生气,有沉着、冷静、成熟的感觉。在化妆时,应用高光色提亮眉骨、颧骨上方,鼻上高光色加宽但不延长,增强面部立体感。暗影色用于额头发际线下和下颌处,注意衔接自然,这样在视觉上可使脸形缩短一些。画眉时,修掉高挑的眉峰,使眉毛平直,不宜过细,拉长眉尾,这样可拉宽缩短脸形。

第四种:正三角形脸。额部窄,下颌较宽大,也称梨形脸,给人感觉富态,柔和平缓。化妆时,可于化妆前除去一些发际边缘的毛发,使额头变宽,用高光色提亮额头眉骨、颧骨上方、太阳穴和鼻梁等处,使脸的上半部明亮、突出、有立体感。用暗影色修饰两腮和下颌骨处,收缩脸下半部的体积感。画眉时,尽量使眉距稍宽,眉不宜挑,眉形平缓拉长。

第五种:菱形脸。额头较窄,颧骨突出,下颌窄而尖,这种脸形比较难选发型,易给人缺乏亲和力、尖锐、敏感的印象。化妆时可用阴影色修饰高颧骨和尖下巴,削弱颧骨的高度和下巴的凌厉感,在两额角和下颌两侧提亮,可以使脸型显得圆润一些。这种脸型适合圆润的拱形眉,来改善脸上的多处棱角带来的生硬感。

（三）眼型的矫正化妆

人的常见眼型有大眼睛双眼睑、小眼睛单眼睑、上斜眼、下垂眼、肿眼皮和凹陷眼等,通过眼影的使用,可以不同程度地得到改善,使眼睛明亮好看起来。

第一种:大眼睛双眼睑。其特点是明亮、华丽,画眼线时宜浅、宜细,眼影颜色也宜浅,要柔和晕染。

第二种:小眼睛单眼睑。特点是锐利或是妩媚,眼线在外上眼尾的2/3处可向上延长,眼凹陷处用深色眼影晕染,起到扩大眼睛的效果。

第三种:上斜眼。特点是严厉、机智,眼线在外下眼睑眼尾处加深加粗,同时在外下眼尾与内上眼角用深色眼影晕染,可调整上斜的角度,使得眼睛看上去柔和。

第四种:下垂眼。特点是活泼、温和,但有时会显得不够精神,眼线在外上、下眼尾处都可向上提升,在外上眼尾和内下眼角用深色眼影晕染,加以改善。

第五种:肿眼皮。特点是沉稳、忧郁,用眼线在外上眼尾2/3处加粗并向上提升,用深色眼影晕染,并在眉弓下方用亮色提亮,以增加立体感。

第六种:凹陷眼。特点是深邃、立体,容易显得憔悴,眼线不宜过深过粗,要用浅色系列或是亮色的眼影晕染。

（四）唇形的矫正化妆

唇形的矫正主要依靠唇线和唇膏或口红来完成,用以改善唇形,使得唇部更加丰满好看,同时与脸型、五官更加协调,获得更好的美容效果。

第五节　香水的选择与使用

香水现已走进千家万户,香水的使用人群也已覆盖各行各业、各种年龄。早在古代,人们就已学会了运用香料的芬芳来美化自己。在现代化妆品领域里,香水是人们常用的化妆品之一,并且无论男性还是女性,都可以使用。人们使用香水的最大目的是它的芬芳能给人带来心理满足和内心对美的追求。人们喜欢香水气息带来的豪华气派的感觉,每个人散发出的不同香气成为每个人的个人特征和独有的魅力。女性喜欢带来的舒适感觉和自信心,男性则可以彰显自己的个性与男性魅力。此外,每款香水的设计都蕴藏着设计师特有的设计精神和艺术天赋,都含有不同的历史和文化背景,能够使每位使用者充分表现自己的精神风貌。有的人喜欢香水是因为别出心裁的瓶身设计,有的香水瓶还可以成为珍贵的收藏品。

一、香水的挑选及正确使用方法

买香水前,大家很有必要搜寻一下香水的信息,多了解一下香水的知识,这样才能挑选到自己心仪的香水。但是市场上香水品牌繁多,如何选出适合自己个性、气质,并能使自己精神舒爽、增加魅力的香水呢?

(一)香水的选择

(1)品牌及外观:好的品牌一定有它好的道理,无论包装、瓶身设计都能体现出美感。观察包装是否洁净、完整、崭新,名称、注册商标、产地等一应俱全。在选购香水时,不要贪价钱低廉而购买劣质产品。因为劣质的香水,纵然涂上半瓶,香味一会儿便消失了。好的香水只要抹上一两滴,即使隔了一夜,也是香味犹浓。

(2)香水的液体状态和颜色:观察香水液体是否透明清澈,无沉淀、混浊和悬浮物等现象。而香水的颜色则以黄色、浅黄色及紫色较多。黄色表示高贵、温暖、热烈和权力;而紫色表示神秘、高雅和浪漫;其他颜色少见些,总之,香水的颜色应该柔和,不应过于鲜艳而刺目。

(3)香水的密封性:由于香水是易挥发性液体,加上液体易被空气氧化,因而要求较高的密封性。检测方法十分简单,从未开启的香水瓶上靠近试闻一下,应无任何香气。打开香水瓶,再盖严,稍停顿一下,再闻,也应无香气,这表示瓶盖紧密无泄漏。

(4)香水的香气:香水的香气应该纯正、浓郁芳香和沁人心脾,而没有刺鼻的气味。香气的选择是选购香水中最重要的一步。首先,不要直接凑到瓶口去闻,那样你闻到的只是酒精刺激的气味,而应在手背上滴一两滴,或喷一两下,待酒精挥发后再去闻,手背上的香水被体温加热,所散发出的香气与实际使用时效果差不多;或者闻一下香水的瓶盖,根据个人的喜好与不同用途,来确定所购香水的香型特征;也可以把香水喷在试香纸上,待几秒钟后,用试香纸轻轻在面前扇动。切记不要以为别人身上好闻的香味就一定适合自己,香水在不同的人身上有细微的差别。

(5)选购香水时不要一次挑选很多种,如果连续试闻3种以上的香味,将会使人的嗅觉疲劳,很难分出香水的差异,而且最好选择傍晚时间去选购香水,因为人的嗅觉在早晨和午后最迟钝,而在傍晚时最为灵敏。这样,有助于选出最准确的香型,达到挑选的目的。如果一次性试闻了多种香水还未找到自己喜欢的款式,可以闻一闻咖啡豆来缓解嗅觉疲劳,从而继续挑选更多款式香水。还应注意不要在剧烈运动后或吃完饭后去选购香水,体温和食物的味道会影响香水的味道。

(6)选购香水要注意与自己的个性、年龄和职业相符,还要配合自己的生活环境。如果生活环境幽静,就购买清淡的香水;如果生活环境比较热闹,就可选择较浓郁的香型。

(7)选购香水前要先试用,一般试用的位置距离越远越好,左右手腕和手肘内侧,每处可各试一种香水,并记住涂抹位置,以便过后选择。香水有前调、中调和后调,喷上不同的时间,香水会有着不同的香味。所以试完至少等10分钟,酒精挥发掉才知道香水真实的气味。最好是离开香水柜台一会儿(因为通常那里混杂了其他香水味),给自己充足的时间(半个小时左右),也给自己一个较清净单纯的嗅觉环境,再一次对这种香水进行一番"考验"。假若这种香味仍能给你良好的感觉,就不妨去买一瓶。也可以在试过后,就大大方方地告别香水店,这样无论前调、中调和后调都可以回家去慢慢地体验,觉得合适再来买。

（二）香水的正确使用方法

香水不仅是一种气味，更代表着每个人不同的特质、品位。正确地使用香水，有时会让人取得意想不到的职场成功；相反，使用不当，其负面影响也不容小视。

（1）不同的香水有不同的用法：香精以"点"、香水以"线"、古龙水以"面"的方式使用。香水擦得越广，味道越淡，是使用香水的秘诀。香精以点擦式或小范围喷洒于脉搏跳动处：耳后、手腕内侧、膝后。淡香精以点擦式或喷洒于脉搏跳动处，避免用于胸前、肩胛的脉搏跳动处。香水、古龙水或淡香水因为香精油含量不是很高，不会破坏衣服纤维，所以可以很自由地喷洒及使用。例如，脉搏跳动处、衣服内里、头发上或空气中。

（2）喷雾法：在穿衣服前，让喷雾器距身体10~20厘米，喷出雾状香水，喷洒范围越广越好，随后立于香雾中5分钟；或者将香水向空中大范围喷洒，然后慢慢走过香雾。这样都可以让香水均匀落在身体上，留下淡淡的清香。东方系与激情派的浓烈香水，最好选择用喷式。

（3）七点法：首先将香水分别喷于左右手腕静脉处，双手中指及无名指轻触对应手腕静脉处，随后轻触双耳后侧、后颈部；轻拢头发，并于发尾处停留稍久；双手手腕轻触相对应的手肘内侧；使用喷雾器将香水喷于腰部左右两侧，左右手指分别轻触腰部喷香处，然后用沾有香水的手指轻触大腿内侧、左右腿膝盖内侧、脚踝内侧，七点擦香法到此结束。

注意擦香过程中所有轻触动作都不应有摩擦，否则香料中的有机成分发生化学反应，可能会破坏香水的原味。

（4）头发式：有人说效果令人惊奇的就是在头发上抹香水。香水可以喷在干净、刚洗完的头发上。但记住不要把香水直接喷于头发上，这样的香气太直接，不够婉约。而应该远远地喷在手上，再像抹发油似的抓一抓就行了。

如果头发上有尘垢或者油脂，则会令香水变质，同时也不能够喷洒在干枯和脆弱的头发上，避免造成对发质的伤害。

（5）衣物式：大多喷在内衣或衣领后、裙摆等较为隐蔽处。这样香水的颜色就不会显露了，同时香味也因震荡而扩散得更彻底。这类方法可使香水的香味维持得最长，而且不易污染衣物，特别适合敏感性肌肤的女性。

（6）依时而变：香水的用量要与时令配合。晴日里，香水会比温度低的日子浓烈；雨天或湿气重的日子香水较收敛持久。

另外，不同的季节需要的香味感觉也不同。春天：温度偏低，但气候已开始转向潮湿，香氛挥发性较低，适宜选用幽雅袭人的香型，如清新花香或水果花香的香水；夏天：气候炎热潮湿，动辄汗流浃背，最好用清淡兼提神的香型，具有花果味道的香水是火辣夏季里的最佳选择，尤其是葡萄柚和茉莉，前者有缓和情绪的作用，并可适当提高兴奋度，后者的幽香可以增强机体应付复杂环境的能力，消除引起精神和躯体方面缺陷的综合征；秋季：气候干燥，秋风送爽，可试用香气较浓，稍带辛辣味的植物香型，带甜调的果香；冬季：香气较其他季节可稍浓郁些，可选用温馨、浓厚的香水，如东方香型就很适宜于冬天，拥有清新前味、浓郁花香的中味，以及富有东方气息木香的后味，更具冬季热门的女性香水的特点。

(7) 切合环境：香水如时装能起到烘云托月的效果，因而不同的环境需要不同的香水。上班时用的香水宜清淡优雅，晚宴或聚会时可选用浓烈的香水。在一天的不同时间，可以变换使用香水，如白天用较清淡的香水，晚上可用较浓郁的香水。但是不可同时使用两种以上的香水，这样味道会变得很奇怪。

二、男性和女性选用香水的区别

大多数时候，人们选择香水都会首先从牌子挑选，然后打听很多别人用过的感受，才考虑自己要不要入手，大部分的中国男性都觉得，别人说这个还不错，所以尝试来用用。那么男性究竟该如何选择香水呢？

(1) 符合自己的身份：无论男女，选择香水对于社交礼仪来说，喷上香水的才是尊重别人的。可是在不同的职位上可能需要的感觉就不同，选择的香水类型也会随之发生改变。比如空乘这一职业的男性，在选择香水时，应以沉稳的木调香型或者古龙水为佳；女性则可以选择花香型、果香型的香水。也有很多其他职业男性会选择比较有风格和有特色的香水来让自己独树一帜。

(2) 依据自己的喜好：香水首先闻的就是自己，所以你必须要自己喜欢，自己喜欢的味道，只要不是太过浓烈，可以不用过于在意别人的感觉。自己喜欢，然后觉得和自己很匹配就可以。一定要亲自去柜台试用，不要盲目在网络上搜索哪个销量好或评价高来选择自己的香水，只有自己去试香才能选到适合自己的香水。一定要注重品质，当然并不是一定要选购一线品牌的香水，但要确保质量与香型。

(3) 根据自己的需求：因为男性身体构造与基因，有部分男性可能会有体味，这时，当然应该选择能遮住体味的香水。亚洲男性也有很大一部分是没有体味的，那选择就稍大些。可以选择香味偏木质带有清新感的。而且抽烟和不抽烟的人群，也需要有区分地去选择香水。如果你无法决定自己的喜好，就可以告诉导购员你的香水可能需要如何的辨识度，自己喜爱的香型。建议男性的香水要区别于女性香水，不宜太过明亮。可以尽量选择稍微隐约的香型，不是很明显，可是闻起来很舒服的柑橘系主调的香水。

如果女性需要香水至少留香5个小时，比如参加派对或是宴会时，女性带的包会很小，装不下一个香水瓶。这时就需要选择留香时间比较久的香精。

(4) 了解香水的表达：很多年轻人会比较容易喜欢运动型的香水，清新、简单、好接受的香味，这种香味会让人感觉活力无限，也可以作为年轻男性的入门香水。而稍微注意的是中性香其实并非会让人感觉到女性化，真的让男性的香水闻起来女性化的是含有浓郁型花香、麝香和粉香类的香水，建议男性要慎重选择，避免不必要的误会。选择平淡的香水，未必就代表平凡，想要做到若隐若现而且深入人心的香水才是顶级香水，更让人觉得有层次和深度。你需要让别人读到的一定不是轻浮，而是内涵和深度，会增加男性带给人的安全感。有很多女性在选择香水上，喜欢追求名牌。其实香水只是我们用来提高自己魅力的一件武器，只是起到点缀的作用。所以，不要觉得越是名牌越会显得有品位。其实不然，如果你能让别人闻到你身上普通香水的味道，觉得非常舒服又非常适合你，这才真正起到了用香水的目的。

(5) 慎用的系列：男性比较不适合选择的就是果香型、花香型。果香型的香水比较适合甜美的女生使用，男性选择最多的就是木质调和水生调，让人感觉很清新和沉稳才是正确的。也要谨慎选择使用香水的场合，在恰当的场合用恰当的香水。女性在选择香型时，则不要选太过于浓重的气味，那样会给人带来艳俗、压抑的感觉。而从健康方面来说，有部分人在涂抹过于浓重的香水后，会出现头昏呕吐等现象。

【本章小结】

本章介绍了化妆品和化妆工具的分类、选择和使用等基本知识，重点介绍了关于基本化妆和矫正化妆的几个重要方面，还有针对性地讲述了香水的选择、使用和禁忌等基本知识。这些知识是很好地进行化妆设计的基础，大家要悉心学习，在化妆实践过程中潜心琢磨，尤其是矫正化妆的方法非常重要，一定要根据实际情况灵活掌握，为扮美容颜打下良好的基础。

【思考与练习】

1. 简述常见的化妆品及化妆工具。
2. 矫正化妆的方法有哪些？
3. 根据香水的选择和使用原则，选择符合自身形象特点的香水。

第六章
空乘人员的职业妆容

【章前导读】

本章通过对职业妆基本要素的介绍，了解职业妆的分类及其妆容特点，并能熟练掌握空乘职业妆的基本程序；了解男乘务员的妆容特点的要求，着重训练男乘务员的化妆步骤和手法。

【学习目标】

1. 掌握空乘职业妆容的相关知识；
2. 掌握空乘职业妆容设计的基本原则；
3. 熟练掌握男、女乘务员的妆容要求和化妆基本手法；
4. 结合自身情况进行实操训练。

第一节 空乘职业妆的特点

在人们的脑海中，空乘人员是美丽的代言人，作为一个特殊的职业群体，常常给人以漂亮的外表、清新的打扮、美丽的容貌和甜美的微笑的印象。他们的工作环境相对来说较为封闭，在工作过程中，一系列的服务流程都需要和旅客近距离地接触，如迎接旅客，引导旅客入座，协助旅客安放行李，飞行过程中向旅客提供各种服务，到达目的地后送客等。

作为一名合格的空乘人员，在服务的过程中，通过对乘客的关爱、周到的服务，体现其高尚的品质与素养外，给乘客留下第一印象的就是空乘人员的职业形象。良好的职业形象可以拉近与乘客之间的关系，促进客舱服务的顺利进行。因此，各航空公司十分重视空乘人员的外在形象，因为它决定着乘客对航空公司的印象，这也显示了航空公司服务品牌的内涵和价值。空乘妆如插页图6-1所示。

一、空乘职业妆的基本要素

塑造良好的职业形象，包括面部化妆、形体训练和礼仪姿态等。适当得体的职业妆是空乘人员服务工作的任务之一，也成为空乘学生应该具备的一门技能。通过化妆专业课的学习，掌握正确的职业妆容知识，让空乘人员的魅力倍增，错误或者不恰当的职业妆容则会影响空乘人员的个人形象，影响旅客对其服务质量的客观评价。

（一）空乘职业妆的目的

空乘人员的录用经过航空公司的精挑细选，对其外貌、体型、沟通技巧、服务能力和身体素质等多方面进行了严格的考核。空乘人员通过一定的化妆手段修饰自己的五官和整体造型，并不是让自己变得更加漂亮，而是让整体形象达到乘客心目中完美的形象。

1. 社会交往需要

社会在进步，人们的生活方式也在不断地改变，社会交际变得频繁，人们通过正确的化妆手段,以及适当的服饰、发型相配,加上良好的修养、优雅的谈吐、端庄的仪表,使得仪容仪表更加大方得体。

2. 职业活动的需要

随着社会的不断发展和进步,化妆不再局限于舞台上,而是逐渐进入人们的生活中,进入职业活动中。通过化妆手段的修饰,使平凡的面部五官更加立体,更有魅力,给人以美的感觉,反映出当今社会的时代感。空乘人员的职业妆是一种职业规范的要求,职业道德的体现,职业活动的需要。

3. 日常生活的需要

人的容貌,除了天生条件和气质内涵外,妆容的修饰也是非常重要的,空乘人员也不例外。化妆能使人容光焕发,以愉悦的心情投入工作中去,在社交场合能起到相互尊重、提高亲和力等作用。

(二)空乘职业妆的作用

1. 护肤美颜

化妆可以美化容貌,通过适当的化妆手段,调整面部皮肤的色差,改善皮肤的质感,使五官立体。

2. 修饰脸型

每个人的五官各不相同,也不是完美无瑕的,即使天生丽质,也可能会有些许美中不足之处。如眼睛不够大、脸型偏大和毛孔较大等。这都说明我们对美的追求是无止境的,人们可以通过化妆手段进行修饰,弥补自身的不足,以获得最佳的妆容效果。当然,随着时代的发展,科学技术的进步,现在还有一些人通过整形的手段来改善自身五官上的缺陷,从而达到完美的面容。

3. 增强自信

随着社会交往的日益频繁,化妆在人们的生活中显得越来越重要。不化妆的女性在职场中显得不够自信,会有被轻视的感觉。职业场合中,职业妆容的重要性越来越明显,也体现了相互尊重、增加自信心、提高亲和力的作用。

(三)空乘职业妆的原则

1. 自然真实的原则

在不改变自身特点的基础上进行化妆修饰,妆容以自然服帖、浓淡适宜为主要原则,职业妆尤为强调此原则。化妆时要把握好"度",化妆修饰的痕迹不要过重,妆容要尽量服帖自然、协调统一,使用一定的化妆手段将五官映衬得更美、更突出。

2. 扬长避短的原则

化妆的一方面要突出面部五官最美的部分,使面部显得更加美丽精致;另一方面要掩盖或修饰五官中有缺陷和不足的部分。因此,空乘人员在化妆前,应对自己的五官进行认真分析,包括自己的脸型、肤质、五官以及气质等。

3. 协调统一的原则

妆面的整体协调统一显得尤为重要。化妆时注意妆面的设计、色彩与整体着装等协调统一;面部妆容要与职业要求、整体气质等协调统一;妆容设计要与职场环境、地点等协调统一。但空乘人员的妆容要特别注意整体形象的协调统一,要依据不同航空公司的整体着装要求设计妆容,不可突出个性特点。

(四)空乘职业妆的要求

1. 审美能力的学习和运用

要想把握好整体妆容效果,必须具备一定的审美鉴赏能力,关于这一点,本书第二章中有较为详细的介绍。空乘人员要重点在文化艺术修养等方面长期学习,不断观察和分析自身特点,培养自己的审美能力,通过持续的实践得到提高。

2. 化妆品及工具的选购和保养

购买化妆品时,切勿盲目地跟从和听信导购员的推荐购买,也不是越贵的产品就越好,而是要结合自身的肤质、肤色、脸型、气质以及购买力等多方面的因素进行正确选购。化妆工具使用之后,还要注意平时的清洗和保养,这样能延长化妆用具的寿命,避免破损或不卫生的化妆工具对皮肤造成伤害或影响妆面的整体效果。

3. 化妆技巧的掌握和巩固

化妆技巧的学习不是在短时间能够掌握的,需要反复地学习、实践、琢磨才可能有所提高。熟练地掌握各种化妆技巧,把握自然、准确、和谐和精致四个要素。

二、职业妆的分类

职业妆的类型很多,根据工作环境与场合以及工作性质和身份的不同,可以分为日妆、晚妆、职业妆以及其他工作性质的妆容。

(一)根据工作环境与场合

1. 日妆

日妆表现于日常职场的工作日,是按照工作环境、个人意愿和审美情趣等进行的自我形象的塑造,追求柔和、自然的效果,舒适性较强。日妆的展示范围相对较大,适用于不同的年龄和职场环境。化妆时,根据不同的工作环境和场合、不同的时间和要求等进行描画,还可以根据不同的季节变化来描画。

2. 晚妆

晚妆是为晚宴、宴会,晚间的聚会、年会等活动而化的妆。晚妆适用于气氛较为隆重的场合,如年会、宴会、晚会,有正式场合和休闲场合,还有比赛和演出的场合,因此晚妆的化妆手法和形式也各不相同。总之,根据所处环境的灯光效果、场地布局等不同来确定妆容色彩的搭配。

3. 职业妆

职业妆,是适合于职业人士工作特点或与工作环境相关的社交环境的一种妆容。

① 客舱职业妆:是指空乘人员特有的一种职业妆容,适用于客舱这个特定的工作环境及职业要求。空乘人员工作时主要是在机舱内为不同乘客提供各种服务工作,根据不同航空公司对空乘人员工作时的着装要求,正确适度地化妆,切不可浓重和个性化。妆容效果以达到淡雅、含蓄、自然的效果,给人舒适亲切、和谐统一的感觉。

② 社交职业妆:是指适合除有特定妆容要求的客舱职业妆之外,其他社交场合的妆容。空乘人员一般都是在机舱中工作,除此之外,他们也有其他与职业相关的社交场合,有些场合是较为正式的,需要依照职业妆的化妆手法操作,区别于客舱职业妆。妆容效果要求与社交的场合、时间等因素相符合,可以灵活运用,色彩也可明亮、俏丽,达到大方、端庄、清新、靓丽的整体妆容效果。

4. 男性职业妆

男性职业妆的化妆应注重改善气色,体现肤质的健康、妆容的统一,既能体现男性的阳刚,又能体现与职业相符的亲和力。化妆时,应注意正确地使用化妆品,掌握一定的化妆技能,突出男性特征的要点即可,不适当的妆容会适得其反,影响工作效果。

(二) 根据工作性质与身份

1. 接待人员

每个公司都应该注意公司形象与员工形象之间的协调,因为通过宣传等其他方式树立的形象,最终由员工来体现和加强。单位也会相应地制定一些员工关于形象标准的要求,以帮助维护公司的形象。一般公司的接待人员为女性,要求她们应淡妆上岗,妆面应端庄、大方,具有亲和力,不能在接待宾客期间补妆等。接待人员的妆容较正式,不能过于休闲,应根据工作的环境而定,不能把平时休闲状态时的妆容用在接待工作时,应懂得随环境的变化而变化。

2. 求职人员

不论是刚毕业的大学生或是具有工作经验的人员,在求职面试时要把握好最初的三分钟印象,外在的妆容和整体形象气质对一次成功的求职面试起到非常重要的作用。面试前一晚必须保证充足的睡眠,使皮肤光滑细嫩。尽量用浅色调的彩妆打造一个淡妆,有粉刺或雀斑的女性可以用遮瑕膏进行修饰,以保证妆面的清新自然,浓妆艳抹的妆容会适得其反。要学会依靠自身良好的素质,将内在的潜质充分地展示出来,帮助自己获得一份理想的工作。

3. 舞台演讲

站在舞台上发表演讲是展示能力的机会,千万不可忽视外在的形象,它与演讲的表现一样需要重视。因舞台与观众有一定的距离,为了使自己的肤色更健康,可以使用较厚的粉底修饰,显得庄重一些。眼妆和唇部要比平时的职业妆更突出一些,在灯光的作用下,远距离观看更显得自然。演讲时,表现要沉稳自如、生动有趣,和善的微笑在一定程度上能缓解自己紧张的情绪。

第二节　空乘职业妆的一般化妆程序

（一）空乘职业妆的特点和要求

空乘职业妆（见插页图6-2），是指适合于空乘人员特有的工作特点和工作环境的妆容，符合他们特有的职业要求。

1. 妆面特点

此类妆面是空乘人员工作时的装束，他们的主要工作是在机舱内为乘客提供各种各样的服务，由于他们的服务往往是近距离与旅客接触，乘务人员除了热情周到的服务外，适度的化妆也成为旅客评价其服务优劣的标准之一。正确适度地化妆，会使旅客感到赏心悦目，心情愉悦。而这种妆容往往要求比较严格，若过于浓重，会给人难以接近的感觉，若不注意修饰，又会让乘客觉得不够重视与尊重对方，所以，要把握好度，既不能浓妆艳抹，又不能素面朝天、不加修饰，必须用比较好的化妆手法扮靓自己，以体现对乘客的尊重，适度的妆容也是一个空乘人员所要具备的基本技能之一。

2. 妆面要求

根据不同航空公司的企业文化与整体风格，确定该航空公司特有的妆面要求。大体上妆面效果都要达到淡雅、含蓄、自然的效果，给人亲切的感觉。乘务组成员要做到统一、协调的妆面效果。

（1）妆面。妆面要以整洁干净为主，要与空乘的制服颜色协调统一，那些红色、绿色、蓝色等色系过于抢眼，不要选择使用，否则会给人做作庸俗的负面印象。粉底的选用也要接近自己肤色的自然色系，眼影口红以搭配空乘制服的色彩为依据，使得整体显得端庄大方、有朝气。

（2）发型。发型大方得体，长短适中，不染鲜艳的颜色，不剪怪异的发式。留长发的空乘人员统一盘起头发，不要刘海，有刘海的最好在眉毛以上，露出额头；留短发空乘人员则不允许两侧的短发遮住脸颊。盘发的发髻注意要在后脑偏上，不要在偏下的位置，显得老气松垮。盘发一定要用定型的发胶产品，不可以松散、发丝轻舞，要营造出干净利落的感觉。

（3）制服。乘务员的制服应根据不同航空公司的着装要求进行穿着。要注意保持干净整洁、熨烫平整，不得佩戴装饰性物件，口袋内不能放置太多的零散物品，按要求佩戴好胸牌等其他配件。

（二）妆前的基本护肤

妆前的基本护肤如插页图6-3所示。

1. 洁面

洁肤是基础护肤前的第一步，将洁面产品涂于整个面部进行按摩清洁，可去除脸部多余的油脂、汗液和灰尘，使皮肤干净清爽，更好地进行下一步的护肤和上妆。洁肤可分为卸妆与清洁。

(1) 卸妆:选用适合自己的肤质,具有针对性的卸妆品,对面部进行彻底的擦拭,卸除皮肤上的污垢和彩妆成分,以免长时间停留在毛孔,形成毛孔堵塞或其他皮肤疾病。

(2) 清洁:卸妆之后,选用适合自己肤质的洁面产品对面部皮肤进行再次的清洁,将卸妆之后残留在皮肤的污垢彻底清洁和按摩,并用温水清洗干净。

2. 护肤

洁肤之后要及时对皮肤进行护理,使皮肤能更好地上妆,达到最佳的妆面效果。

(1) 补水:根据自身肤质选择化妆水,补充肌肤充足的水分,提高面部的滋润度,让妆面更持久。

(2) 保湿:补水之后要用具有一定保湿作用的精华液或者保湿霜,补充肌肤营养的同时,帮助肌肤锁住水分,使妆面更服帖。

(3) 隔离:为了有效隔离外界的污染、紫外线和化妆品直接接触皮肤,一般在护肤之后、在上底妆之前,建议涂抹一层隔离霜,起到防护的作用,使皮肤不受直接的伤害。

上妆的基本程序如下。

1. **底妆**

粉底应根据自身的肤质选择质感较好的粉底液或者粉底霜,色号尽量选择接近自身肤色的自然色。对有痘印和粉刺的部位,要在上粉底前用遮瑕膏进行单独修饰。对脸颊与颈部衔接处的修饰也不能忽略,妆面要显得整洁干净。即使肤色偏黑,也不要挑选颜色较白的粉底,以免显得不自然。倘若肤色偏白或黄,则在粉底外,再扑上粉色或粉紫色的蜜粉,营造出白里透红的光彩。

2. **脸部**

脸部的修饰不应过浓,对面部轮廓做适当的修饰,选择的颜色不宜过深,否则就会使妆面很脏。

3. **眼部**

眼影应根据不同空乘制服颜色进行选择,尽量接近制服的颜色或是同色系的色调,这样整个妆面会显得协调统一。眼线和睫毛膏均选用黑色系为最佳,并要注意化妆品的防水性,以免工作中花妆,影响服务质量。

4. **眉部**

眉毛要修剪出适合自己的眉形,并用深棕色或灰色对整个眉形进行适当修饰,达到更饱满自然的效果。

5. **唇部**

唇部应选择雾状唇膏或者唇釉,根据空乘制服的颜色选择相应色系的唇色,修饰唇色和唇形,打造出良好的精神状态。

6. **脸颊**

脸颊多以腮红进行修饰,选择与空乘制服颜色、唇色相近的同色系的色号,显得整体协调统一,达到最佳的妆容效果。

妆后如插页图6-4所示。

第三节 男性乘务员工作妆

提到化妆,人们往往只会与女性联系起来,而随着人们生活水平的不断提高,越来越多的男士对自己的仪容也开始重视起来,特别是作为男性空乘人员,适当地化妆能使男士魅力倍增。

一、男性化妆基本要求

男性乘务员也要像女性乘务员一样进行适当的、简单易行的化妆,适用于客舱内的服务工作。要注意保持面部皮肤的清洁,因男性皮肤多为油性,且容易受外界的刺激,因此更应注意选用适合自己肤质的护肤品,对面部皮肤进行适当的护理。基本程序是:洗脸→刮脸→按摩→护肤→底妆→眉→唇。男性注意修眉、剃须,眉毛应该真实、自然,不留胡须等,要突出阳刚的男性特点和气质。

1. 妆容

男性乘务员要注意面部卫生问题,认真保持面部的健康状况,防止由于个人不讲究卫生而使面部常常出现皮肤问题,如青春痘、痤疮等。注意面部局部的修饰,保持眉毛、眼角、耳部和鼻部的清洁,不要当众做一些不得体的行为动作。

2. 发型

男性乘务员身着制服时,头发注意保持发型的整洁美观、大方自然、统一规范、修饰得体。前不遮眉,后不抵领,不留鬓角,不留怪异发型或光头,不染发,头发要保持清洁。

3. 制服

男性乘务员的制服应根据不同航空公司的着装要求进行穿着。要注意保持干净整洁、熨烫平整,不得佩戴装饰性物件,口袋内不能放置太多的零散物品,按要求佩戴好胸牌等其他配件。

男性乘务员妆容如插页图 6-5 所示。

二、男性化妆手法

男性化妆手法如下。

1. 清洁

上妆前,必须清洁面部皮肤,因男性皮肤油脂分泌较多,可选用去油、控油清爽型的洁面产品进行面部清洁,以便更好地进行护肤和面部上妆。

2. 护肤

清洁皮肤之后,男性乘务员还有一个重要的环节就是剃须,这样会使妆面看起来干净自然。剃须之后就是用护肤品对面部皮肤进行适当的保养,护肤品应根据自身的肤质进行选择,如果是油性皮肤,则尽量多选择清爽控油的产品,这样可以让妆面更持久。

3. 粉底

粉底要突出皮肤的质感,根据自己的肤质选择适当的粉底液或粉底霜,颜色要选择与肤色接近的色号。遇到痘印或是粉刺,可以用遮瑕膏单独进行遮瑕后,再上粉底。

4. 眉部

男性乘员的眉毛应突出自身眉形,修剪出适合自己的眉形,可适当地用眉粉进行修饰,颜色选择深灰色为宜。

5. 唇部

唇部化妆应选用无色或是肉色的固体唇膏进行涂抹,显得精神状态好。

6. 脸颊

男性乘务员的脸颊可以适当地选用深棕色进行轮廓的修饰,显得肤色健康。

男性乘务员妆前和妆后如插页图 6-6 和插页图 6-7 所示。

实操:

男性乘务员化妆训练。

【本章小结】

本章介绍了空乘职业妆的相关知识,包括职业妆的作用、特点和基本要求;重点介绍了关于空乘职业妆容设计的基本原则,以及空乘职业化妆的一般程序,尤其是第三节专门讲述了男性乘务员的工作妆,包括男性化妆基本要求和化妆手法等必须了解的几个重要方面,帮助学习者更好地掌握相关知识和要领。空乘人员的职业形象,有其行业的特殊性标准,所以在妆容方面要求很高,学习者要注意内外兼修,将内在的心灵美和外在的形象美结合起来,才能真正塑造出符合空乘行业标准的完美形象。

【思考与练习】

1. 简述不同职业妆的特点和妆容要求。
2. 男性乘务员基础化妆的重点是什么?
3. 简述男性乘务员基础化妆与女性乘务员基础化妆的区别。
4. 简述乘务员化妆的妆容要求和基本步骤。

第七章

发型设计与美容保健

【章前导读】

人们都希望拥有乌黑、光亮、柔软的秀发,再配上端庄、美观的发型,可以增加仪表美。想让头发秀美健康,空乘人员也须熟练地掌握发型的设计和打理。使用科学的方法达到美容保健的目的,让自己的职业形象更加符合标准。

【学习目标】

1. 了解空乘人员对发型的基本要求和原则;
2. 熟练掌握发型的设计和整理方法。

第一节 发型设计

发型对一个人的精神面貌的影响非常重要,所以,很多女性都在发型上下功夫。女性发型的变化可以折射出一个人的性格特征、个性特征、职业特征、兴趣特征和年龄特征等。下面将女性的发型分为长发和短发两种类型进行论述。

(1)短发类:有光泽度的短发,能充分显示出女性活泼的性格和干练的个性特征,并具有大胆、阳光而充满活力的气质。

(2)长发类:长发是女性美的象征,长发飘逸是女性最温柔的写意。如风吹细柳般的自然型长发,显示出女性的秀外慧中、自然清新;粗犷卷曲的长发,给人以华丽高雅的感觉;将长发在头顶部束起,给人以精神饱满、干净清爽的形象。长发可以披肩,可以高束,可以低扎,还可以编辫子,其发型存在较多的可变性。

男性的发型除了一些较有个性和身份的人士,如艺术家等会留长发外,一般都是短发为主,发型有平头、中分和偏分的短发发型。男性一般要经常理发,以保持干净利落、精神焕发的形象。

一、空乘人员职业发型要求的设计原则

空乘职业中对发型的要求高过其他服务行业,发型的设计必须符合空乘人员的工作形象要求,其原则如下。

(1)符合服务行业的形象标准,干净清爽、大方得体,同时方便进行相关乘务工作。

(2)扬长避短。一个设计成功的发型,必将设计对象的头部、脸部优点显露出来,缺点遮盖起来。

(3)富有个性。每个人的脸型和气质都不一样,要根据自己的脸型设计适合自己的发型,端庄发型配上得体的职业装才能凸显出空乘职业的高雅。

二、发型设计的基本要求及技巧

女性乘务员的发型可以分为短发和长发两种发型。

1. 短发

(1) 标准：头发的长度最短不得短于两寸，可以通过烫发的方式来打造整体的造型，整体的造型应该柔和、圆润。

(2) 短发的刘海需经过打理并进行固定，服务时头发禁止掉下遮住脸颊，以防止在服务过程中头发掉入餐食或饮品中，从而造成服务差错，引起旅客的不满。

(3) 乘务员禁止烫爆炸式、板寸式、翻翘式和倒剃式的短发，不能给人以非主流的形象，发型的背面长度不能超过衣领的上缘。

2. 长发

(1) 发髻：长发必须扎起来，发尾要用隐形发网盘起来。先将长发扎成马尾式，然后用隐形发网盘成发髻，隐形发网根据发量的多少分为不同的长度，要根据自己的发量选择不同长度的发网，马尾长度不得超过发网，长发扎起的高度适中，发髻不得低于双耳，不可过高或者过低，头顶部头发蓬起的高度在3～5厘米，如果头顶部的头发完全贴于头皮，整个发型会显得过于呆板，如果头顶部头发蓬起高于5厘米，整个发型会显得过于夸张；发髻应盘绕为圆形，最大直径不超过9厘米，厚度不超过5厘米。

(2) 前额：根据个人发量和发际线位置及脸型自由选择侧分式或后背式造型，圆形脸前额适合做后背式，长型脸做后背式及侧分式均可。

① 侧分式（见插页图7-1）：以眉毛的眉峰为点用梳子画一条延长线，此延长线则为发型的侧发线，先整理出部分侧发，用夹子进行固定，然后将马尾梳好，再将预留的侧发从耳后别过扎入马尾中，在耳后用一字夹将刘海固定，并用定型产品进行最后的打理及固定，眉毛必须露出脸，禁止服务时掉下遮住眉毛和眼睛。

② 后背式（见插页图7-2）：头顶部头发蓬起高度在3～5厘米；将头发全部向后梳理通顺，并用定型产品进行固定。

③ 长发禁止留刘海（包括齐刘海、斜刘海和空气刘海等）。

三、男性乘务员的发型要求

男性乘务员的发型要求如下。

(1) 发型轮廓分明，两侧鬓角不得长于耳郭中部，发尾最长不得超过衣领上限，前面发型必须保持在眉毛上方，不能遮住眼睛。

(2) 头发必须保持自然的黑色，不允许染成其他颜色。

(3) 其他要求：① 使用发胶、摩丝等定型产品，头发不得有蓬乱的感觉；② 男士在每个日历月应至少理一次头发，夏季执行航班时，必要时使用止汗露保持体味清新；③ 禁止出现烫发、光头、板寸和鸡冠头等怪异发型。

(4) 打理步骤：① 洗发后，将头发按所需造型方向吹干吹蓬；② 将造型产品均匀涂于手上，按所吹方向涂抹，应先抓发根，然后抓发尾；③ 打造空气层次感，按所需进行造型制造纹理感，注意整体轮廓；④ 喷干胶定型，最后调整，避免毛躁。

(5) 注意事项：① 吹发及造型时顶区应略高于其他地方；② 造型时走向应主要以头发本身方向为主；③ 胶应使用雾状，不要使用水状，切记不要使用啫喱水、啫喱膏；④ 经过烫发处理、做过方向感的头发应使用清爽质感的乳状发蜡，未经处理的头发应使用造型性强的固体发蜡发泥。

男性乘务员的发型如插页图7-3和插页图7-4所示。

四、盘发实操训练

女性乘务员盘发训练如下。

（一）准备盘发用具

盘发需要准备剑齿梳、长梳、隐形发网、发胶或定型喷雾、皮筋和一字夹及U形夹（见插页图7-5）。

（二）盘发操作流程

1. 做垫高造型

头发的长度以刚好过肩为宜，洗过吹干的头发才能轻松制造出空气感，梳头前不要将头发提前浸湿。

先预留表层头发，用手抓起预留出来的头发并用密剑齿梳倒梳打毛产生蓬松感（见插页图7-6），在接近发根段，由上往下倒梳。倒梳时，速度快慢无妨，打毛的位置可以由头顶延伸至双耳，注意对称。根据自己的脸型，选择垫高的高度和位置。

2. 捆扎马尾

将所有头发梳理通顺后将马尾用皮筋扎起来（见插页图7-7），让发型既有蓬松感，又呈现完美圆弧状态。马尾的高度在耳朵中上部（见插页图7-8），不要使用发圈，因为用高弹力发绳可以捆扎得更紧，马尾越贴合头部，对头皮的拉扯感越小，发髻也更牢固。然后用定型产品将头顶部的碎发粘于表面，可根据需要在耳后每侧各用一个一字夹固定。

3. 固定发网

将发网套在马尾上，用U形夹把发网固定在马尾上，然后把发网撑开，将头发全部放入发网中，如插页图7-9所示。

拉伸发网，将马尾全部放入发网中，拉住发网一侧的边缘，按同一方向包裹马尾，如插页图7-10所示。

4. 盘发髻

将马尾轻轻旋转,手掌进行配合托住发髻,发网末梢藏进发髻里,用外层翻压,整体呈现圆润的花苞状,并紧贴于头部,不要盘绕成多层螺旋状,如插页图7-11所示。

5. 固定发髻

用4个U形夹分别在上、下、左、右四个方向固定发髻,U形夹垂直头皮插入,再朝着皮筋的方向插入头发中,如插页图7-12所示。

6. 整理碎发

发型四周的碎发必须用发胶固定好,特别要注意颈部上方的碎发,如插页图7-13所示。

7. 盘好后的发型展示

整个发型显得非常干净、整洁,没有杂乱的碎发,有立体感,如插页图7-14所示。

(三)头顶部头发的调整

将头顶部头发用剑齿梳做微调整,让头顶部头发不紧贴于头皮,如插页图7-15所示。

五、案例分析

某航班平飞阶段后,乘务员为旅客提供餐饮服务,在服务过程中有一名旅客当场指责乘务员递送给自己的矿泉水中有异物。该名乘务员拿回旅客手中的杯子仔细一看,在水面上确实飘着一根头发,乘务员才想起刚刚为旅客倒水时刘海散落,应该是自己的头发不小心掉进去了。发现问题后乘务员立即向该名旅客道歉,并为旅客重新倒了一杯水,乘客并不接受乘务员的道歉,并填写了意见卡进行投诉。

问题处理:此类问题在航前准备会时乘务长就应该检查好乘务员的专业化形象,对不符合要求的人员进行调换。乘务员在执行航班时发型都应梳理整齐,使用发胶、摩丝定型,不得有蓬乱的感觉。要做到忙而不乱,随时注意整体形象,及时将发型整理好,尽量避免因此类问题造成服务差错而导致旅客投诉。

第二节 美容保健常识

女人的美,是从点滴的用心呵护而来。其中最大也是最关键的秘诀,就是知道哪些因素对美丽不利。想要永葆青春、美丽,就必须从平时最容易忽视的细节做起;健康的饮食习惯、积极的生活状态、良好的心理素质和适当的运动,是空乘人员应具备的职业要求。

一、饮食习惯

回首过去,我们现在的生活可谓是发生了翻天覆地的变化。过去人们只是考虑如何吃饱的问题,而现在人们在考虑如何吃好、如何吃才更健康。如果按照食量来分配的话,早、中、晚三餐的比例应该为3∶4∶3。

1. **早餐**

早餐要吃得营养,给一天的供给能量打下坚实的基础。长期不吃早餐对身体的危害很大,例如会导致营养不良,如若严重,会造成贫血、缺铁。

主食应该在150~200克,含淀粉、蛋白质的食物,如馒头、包子、面包和鸡蛋等,热量控制在700千卡左右。

2. **午餐**

午餐在一天当中必不可少。不吃午餐,体内就无法供应足够的血糖,这样,很容易使人疲劳,倦怠,精神不振,反应迟钝。

主食:米饭,面条等。副食:鱼、肉、蛋、奶、禽类、海产品、豆制品和蔬菜等。

午餐虽要吃饱,但也不能暴饮暴食,吃到八九分饱就可以了。

3. **晚餐**

晚餐比较接近睡眠的时间,不宜吃得太饱,尤其是夜宵,能不吃就不吃。

主食:富含膳食纤维和碳水化合物多的食物。

晚餐尽量在8点前完成,8点以后食入的食物都是对我们身体无益的食物,切记晚餐后请勿再食甜食,一是对牙齿不好,二是对肝脏也有害处。

二、生活习惯

生活习惯是人生的主宰,人的生活习惯虽然与遗传基因有一定的关联,但最重要的影响因素还是日常生活中的细节。因此,及早纠正生活陋习,是防患疾病最好的方法。

1. **饮食习惯**

(1) 吃早餐。

(2) 八分饱。

(3) 吃完饭后20~30分钟后再休息。

2. **生活作息**

(1) 8小时以上的睡眠时间,保证在晚上10点钟之前睡觉。

(2) 晚上9~11点为免疫系统(淋巴)排毒时间,此段时间应保持安静或听音乐。

(3) 晚间11点~凌晨1点,肝的排毒时间,需在熟睡中进行。凌晨1~3点,胆的排毒时间。凌晨3~5点,肺的排毒时间。

(4) 半夜~4:00,脊椎造血,必须熟睡,不宜熬夜。5~7点,大肠的排毒时间。

(5) 早晨7~9点,小肠大量吸收营养的时段,应吃早餐。

2. **补水**

每天早上喝一杯温开水可利尿,促进排便、排毒,预防高血压、动脉硬化和心绞痛(老年人如在清晨喝杯水,就能达到补充水分、降低血液黏稠度和扩张、复原血管的目的,从而减少心绞痛及心肌梗死的发生)。

3. 运动

每日有氧运动30分钟可以预防心脏病、糖尿病、骨质疏松、肥胖和忧郁症等。

4. 笑

俗话说,笑一笑,十年少,经常保持笑容也是一种健身强体、愉悦心情的好方式。

(1)笑是一种人类生存的能力。

(2)笑是一种很好的健身运动。

(3)笑是一种保持青春的美容操。

(4)和家人或朋友聊聊天,拥有亲密关系可以预防与减缓心脏病,甚至可以提供生命坚强的抵抗力。

对不良习惯说"不"。空乘人员工作很辛苦,尤其需要有良好的生活习惯,以调节和改善因工作压力和环境因素对身体造成的伤害。

三、心理调适

空乘人员长期在高空、高压、缺氧、噪声、辐射和密闭的环境内工作,本身就不利于身心的健康与放松,再加上气流的颠簸带来的身体不适,还有重复的烦琐工作,使人感到压抑。空乘人员如果不懂得自我调节,只会越来越烦躁。作为"美丽"的工作者,必须要长期保持微笑服务,不管乘客对他们何种态度,他们都要默默忍受,他们的心理就会长期处于高压状态,倘若这些心理压力不能得到及时疏导,就会出现一些生理症状。

出现生理和心理的不适,不要紧张,可以从以下四点进行调试。

(1)心理防御机制:最早由奥地利著名精神分析学家弗洛伊德提出,使用自我心理调节,心理保护从而达到心理矛盾或压力的防御,其主要功能是让人可以防卫一些自己不想面对或不愿接受的负面情绪,减轻或解除心理紧张,获得内心平衡。

(2)情绪调节:主要是通过情绪表达来体现,如:宣泄,向亲人朋友倾诉,哭出内心的不快;和朋友看电影、逛街、吃小吃;一个人写作,写出内心的不快之处等。

(3)认知调试:通过自我认知的调节,认清事物的轻重,承认错误,自我反省。

(4)情况较为严重时,可以向专业的心理医生求助,寻求解决方案,从内心释放压力。

四、护发和养发

(一)护发

头发护理不仅同年龄、环境、身体状况和职业有关,而且还应注意季节特点。

1. 春季

(1) 气候变化较大,初春可按冬季的护理方法,而暮春可参照夏季的养护手段。

(2) 应根据气候的具体情况,合理地选用香波、养发剂和防晒品,使头发保持光泽、柔顺、易梳。

(3) 头发的异常变化主要是因为各种因素使头发油分不足,水分丢失所造成,如能经常使用养发剂,及时补充油分、水分和其他必需的营养物质,可保持头发的健美。

全身健康与头发的生长密切相关,健康的体质是健美头发的前提,积极锻炼身体,改善体质,合理休息才能使秀发常在。同时,平时还要注意补充足够的水分和营养素,有益于头发生长。

2. 夏季

(1) 人体汗腺、皮脂腺分泌旺盛,大量的汗液和皮脂积聚在头发中,为细菌、真菌生长创造了良好的条件。

(2) 1~2天洗一次最宜,洗头后选用些养发剂,加强对头发的护理。

(3) 避免中午11时至下午3时外出。若要外出,可以戴太阳帽或撑太阳伞,以防止紫外线的损害。

3. 秋季

(1) 气候逐渐干燥,头发变得蓬松,易于脱落,这时不宜烫发、染发。

(2) 按摩头皮,使头部肌肉松弛,促进血液循环,加速毛发生长。注意合理的营养摄入,多吃含蛋白质和维生素的食物,少吃刺激性食物。

(3) 保持良好的情绪,不用或少用电热吹风机或其他对头发有损伤的东西。

4. 冬季

(1) 气候干燥,人体汗腺和皮脂腺分泌较少,头发会变得干枯,无光泽,弹性降低,静电性增加,易于吸附尘埃,头发易脏,头皮角质细胞脱落增多,头屑增加。

(2) 选用营养的香波清洁头发,在每次洗完头发后涂用护发素,每天应按摩头皮,按摩结束后再涂上少量滋养发乳,使头发有足够的营养,变得光泽富有弹性。

(3) 如头屑仍较多,可用抗头屑香波和抗头屑的养发剂,有一定的止痒效果。

(二) 食疗

1. 食疗的概念

食疗又称饮食疗法,即利用食物来影响机体各方面的功能,使其获得健康或愈疾防病的一种方法。食疗是中国人的传统习惯,通过饮食达到调理身体、强壮体魄的目的。食疗文化源远流长,食疗是一种长远的养生行为。以前人们主要通过食疗调理身体,而现在人们除了调理身体之外,还通过食疗来达到减肥、护肤和护发的目的。

2. 有益于头发的食物

有益于头发养护的食物有很多,以下主要介绍常见的几种食物。

(1) 一杯豆浆,含有植物蛋白和磷脂,还有维生素 B_2 和铁、钙等矿物质,对头发的生长大有好处。

(2) 两种颜色,即黑色和青色。黑色:比如黑米、黑豆、甲鱼、黑木耳和黑蘑菇等代表的黑色食品。青色:比如青菜、蔬菜和水果等为代表的青色食品。

(3) 三种蛋白,即角蛋白、丝蛋白和胶原蛋白,这是人体头发必需的三种蛋白,缺一不可,否则会对秀发产生难以修复的损伤。

头发的成分大部分是蛋白质,保证每天摄取定量的蛋白质是很重要的。这些富含蛋白质的食物经过肠胃的消化吸收,可形成氨基酸,进入血液后,由发根部的毛乳头吸收并合成角蛋白,在经角质化后,就长出了新的头发。

(4) 四种维生素,维生素 A、B 族维生素、维生素 D 和维生素 E。富含维生素 A 的食物有核桃、菠菜;富含 B 族维生素(指维生素 B_2 和维生素 B_6)的食物有全谷食物、大豆等;富含维生素 D 的食物有蛋黄、鱼肝油等;富含维生素 E 的食物有水果、蔬菜和坚果等。

(5) 五谷杂粮。五谷杂粮含有丰富的纤维素。日常饮食中偶尔吃一些糙米、燕麦、玉米和红薯,不仅助消化、平衡油脂,对头发有益,而且丰富的膳食纤维对身体健康也大有好处。

(6) 绿色蔬菜:菠菜、韭菜、芹菜、圆辣椒和绿芦笋等,能美化皮肤,有助于黑色素的运动,使头发永葆黑色,并且,由于这些蔬菜中含有丰富的纤维质,能不断增加头发的数量。

(7) 豆类:大豆能起到增加头发的光泽、弹力和滑润等作用,防止分叉或断裂。

(8) 海藻类:海菜、海带和裙带菜等含有丰富的钙、钾和碘等物质,能促进脑神经细胞的新陈代谢,还可预防白发。除此之外,甘薯、山药、香蕉、菠萝和芒果也是有利于头发生长发育的食物。

3. 应多食用的三大类食物

(1) 含碘食物

人体长期大量缺乏碘会导致脱发以及掉发,还会导致甲状腺分泌异常,而补碘能增强甲状腺的分泌功能,对头发非常有好处。

生活中最常见的含碘食物有海带、紫菜和牡蛎等,这些海产品中所含的碘要比其他食物高很多。除了海产品之外,还有各种蔬菜以及水果中同样有碘的存在。

(2) 含铁食物

长期缺铁会导致人体抵抗力下降以及脱发、掉发。因为在头发的生长过程中需要铁的合成,缺铁就会导致头发得不到营养,从而导致脱发以及头皮屑的生成。

缺铁还会影响到发质以及黑色素的生成,从而导致出现头发偏黄的情况。要想让头发健康地生长,补铁非常重要。

含铁的食物有黄豆、黑豆、蛋类、带鱼、虾、熟花生、菠菜和鲤鱼等,这些食物可以改善脱发、掉发等情况。

(3) 富含维生素 E 的食物

维生素对人体健康非常重要,比如维生素 E,长期缺乏维生素 E 不但会导致皮肤暗淡无光,还会导致头发得不到充足的营养滋润,出现掉发以及脱发的情况。缺乏维生素 E 的患者其发质也非常干枯毛躁,因此这部分人在日常生活中应该多吃富含维生素 E 的食物。

4. 健康营养的食疗养生护发菜谱

(1) 首乌核桃炖猪脑;

(2) 天麻鱼头;

(3) 生发黑豆;

(4) 地黄粥;

(5) 枸杞黑芝麻粥;

(6) 虫草糯米粥;

(7) 首乌侧柏叶饮;

(8) 黑芝麻糊;

(9) 枸杞子粥;

(10) 仙人粥。

第三节 美容护肤

美丽是人类永恒的话题,真正的美是由内到外的,是不经意时的优雅。美得自然,才是美容的精髓。护肤让容颜美丽持久,注重护肤能让一个人美得无可挑剔。好的皮肤让人持久散发魅力,永葆容颜的完美和青春的朝气。真正的美丽不是拥有多么精致的妆容,而是拥有好的皮肤。

美丽的容颜需要正确的美白护肤方法,通常人们存在很多误区。

一、洁面护肤误区

除肌肤自身因素以外,选择不适当的护肤品或是使用方法不当,也会导致肌肤无法吸收养分。很多护肤品从外观上看很相似,但它们的效能、用途和用法却不一样。护肤品并不是越贵就越好,应根据肌肤的状况和需要来选择和使用,否则就会让营养白白流失,肌肤却得不到养护。

1. 不注意卸妆

认为不化妆也要卸妆的人,总觉得卸妆产品可以保持毛孔清洁。

卸妆的正确方法:卸妆产品与肌肤接触的时间短,不可能彻底清除顽固的粉刺和角质,如果它的清洁力强,那么对于表皮上相对脆弱的角质层,显然是更大的灾难。就算上了妆,使用好的粉底也不会伤害肌肤,所以没必要那么紧张。

2. 频繁去角质

认为不去角质,肌肤就无法吸收保养品,而且很享受去完角质后肌肤的滑腻感。

去角质的正确方法:角质层是肌肤对外最重要的防御层,它会随着自然代谢自行更新。过于频繁密集地去角质,会造成角质细胞间脂质流失,皮肤保湿能力降低。一般油性皮肤一周可以做两到三次,干性肌肤则建议两周做一次。

3. 清洁太匆匆

通过彻底清洁,可使面部的肌肤卸下各种负担,让营养物质与表皮细胞零距离地接触。洁面还能让肌肤软化,从而角质层可以吸收更多水分,渗透和吸收能力都会加强,但错误的洁面方法很难达到这一效果。

(1) 错误示例:在清洁肌肤的时候马马虎虎,只是匆匆涂抹以后,便用清水将泡沫洗去,角质层没有得到软化,护肤品中的营养物质根本来不及渗透和吸收。还有的人甚至连肌肤表层的油脂和污垢都没有洗干净,滞留的油脂和污垢不但损害肌肤,还会形成一个闭合的屏障,影响后续护肤品中养分的渗透和吸收。

(2) 正确方法:清洁肌肤时一定要有耐心,尽量把每一寸肌肤都照顾到。可先用含有除垢成分的洁面产品将肌肤表层的皮脂、污垢洗去,再用含营养成分的洗面奶以按摩方式涂抹在脸上,肌肤吸收营养物质的同时,还能促进皮下的血液循环,从而加速肌肤新陈代谢,对于养分渗入皮内、柔润肌肤也更为有利。

(3) 肌肤类型示例:油性肌肤可以采用这三步来清洁自己的肌肤。第一步,卸妆;第二步,深层清洁啫喱;第三步,控油洁面乳。

4. 过度清洁

皮肤是弱酸性的,特别是针对干性或者敏感皮肤,不应该选择碱性的沐浴或洁面产品,碱性产品在清洁皮肤的同时,容易使得皮肤的脂质溶出,破坏皮肤的皮脂膜,使得皮肤的屏障免疫功能下降。因此,一般在选择洁肤产品时,可选择一些不含皂基的弱酸性配方,比如施巴、雅漾和纳清这些医学护肤品牌。

5. 护肤乱序

护肤包括深层护肤和表层护肤两种,这两种方式的护肤品功效是不一样的。前者的主要功能是为皮肤提供营养。因此,吸收是非常重要的;后者的主要功能是为皮肤增加一层保护膜,防止外界不良环境对皮肤的侵害,因此对吸收的要求比较少。

(1) 错误示例:先进行表层护肤,涂抹含油脂和隔离成分的护肤品,如隔离霜等,再进行深层护肤,擦保湿水、润肤露等。这种做法会使肌肤先形成一层保护膜,深层护肤品的营养很难到达肌肤内部,营养物质无法渗透和吸收,后续护肤工作等于白做。另外,先涂抹油性护肤品,再使用水性护肤品,这样会使水分难以渗透,滞留在肌肤表面进而蒸发,造成护肤品养分流失。

(2) 护肤三个小要点:① 控油收毛孔,两大清爽妙招;② 个性抗老化方案,紧致活化每一寸肌肤;③ 击退表情纹,重现紧致肌肤。

(3) 正确方法:正确的方法是先进行深层洁肤,保证肌肤能够吸收充足的营养,再涂上具有保湿、滋润效果的护肤品,然后再做外部保护。

在使用护肤品时要注意,按照分子越小越先用的原则,如爽肤水、精华液、眼霜、乳液、乳霜、膏状护肤品,质地越清爽、越稀,越先用,这样更有利于各种营养的充分吸收。

(4) 肌肤类型示例：干性肌肤的六步护理：① 保湿性的柔肤水；② 保湿精华素；③ 眼霜（或者眼部啫喱）；④ 保湿乳（如果是干燥的季节或者干燥的地区，还可以换用保湿霜）；⑤ 滋润霜；⑥ 防晒霜（白天）。

6. 营养过分集中

护肤品中的各种营养成分，各有所管，能令肌肤显现出不同的光彩：美白的，活肤的，补水的，只有搭配使用，让肌肤有时间吸收不同的养分，肌肤才能健康、白皙、有光泽。如果将各种营养集体"抛"向肌肤，结果只会适得其反。

(1) 错误示例：深层清洁和去角质同时进行。肌肤的承受能力是有限的，进行过深层清洁以后，表皮细胞很可能在无意间受到伤害，需要一段时间休养才能恢复，如果此时再去角质，无疑会让肌肤伤得更深，营养物质的吸收也就无从谈起。

(2) 正确方法：深层洁肤可以经常进行，但不要与去角质一起。最好每周单独进行一次去角质，其间不要深层洁肤。

(3) 肌肤类型示例：① 混合性肌肤的护理小窍门：可以在 T 区使用深层清洁洗面乳，每三天或每周去除一次角质；U 区使用柔和洁面乳，每周或隔周做一次去角质护理。② 中性肌肤的护理注意要点：白天，清洁→爽肤水→眼霜→乳液→隔离霜；晚上，清洁→精华液→眼霜→乳霜。

二、日常护肤美白方法介绍

（一）简单美白法

亚洲每一位女性都希望自己的皮肤是白白嫩嫩的，而《诗经》中有诗形容女子的美貌，讲道："手如柔荑，肤如凝脂，领如蝤蛴，齿如瓠犀，螓首蛾眉，巧笑倩兮，美目盼兮。"这是出自诗经《卫风·硕人》，其意为：双手白嫩如春荑，肤如凝脂细又腻；脖颈粉白如蝤蛴，齿如瓜子白又齐；额头方正蛾眉细，笑靥醉人真美丽，秋波流动蕴情意。这样的女子，该是天都会嫉妒的。

"手如柔荑，肤如凝脂"如何能拥有，必是一众女子期盼已久的，下面介绍几种美白方法。

1. 牛奶美白

准备一小杯鲜奶（夏天的时候，也可以把鲜奶放到冰箱里，敷上凉凉的，会更舒服）。用蒸汽蒸脸，将化妆棉吸满鲜奶，敷在脸上 15 分钟左右，取下，用清水将脸上的牛奶洗净。长期坚持，可以使肤色白净均匀。

2. 柠檬美白

柠檬营养丰富，在敷柠檬前要记得将柠檬放在水中浸一会，放上柠檬等待 5 分钟。长期坚持可以去眼袋，美白。

3. 芦荟美白

准备三指宽、两指长的面带斑点的芦荟叶去刺洗净，一块 3 厘米长的黄瓜、1/4 鸡蛋清、

2～3克珍珠粉和适量的面粉,将芦荟、黄瓜放入榨汁机榨汁后倒入碗中,然后放入蛋清、珍珠粉和适量面粉调成糊,以不往下流淌为准。把脸洗干净,将调好的糊抹在脸上,干后洗净,拍上柔肤水、护肤品即可,每周1～2次。

4. 面膜美白

每天敷1次保湿美白面膜,到第五天,皮肤的水分含量应该会变得比较滋润而且美白。好的保湿面膜非常重要,不要选用劣质面膜。

5. 番茄蜂蜜美白

这个美白配方可同时用作脸及手部美白,特别是暗疮皮肤,能有效去油腻,防止感染,使皮肤白皙细致。配方:番茄半个、蜂蜜适量。用法:可将番茄搅拌成番茄汁后加入适量蜂蜜搅至糊状。均匀涂于脸或手部,约15分钟洗去。建议每星期做1～2次。

(二)胶原蛋白护肤

胶原蛋白(collagen)是构成哺乳动物和肌肉的基本蛋白,由纤维细胞构成,含18种人体必需的氨基酸,国外对胶原蛋白在美容方面的作用已进行了深入的研究。其实验证明,0.01%的胶原蛋白溶液就有良好的抗各种辐射的作用,且能形成很好的保水层,能供皮肤所需要的水分。胶原蛋白具有良好的亲和性和保水性,能够形成皮膜保护皮肤,具有良好的保湿效果,给予肌肤滋润与柔软性,促进毛细孔收缩,使松弛的肌肤恢复年轻状态,有效防止老化。

(三)天然植物精油护肤

植物精油类(如阿甘油等)其高含量的不饱和脂肪酸、必需脂肪酸和植物固醇能帮助皮肤的新陈代谢,软化皮肤,刺激毛孔排毒;而其高含量的维生素E则是许多护肤品的重要成分,它也是重要的抗氧化剂,保护皮肤细胞不受污染、阳光等破坏;多酚等化学成分作为抗氧化剂可抗自由基化合物及延缓皮肤衰老;稀有的角鲨烯具有消炎的特性,并已证明能对付皮肤癌症。所有这些稀有的化学成分让其成为护肤保湿等相当有效的元素,对于对抗粉刺、斑纹、疤痕等也相当有效。

植物精油的护肤方法:每天晚上睡觉前(作为晚霜来使用)滴几滴(特别是阿甘油)在手掌,将其涂抹在脸上,轻轻地按摩几分钟,因其高维生素E含量,会很快地被皮肤吸收,不油腻,可以尽量将其保持整晚,有条件的情况可以在涂抹完阿甘油后用热毛巾敷脸,10～15分钟后取下,效果更佳。早上上妆前也可以作为妆底来使用。

注意事项:初次使用者请先尝试少剂量,一两滴油可以涂抹整个脸,根据使用的效果适当增减油的使用量。

(四)草药面膜

草药面膜、天然中药洗发水、祖传秘方美白精华……现在市面上涌现出来各种各样的护肤品,其中所含有的成分大多与中草药成分挂钩,并且已经为大众所接受。随着物质生活水平的不断提高，人们开始越来越注意所使用的护肤品的安全性、环保性和天然性。中药护肤品是从中草药及天然植物中提取美肤及护肤成分制成的，在基于遵循自然环境和人类的可持续发展要求下来满足人们对高质量生活方式的追求。"绿色""天然""无添加"的护肤品风潮，无疑给中草药化妆品一个飞跃发展的机遇。纯植物性的中草药产品适合各种肤质，且性质温和安全、不损伤皮肤。随着绿色消费、天然养生等概念的兴起，中草药护肤品越来越受众多爱美人士的青睐。其中如迪豆青草药系列护肤品自上市以来，凭其天然、温和和有效的护肤方式，迅速获得广大消费者的热烈追捧，深受好评。

注意事项如下。

1. 面膜不需要天天敷

除非极个别治疗性面膜明确标示连续用药的要求，否则，天天对面部"大补"也会伤身。因为过度清洁面部，新长出的角质反而会导致皮肤保护功能下降。

2. 敷面时间不宜过长

有的人一旦敷面，就让面膜盖住面部几个小时，甚至敷上一晚，力图"榨干"每一滴精华液或营养成分。这样的做法并不可取，因为，面膜盖住面部过长时间，会影响面部皮肤细胞的正常代谢功能，不利于皮肤的正常分泌物排出。而且，面膜一旦干燥，其中的营养成分扩散进皮肤的速度就会大大下降。干燥的面膜反而会吸收皮肤中的水分。揭除面膜的时间因种类不同而不尽相同，一般在15分钟左右。

3. 面膜别太"单薄"

优质的面膜，能够紧紧吸附、锁住最大剂量的营养成分。面膜较厚既保证营养成分不会"单薄"，又可以在敷脸时，让肌肤温度有效上升，促进血液循环，使渗入的养分在组织间更好地扩散。温热效应还会使皮肤角质软化，毛孔扩张，让堆积在里面的污垢更好地排出。

4. 敷面前先洁净面部

在使用面膜敷面之前，最好用温水清洗面部，使毛孔打开，令深层皮脂和污垢易于排出，以保证在敷面过程中面膜的营养成分能更多地被吸收。

三、男女护肤的区别

男性和女性无论是在解剖结构还是生理功能上，都有着明显的不同，因此其各自保护皮肤的方法也不同。

男性的皮肤较粗厚，女性的皮肤较细柔。粗厚的皮肤结实，细柔的皮肤娇嫩，因此女性皮肤比男性皮肤更易受损伤。男性的皮肤油脂分泌多，女性的皮肤油脂少。油大的皮肤易使污物，尤其是脂溶性有机物质和许多种微生物积蓄，而诱发炎症和感染。男性毛多，毛孔大，细菌、真菌、病毒等可以长驱直入，引发感染。女性毛少，毛孔小，感染机会相应少一些。男性皮肤的黑色素含量较高，特别是面部等暴露部位一般高于女性，因而男性的日光皮炎、日光疹发病率低于女性。由于黑色素有光保护功能，而女性黑色素含量比男性少，因而女性皮肤比男性皮肤更需要光保护。

四、男生护肤常识

不管是男生还是女生,其实都应该呵护好自己的娇嫩肌肤。然而,却有很多男生走入护肤的误区。据调查,大部分男生都不懂得如何正确地保护自己的脸部肌肤。

（一）男士护肤步骤

1. 洁面

洗澡要用沐浴露,洁面当然也要用适当的产品,早晚使用清洁力较强的洗颜产品,能彻底洗去多余的污垢、油脂。不过别以为洁面越多越好,过多洁面产品只会刺激皮肤分泌更多油脂,如觉得油分泌过多,可以使用吸油产品定期护理。

2. 爽肤

别以为把脸洗得干干净净就能有效控油,如没有适当调理,洁面只会刺激更多油分,因为皮肤在洁面后没有油脂保护,水分更容易蒸发于空气中,从而刺激肌肤分泌大量油脂以保存水分。因此,洁面后拍上爽肤水,能瞬间收敛皮脂分泌,收细毛孔,亦能平衡皮肤酸碱度；如经常长暗疮,可用含杀菌或吸油成分的爽肤水,加强控油功效。

3. 滋养

爽肤收敛了毛孔,但皮肤可能还是处于比较干燥的状态,需要专业男士面乳起到滋养的作用。专为男士设计,轻柔质感迅速被皮肤吸收,有效滋润肌肤和补充肌肤流失水分。洗脸后一定要用面乳,否则会加重肌肤的出油状况。唇部和手部的滋养,也最好能选择一些诸如润唇膏和护手霜之类的产品。

4. 局部集中护理

眼霜通常有高浓缩精华,能强化眼周微循环和舒缓疲倦双眼。一些明星产品还能加速黑色素新陈代谢,减轻黑眼圈,并有效改善压力、疲劳等引起的浮肿、眼袋。面乳类产品虽然可以给肌肤补充水分,但是能力有限。所以这个时候如果能够配合面部精华使用,可以很好地为肌肤补充水分,同时从根本上抑制油脂分泌。

5. 饮食调理

平时少吃辛辣食物,尽量控制烟酒。

（二）男士护理皮肤最常见的 5 个误区

误区一：每天用香皂就可以了。

香皂并不是最佳的洁面选择,因为经常使用香皂会影响皮肤的酸碱度。当皮肤感到干燥或紧绷时,皮脂腺便会分泌大量的油脂,使面部出油情况更严重。

误区二：暗疮可以自生自灭或是可以用手挤掉。

暗疮是因为灰尘、死皮堆积毛孔，使皮脂无法正常排出，从而导致皮肤被细菌感染而形成的，如果用手去挤粉刺，或是听之任之，就会使暗疮越藏越深，甚至留下凹凸不平的疤痕。所以平时洁面使用磨砂膏进行基本护理。

误区三：饮食起居与美容无关。

如果没有良好的饮食习惯，经常吃油腻、辛辣、刺激的食物，并有抽烟的习惯，那么脸色看上去也一定不够健康、缺乏光泽。所以平时要养成良好的饮食习惯，多吃清淡的食物和新鲜的蔬菜、水果，多喝水，少抽烟，才能有效地改善皮肤。

误区四：女士使用的护肤品同样可以适用于男性。

大部分男士的肤质都是趋向于油性，同时又缺水。而女性的护肤品大多是滋润型的，大多数女性产品不适合男性。所以，男士应当选择比较清爽的男用护肤品。现在市面上已经有很多品牌都拥有了男性产品，男士应选择一些专为男士设计的品牌。

误区五：防晒只是女士关心的话题。

防晒并不等于怕被晒黑，臭氧层裂开的黑洞越来越大，对皮肤的杀伤力也越来越厉害。所以防晒不分男女，应该是每个人都关心的事。

（三）男性不同皮肤类型的保养

1. 干性皮肤

表现特征：此类皮肤无光泽，细微的皱纹较多，表面可见鳞片状皮屑，遇冷、热刺激时，容易发红，油脂分泌少，干涩、粗糙。

保养方法：经常做面部按摩，改善局部血液循环。选用酸性清洁用品。洁面后，使用富含营养成分的油脂类护肤膏保养护肤。少吸烟，每天保持充足的睡眠；多食富含高蛋白及微量元素的食品。

2. 油性皮肤

表现特征：皮脂分泌丰富，易受污染，对细菌的抵抗力较弱。若不注意清洁护理，易生粉刺、痘痘，皮肤变得粗糙。处于生长发育期的男青年多属此类皮肤。

保养方法：每日至少早晚2次，先用清洁力强的男士专用洗面香皂清洁脸部，然后用滴入少量（几滴便可）白醋的温热水洗净，并用脱脂棉蘸适量化妆水轻轻拍打面部。使用男士专用乳液护肤，保持充足的睡眠、愉快的心情。少食辛辣、刺激及高脂肪食品，多吃蔬菜、水果，严格控制咖啡、烟、酒的摄入量。

3. 混合性皮肤

表现特征：皮脂分泌通畅，皮肤细腻光滑；受气候的影响，夏天会稍油，冬天稍干。此类属正常皮肤。

护理方法：夏天注意防晒，冬天防冻，早晚用男士专用清洁用品洁面，之后用富含营养成分的男士专用护肤品护肤。虽属正常皮肤，但充足的睡眠和忌食辛辣食品，控制烟酒仍是必要的。

4. 过敏性皮肤

表现特征：此类皮肤易对紫外线、化妆品、药品、化学制剂和化纤衣物过敏。过敏时，皮肤出现红肿、发痒、脱皮和丘疹，严重的还会引起皮肤炎症。

护理方法：夏日防晒，冬天防冻；在未确定过敏源的情况下，最好不要接触海鲜、花粉、长毛宠物、化纤衣物和杀虫剂，不要服用兴奋剂、镇静剂、伤风药、减肥药、泻药以及未经试用的化妆品。早晚净面和护肤时，应选用含有营养成分、性质柔和的男士洁面用品和护肤品。

5. 暗疮性皮肤

表现特征：可见明显的暗疮及色素沉着，深色斑点。

护理方法：每天早晚用硫黄香皂洁面，之后用加少量食盐的冷水清洗干净。洁面后，用硫黄软膏或四环素软膏涂抹患处。适当补充维生素C、微量元素，多喝白开水，多食蔬菜水果，禁食辛辣、油腻、咖啡、花生、浓茶和烟酒。症状严重时，及时到医院接受治疗。

6. 色素斑点性皮肤

皮肤特征：皮肤表面状态经常不稳定，有时干燥，有时油腻；表面黑色素细胞沉积明显，整个面部或局部可见棕色、褐色和黑色小点。

护理方法：每周可到美容院接受1～2次祛斑面膜、祛斑精华素的护理。严格防晒，戒烟戒酒，适当服用维生素C、维生素E，以及可抑制黑色素细胞的药物。睡前，用温水和刺激性较小的洗面奶清洁脸部，之后涂抹少许润肤露，以保持皮肤的滋润。

（四）男士护肤法则

男士护肤法则如下。

1. 戒烟

首先一定要戒烟。作为男人，抽烟已经成为一个习惯，很多人已经离不开它，谁都知道吸烟有害健康，要想容颜洁净有光泽，男士一定要戒烟。

2. 护肤

作为男士护肤，跟女性是不同的，一些女性对美容的要求往往是给人以漂亮、性感、优雅为方向，而基本上男性们关注最多的是自己皮肤的实际质量，喷洒香水是不是适合自己的气质，以及如何能尽量掩饰自己美容方面的弱点。现在市场上男性护肤品牌不是很多，种类也不全，在这样的情况下，建议大家还是使用大牌产品，毕竟质量有保证，虽然价格贵一些，但是效果会很显著。

3. 按摩

在涂抹化妆品的时候，要坚持按摩，中医认为人体五官是人精气神的中枢，经常按摩不光对皮肤有作用，对全身都有良好的益处。

4. 防冻防晒

经常在户外作业和活动的男士，要夏天防晒，冬天防冻。夏日出门不要忘了准备些防晒油、霜之类的防护品，以防皮肤晒伤。

5. 定期到美容沙龙放松

现在人们的工作、生活压力非常大,尤其是男士,肩上责任艰巨,有机会应该到美容院进行各种美容,比如定期去角质,深层护理。现在一些美容机构专门为男性开办,里面开设男士面部深层保养、男士肾部保养和男士 SPA 水疗海藻敷体等美容项目,建议大家定期做 SPA,在非常舒适的环境里,在轻松的音乐中能感觉身心的放松,既能排毒,又能放松心情。

6. 多吃"强力"食品

肉食吃多了,换来的是轻度脂肪肝,而且身体总是感到无力。在吃肉的同时还应要吃"强力"食品。任何能强化免疫系统的食品,都可称之为"强力"食品。免疫系统功能越强,身体就越能抵御病原微生物及癌症的侵袭。

如果能做到上述六点的话,男性同胞不光可以有健康的好皮肤,还有强健的体魄,毕竟身体是第一位的,从现在做起,坚持下去,一个月后就能欣喜地看到自己从内到外的改变。

【本章小结】

本章阐述了发型设计的原则和方法,重点介绍了空乘人员的发型设计和盘发技巧。更为重要的是,从多个方面介绍了美容护肤、头发养护、改善体质的知识,对学习者很有帮助。一个合格的空乘人员,既要懂得在面部化妆方面如何扮靓自己,还要在头发的养护、皮肤保养和身体的日常保健等方面下功夫,不仅能提升整体的形象美,还能拥有良好的体魄和健全的身心,这样才能长久保持对职业的热爱,以及对乘务工作的热情,更好地完成工作任务。

【思考与练习】

1. 简述常见的头发养护知识。
2. 简述盘发的方法和技巧。
3. 根据空乘人员的特点,为自己确定相适合的发型。
4. 简述男女护肤不同之处。
5. 根据不同的皮肤类型、护肤步骤简述男性乘务人员应该如何护肤。
6. 请列举至少三种日常护肤美白方法。

第八章
身体塑形

【章前导读】

本章分为两节。第一节讲述形体的重要性,从体型的分类、测算方法、体重控制和"减肥"等方面分析影响形体的先天及后天因素;列出了我国及部分国际航空公司招聘空中乘务人员形体方面的要求。第二节讲述塑形手段,重点讲述舞蹈训练对形体的作用,共分为三大模块:站姿与走姿训练、芭蕾形体训练、中国古典舞形体训练以及塑形操和瑜伽训练,最后设定问题思考:舞蹈及塑形操训练对身形有哪些作用;如何控制体重和有效减肥等。

【学习目标】

1. 了解我国及部分国际航空公司招聘空中乘务的形体要求;
2. 了解影响形体的因素;
3. 了解有效"减肥"和控制体重的方法;
4. 掌握站姿与走姿训练、芭蕾形体训练、中国古典舞形体训练以及塑形操训练的方法;
5. 掌握空中乘务员的形体要求。

第一节 形体的重要性

形体即身体的形态,由体格、体型和姿态三个方面构成。

体格包括人的高度、体重、围度、宽度和长度等,其中身高、体重和三围(胸围、腰围和臀围)是人体形态变化最重要的指标,通常人们都非常关注自身在这些指标方面的变化。体型是指身体各部分的比例,如上下身长的比例、肩宽与身高的比例、三围之间的比例等,体型是否美,主要取决于身体各部分之间的均衡和整体协调。姿态是指人在坐、立、行、走等基本活动时的姿势。姿态的正确和优美,不仅能体现人的整体美,也是展现个人风度和魅力的窗口。在鉴别和评价形体美时,切忌将体格、体型和姿态三大要素孤立起来看待,必须全面分析,综合考量,在塑造自身美的过程中,要根据自己的自然条件,从整体美的角度出发,有效控制体重,同时进行形体训练,方能实现美化形体的愿望和目标。形体美是整体美非常重要的因素,其中,形体的重要性不言而喻,因为它是形体美的基础。

一、体型的分类、测算方法

(一)体型的分类

"体型"着眼于身体各部分之间的比例,"体形"主要着眼于外部形状。说到人的高、矮、胖、瘦时,主要指外部形状,宜用"体形";说到人的身体各部分之间的比例时,宜用"体型"。

1. 谢尔登人体体型分类法

体型是对人体形状的总体描述和评定。体型主要由遗传性决定;而另一方面,人体对环境的适应和人的行为的后天影响也使体型发生一定范围内的变化。

美国心理学家谢尔登(W. H. Sheldon)制定的人体分类法曾使用体型这个名词。谢尔登人体分类法按照人体结构的三种极端类型,将人类划分为三种,即内胚层体型或圆胖型、中胚层体型或肌肉型、外胚层体型或瘦长型。

内胚层体型是由内胚层发育成的组织占优势的一种身体建造类型,全身各部较软而圆,消化器官肥大,脂肪沉积丰富,故躯干和大腿特大,而上肢和小腿特细。

中胚层体型是由中胚层发育成的组织占优势的一种身体建造类型。其肌肉、骨骼及结缔组织发育良好,体格健壮、结实,有粗壮的外表。

外胚层体型是由外胚层发育成的组织占优势的一种身体建造类型。其体形细长,显得瘦弱,肌肉组织和皮下组织不发达。

体型可以定义为决定一个人的形态结构的三个主要因子的数量关系,这套因子分别是内胚层体型、中胚层体型和外胚层体型。每个人体型的评定都包含这三个体型因子的得分,它们之间的关系构成了体型的总评价。一个人的体型可以用三维正交坐标系的一个点代表,也可化为二维平面图上的坐标点,这就是评定体型常用的体型位图。具体说,每个人的体型可用三位数字表示,第一位数为内胚层体型,第二位数为中胚层体型,第三位数为外胚层体型,每一位数又分为七个级别。由此,极端内胚层体型是 711 型,极端中胚层体型是 171 型,极端外胚层体型是 117 型。分类数级是互相否定的,所以一类的高位数,必然排除其他两类的高位数;实际上,极端类型(711,171,117 型)很少或根本不存在,正常体型的人的数值接近于 444,为三种极端类型之间的平衡数值。

2. 人体胸围与腰围的差数分类法

以人体胸围与腰围的差数为依据,体型的分类可分为 Y 体型(差数 22 厘米至 17 厘米)、A 体型(差数 16 厘米至 12 厘米)、B 体型(差数 11 厘米至 7 厘米)、C 体型(差数 6 厘米至 2 厘米)。在身高相同的情况下,差数大,身体的曲线程度越大。中国女模特的正常身高为 175 厘米至 180 厘米,胸围为 82 厘米至 86 厘米,而腰围是 58 厘米至 62 厘米,臀围为 88 厘米至 92 厘米。当然,中国空中乘务员女性身高大致为 163 厘米至 175 厘米,男性身高大致为 173 厘米至 185 厘米。

(二)测算方法

1. 人体比例是决定人体美的直接因素

(1) 上下身比例:以肚脐为上下身分界点,从头顶到肚脐的高度为上身长;从肚脐到脚跟的高度为下身长。测得下身高度占身体总高度的 0.618(黄金分割法)为佳,或再稍大于此数。

(2) 四肢比例:以四肢修长为美,小腿的长度应与大腿的长度接近相等或略长于大腿,给人以腿形纤细修长的感觉。

(3) 头与身高比例:较小的头型(不能过小)使形体显得更加修长优美。

(4)其他：颈部长（但不是越长越好）而挺拔；肩膀不扛，舒展；女性手型要雅，手指纤细、圆润而柔嫩；男性手指要粗细适中；脚型要端正，内八和外八都不可取。

2. 体脂与瘦体重

身体体重是由身体脂肪（体脂）和去脂体重（瘦体重）组成，体脂重量占身体总重量的比例为体脂含量，脂肪过多就造成超重，影响体型，身体比例就不美。瘦体重中，除肌肉组织外，其余组织器官的重量变化性很小，而且占最大比例的是肌肉，因此瘦体重的变化可以反映肌肉重量的变化。

(1) 身体成分的测算方法。身体成分的测算有利于将体重控制在合理的范围内，并使体脂重与去体脂重的比例适宜。

体重指数（BMI）等于体重（千克）除以身高的平方（米的平方）。该指数反映了体重与身高之间的比例关系，体重指数与体脂百分比成正比关系，体重指数值越大，则说明体脂百分比越大，反之亦然。

(2) 成人评价的方法为：BMI 等于 22 为标准体重；BMI 小于 20 为偏瘦；BMI 大于 20，小于 24 为正常体重；BMI 大于 24，小于 26.5 为偏胖；BMI 大于 26.5 为肥胖。标准体重（千克）等于身高的平方（米的平方）乘以 22。

(3) 身体过重可分为两种情况：一种情况是体内瘦体重过重，而体脂量并不过多，这种"过重"是肌肉发达；而另一种情况"过胖"，是体脂过量。判断肥胖应考虑瘦体重和脂肪两个方面。我国青年，男子体脂百分含量为 10%～15%，女子体脂百分含量为 20%～25%。

3. 标准体重测算方法

以下是我国成年人标准体重计算方法，需要说明的是，以下计算标准体重的方法没有考虑身体成分。

标准体重（千克）= 身高（厘米）- 100（适用于 165 厘米以下的人）
标准体重（千克）= 身高（厘米）- 105（适用于 166 厘米到 175 厘米的人）
标准体重（千克）= 身高（厘米）- 110（适用于 176 厘米以上的人）
女性标准体重比男性相应组别少 2.5 千克。

二、体重控制和"减肥"

体重过大，脂肪过多，会使身体显得臃肿，影响美观。拥有适宜的脂肪和肌肉量才有理想体重和合理的身体成分，适量地运动、适当地控制饮食、良好的生活方式，才能使身体既有优美的曲线，同时又给人健美有活力的形象。

（一）发胖原因

1. 遗传性因素

有家族发胖史的更容易发生肥胖，发胖率高达 60%～80%。这与先天的脂肪细胞数目和脂肪细胞所含脂肪数量的大小、较低能量代谢率等遗传基因因素有关，应及早预防。

2. 病理性原因

甲状腺功能减退、胰岛性肥胖、肾上腺皮质功能亢进、下丘脑或垂体病变和性腺功能减退等都有可能导致肥胖。

3. 生活上的原因

发胖主要是由饮食不合理（吃得多、不良的饮食习惯和不合理的饮食结构等）以及不良的生活习惯（如生活不规律、作息时间紊乱和不喜欢运动等）造成的。这是单纯性肥胖的基本原因，也是运动疗法的适应证。

（二）体重控制和"减肥"的科学方法

体重控制和"减肥"的基本原理是使人体长期持续地处于能量摄取与能量消耗的负平衡状态中。当人体摄入的能量大于消耗的能量时，剩余的能量将转变为脂肪储存于体内，使人体增胖；当人体摄入的能量小于消耗的能量时，人体将消耗体内积存的脂肪，降低体脂含量，使人体减肥。体重控制和"减肥"的科学方法主要有两种。

1. 饮食疗法

饮食疗法主要是限制饮食热量、调整饮食结构和改变饮食习惯。限制饮食热量就是减少能量摄入，造成机体热能负平衡，迫使机体消耗体内积存的脂肪。在饮食中限制脂肪和糖类，如奶油、甜点心、糖果、冰激凌、含油脂高的干果、巧克力、含糖饮料、肥肉和酒等。应多食用一些含低脂肪、低糖和高蛋白质的食物。调整饮食结构，就是采用高蛋白、低碳水化合物、适当的脂肪、充分的维生素和无机盐，增加纤维素的摄入量的膳食，可大量食用蔬菜、海藻类食物和足够的水果（含糖多的水果要限制）；改变饮食习惯，少食多餐，餐后适当运动，晚餐少吃。少吃食盐，少吃零食，不饮酒。

2. 运动疗法

运动是最好的减肥方法。因为运动增加能量消耗，造成热量代谢的负平衡；运动作用于神经内分泌系统，使之改善对脂肪代谢的调节，促进脂肪分解，减少合成；运动可使血液中游离脂肪酸和葡萄糖的利用率增高；运动可以提高身体内各种生理功能。运动减肥中最有效、最科学的方法是有氧运动。

所谓有氧运动，是指在运动过程中分解脂肪，消耗能量。人体利用氧来氧化体内的脂肪或糖，使之分解为二氧化碳和水，同时释放大量的能量，供二磷酸腺苷再合成为三磷酸腺苷（ATP），而三磷酸腺苷是人体工作时能量的直接来源。

有氧运动强调运动次数、强度、持续时间及运动方式。运动形式为大肌肉群能参与活动和周期性的、长时间的、有一定强调的、持续不断的（间歇时间很短）、以有氧代谢为主的活动，如跑步、游泳、划船、骑自行车、跳绳和健身操等。

训练强度，对青年人而言，应保持运动中心率为每分钟130～150次的水平；训练次数为每周3～5次；每次30分钟以上，1～2小时更好。

柔韧拉伸训练是具有优美形体的另一关键性因素。长期的拉伸训练可使附着在骨骼上的肌肉、韧带等得到拉伸,变得纤长而有弹性,从而增加美观。所以,多做柔韧拉伸训练既可减肥又能达到形体美。

3. 减肥注意事项

首先要明确所要减掉的脂肪量。

(1) 制订计划,循序渐进,持之以恒:减肥要有科学的计划。1千克体脂相当于8 000千卡的热量。那么,减掉1千克体脂就大约需要8 000千卡的热量。选择适当的有氧运动来消耗这些能量。例如,轻松慢跑时,消耗8 000千卡的热量需要跑步1 000分钟,那么1日30分钟,1周6次的慢跑,要想减10千克体重,就要用1年以上的时间。减肥应循序渐进,不可操之过急。根据研究,一般1~1.5个月的时间内减重2千克左右是可行的。减重不宜过快,一般每周不超过1千克。一天至少摄入900千卡热量,一般不应低于此数。减肥应持之以恒,不可断断续续。减肥时断时续不但容易影响减肥效果,还易引起体重反弹,对身体不利。

(2) 加强医务监督和效果检测:减肥期间应注意身体的健康状况,及时补充必要的营养,避免由于营养素缺乏和过量运动造成的生理机能紊乱。同时,要定期测定体重及身体成分,检查体重情况,了解减肥效果。

4. 减肥"误区"

(1) 节食减肥:节食减肥从科学的角度讲是不可取的,节食虽然使体重下降,但脂肪减少的同时也减少了非脂肪组织,容易引起贫血、生理紊乱和厌食等危险。

(2) 节水减肥:饮水不足会引起人体不断积储水分作为补偿,并使体内更容易积储脂肪,并可能引起人体新陈代谢的紊乱,致使能量吸收多、释放少,对身体健康造成更为严重的损害。

(3) 发汗减肥:发汗减肥只能减"重",并不减"肥",丢失的是体液,而非脂肪。如蒸汽浴、发汗药、利尿药、橡胶衣和减肥裤等方法会使人出现脱水问题,机体甚至需要更多的水分和无机盐加以补充,体量反而上升。

三、我国及部分国际航空公司招聘空中乘务员的基本要求

空中乘务人员在航空公司的最前沿窗口工作,在飞机过道狭小的特殊空间环境下工作,修长体型更灵活方便,体型的优劣不仅直接关系到其外在的形体美,而且还关系到其所在的航空公司的形象。

综合国内、国外部分航空公司,如东方航空公司、海南航空公司、南方航空公司、中国国际航空公司、深圳航空公司、厦门航空公司、东海航空公司、首都航空公司、青岛航空公司、昆明航空公司,新加坡航空公司、阿联酋航空公司、大韩航空公司、新西兰航空公司、韩亚航空公司等,其招聘空中乘务人员的基本要求如下。

(一) 招聘空中乘务人员的年龄要求

(1) 大部分国内航空公司要求:大专(含)以上学历,18~25周岁(含);研究生(含)以上

学历,18～28周岁(含)。

(2) 海南航空公司要求:硕士(含)以上,27周岁(含)以下;成熟乘务员,累计飞行1 000小时以上,乘务长以下资格年龄30周岁(含)以下,乘务长(含)以上资格年龄可放宽至33岁。

(3) 部分国际航空公司要求:阿联酋航空公司乘务员应聘条件为年满21岁或以上,男女不限;韩亚航空公司乘务员应聘条件19岁以上;新加坡航空公司招聘要求女性年龄26岁以下未婚(包括26岁)。

(二) 招聘空中乘务人员的身高要求

(1) 大部分国内航空公司要求:女性身高163～175厘米(或踮足而立时手指须触及212厘米),男性身高173～185厘米。

(2) 深圳航空公司、厦门航空公司乘务员应聘条件中女性最低净高162厘米,首都航空公司、昆明航空公司乘务员应聘条件中女性最低净高165厘米。厦门航空公司要求男生172～184厘米。

(3) 部分国际航空公司要求:新加坡航空公司招聘要求女性身高不低于158厘米,踮足双手摸高至207厘米;阿联酋航空公司招聘要求女性身高不低于160厘米,且踮足而立时手指可触及212厘米,以配合各机种的紧急设备;新西兰航空公司乘务员应聘条件中男性170厘米以上。

(三) 招聘空中乘务人员的体重(千克)要求

(1) 大部分国内航空公司要求如下。
女:[身高(厘米)－110]×90%～[身高(厘米)－110]
男:[身高(厘米)－105]×90%～[身高(厘米)－105]

(2) 东海航空公司乘务员应聘条件里明确要求女性身高165～172厘米,体重要求45～58千克。

(四) 招聘空中乘务人员在形象、形体及体能方面的要求

(1) 大部分国内航空公司要求:五官端正、身材匀称、皮肤健康、脸上无伤疤或者痤疮、牙齿洁白整齐、动作协调、形象气质佳、举止端庄,微笑甜美,普通话发音标准,口齿清晰,语言流畅,有较强的亲和力;无色盲、色弱;女性矫正视力0.5以上,男性裸眼视力0.7以上。女性面容姣好,男性体格健康,体能测试成绩须合格。

(2) 无文身、无口吃、无腋臭;面部及身体裸露部位无明显疤痕、胎记、皮疹、体斑及色素异常;无明显的"O"型和"X"型腿。

(3) 体能要求:男性、女性均要求独立游泳50米以上。男性要求3 000米17分钟以内完成;5×10米折返跑要求55秒以内完成;双杠7个;单杠4个;引体向上3个;立定跳远2米;1分钟屈腿仰卧起坐26个。

（五）招聘空中乘务人员的语言要求

（1）大部分国内航空公司要求：外语口语标准，且较为流利，日常交流基本无障碍；普通话口语标准；要求声韵母发音清楚，方言语调不明显。

（2）部分国际航空公司要求：具备流利的英文书写及口语能力，能流畅书写和听讲普通话或粤语，精通韩语等。

第二节 塑形手段

一、舞蹈训练对身形的作用

长期系统科学的舞蹈训练能够塑造挺拔的人体形态，增进人体美。前面讲过形体美主要包括以下几个方面：一是身高与体重以及身体各部分之间的合理比例；二是身体围度的适度及线条的优美；三是身体各部分的统一协调。每个人都可以通过一定的形体训练在这些方面加以改进，不同程度地改善自身条件，以达到身形好看、肢体协调、姿态优美的理想目标。

（1）任何舞种的训练都离不开形体训练。通过形体训练，特别是柔软性和肌肉力量训练，可消除生活中的各种不良姿势和习惯，逐渐形成挺拔、匀称和完美的体态。

例如通过芭蕾的学习，加强对下肢的外开训练，强制人体重心后移，使人的骨盆趋于直立，腰椎前凸减少，脊椎整体变直。经过长期训练后，臀、腰、腹部肌肉得到了强化，形成了强有力的夹板，能使腰部及躯干形成非常挺拔的姿态。

（2）舞蹈训练会使人减少脂肪，增加瘦体重。舞蹈训练会消耗大量的能量，这样身体内的一些脂肪会作为运动中的部分能量来源而被消耗，同时运动又会使肌肉量增加，因此坚持长期的舞蹈训练能够降低体重，保持苗条匀称的体形。

（3）舞蹈训练能有效提高身体素质：有助于发展肌肉力量；有助于发展柔韧性；有助于提高身体的灵敏性。身体素质的发展促进体能的提高，促进灵活自如地把握与运用身体，准确无误地完成日常行动或特殊形式的身体运动，而空中乘务工作需要灵活自如的身体。因此，舞蹈训练对提高外在整体形象美有非常重要的作用。

二、站姿与走姿训练

（一）站姿训练

1. 训练目的及要领、容易出现的毛病

（1）训练目的：站姿训练是行走姿态的前提。站立姿态练习主要是对身体各部位不良姿态的矫正练习,通过长时间的强制性正确站立训练,培养挺拔向上、端正垂直的体态。只有正确良好的站姿,才会形成好的行走姿态。

(2)基本要领:双脚内侧并拢,脚跟、脚尖对齐,朝身体的正前方,脚板平铺地面、脚趾伸长,双脚同时向下用力踩、蹬,身体重心稍偏前,不要落在脚跟上。双腿伸直的同时向上挺拔用力,双腿内侧向里用力并拢夹紧,大腿、小腿、膝盖收紧向上提。从尾椎、腰椎、胸椎、颈椎到头顶拉直,挺拔向上。收紧臀大肌、腹肌、腰背肌,提胯、立腰、收腹,腰一定要端正。挺胸即胸部向上微仰15°。肩要展平,不向后列,也不向前抠,沉肩。颈部挺拔垂直,头部端正,头顶带着颈部向上用力;下颌与地面平行;眼睛炯炯有神,平视前方,呼吸自然,嘴角上扬,笑肌上提、面带微笑。双臂垂于体侧、放松,手指自然并拢、微弯、虎口朝前。

(3)容易出现的毛病:头部不端正,如低头或头抬太高、往一侧倾头、头不对正前方等。颈部前伸、侧压等,肩高左右不对称、抠肩。抠胸、塌胸、腆肋骨;驼背、塌腰、腆胃、挺腹;懈胯、懈大腿、膝盖鼓包、双腿叉开。

2. 分解步骤训练

(1)靠墙站立:脚跟、腿、臀部、腰后部、双肩后侧、头部后侧紧贴墙;注意头、肩要端正,不要向前塌腰,也不要胸腰上提,腰部尽量贴墙;每次坚持10～15分钟。

(2)头、颈部位训练:低头、仰头、右左倾头、右左转头、环动;水平移动包括前、后、右、左单一练习及综合练习。注意在练习头颈部时,眼睛要及时配合,如低头时,眼睛要看脚;另外,颈部肌肉要拉抻到极限;训练节奏由慢到快。每次坚持训练1～2组,16个,8拍。

(3)肩部训练:上下耸肩训练(双耸肩、单耸肩、交替耸肩)、肩部前后训练、肩部环动训练。注意耸肩时幅度要大,颈部及身体不能动,肩部要放松。每次坚持训练2～3组,16个,8拍。

(4)胸、背及臂部训练:含胸(双肩及胸尽量向前抠,背部向后顶,尽量凸出)、展胸(双肩尽量向后展开,胸部向前顶,背部尽量凹下),展臂扩胸运动、抻臂运动(双手交叉扣紧,双臂上举伸直,沉肩,收紧并提拉后背肌群;单抻臂、双抻臂、交替抻臂);甩臂运动(上下交替甩小臂、前后交替甩大臂)。每次坚持训练2～3组,16个,8拍。

(5)腰、腹部训练:腰部训练(下前腰、下旁腰、下后腰的柔韧及力量训练,腰部环动及横移训练、右左转腰训练);腰腹能力训练(仰卧双腿抬25°、仰卧上身起25°、仰卧上身及腿同时抬起并双手触摸脚尖、伏卧上身及腿部两头起训练)。每次坚持训练2～3组,16个,8拍。

(6)胯部训练:右左摆胯训练、前后推胯训练、胯部环动训练。每次坚持训练2～3组,16个,8拍。

(7)膝部、脚的训练:膝部训练(压膝训练、屈伸训练、微颤训练、环动训练);脚的训练(压脚背训练、勾绷脚训练、半脚尖训练)。每次坚持训练2～3组,16个,8拍。

(8)腿训练:前、旁、后腿部压腿柔韧训练及踢腿力量训练。每次坚持训练2～3组,16个,8拍。

3. 组合训练

音乐选择:2/4拍子。

(1) 动作要领提示：抬头，颈部挺直，下颌微收，嘴唇微闭，双目平视前方，面带微笑，双肩放松，气息下沉，身体挺拔向上，呼吸自然；挺胸，收腹，立腰，平肩；双臂放松，自然下垂于体侧，虎口向前，手指自然伸直；两腿并拢直立，收紧大腿、臀部肌肉，提胯，两膝和脚跟靠紧、并拢、伸直。转体动作要平稳。

(2) 节奏提示：音乐2/4，①表示8个拍，1表示1拍。

(3) 动作及节奏说明如下。

准备　站正步位，双手自然下垂，平视1点。

前奏　① 1~8不动。

　　　② 双手叉腰。

开始

① 1~4低头，视1点下方。

　5~8抬头，平视1点。

② 1~4低头，视1点下方。

　5~8抬头，视2点上方。

③ 同①。

④ 1~4低头，视1点下方。

　5~8抬头，视8点上方。

⑤ 同①的5~8，双手自然下垂，平视1点。

⑥ 1~8右转体，平视3点。

⑦ 1~8右转体，平视5点。

⑧ 1~8右转体，平视7点。

结束

1~8右转体，平视1点，保持胸背的挺拔。

(二) 走姿训练

1. 训练目的及要领、容易出现的毛病

(1) 训练目的：端正的行走姿态给人展现挺拔的体态、自信的精神面貌和良好的修养。

(2) 基本要领如下。

行走时，女性左右脚应行走在一条直线上，步幅保持在30厘米左右。男性左右脚在一条直线的两侧走，稍有缝隙，步幅保持在40厘米左右。步伐轻盈矫健，富有稳定的节奏感。

行走时，提臀、收腹、提气、屈膝抬腿、膝盖朝前、脚尖向下；大腿带动小腿向前自然迈出；脚跟先落地后迅速将身体重心移到前腿的脚掌上，膝盖伸直。

行走时，目光有神并平视前方，头要端正，颈椎及腰部、脊椎和后背要挺拔，胸微仰15°。保持上身的挺拔、平稳、垂直。双臂前后自然摆动，后摆略过肩，前摆略过身。

容易出现的毛病如下。

行走时，步幅过大或过小，不走直线。行走脚形不端正，脚尖不对正前方而是内八字或外八字。不抬脚,脚步拖地走。

行走时,重心落在脚后跟上,给人向后倒的现象;行走时,重心太靠前,给人向前冲、不稳重,或低头、驼背、抠胸不自信的感觉。

行走时,由于颈部、腰部松懈,头部、上体晃动;双臂摆动幅度过大或僵直,把手抱在胸前或是倒背着双手走路。

2. 分解步骤训练

(1) 单一抬脚练习:屈膝抬腿、膝盖朝前、脚尖向下;大腿带动小腿向前自然迈出;脚跟先落地后迅速将身体重心移到前腿的脚掌上,膝盖伸直。

(2) 脚步练习:脚尖朝直线的正前方,两脚尽量落在一条直线上,行走要平稳。

(3) 摆臂训练:用小臂带动大臂自然摆动,幅度大概是前摆向里折35°,后摆向后约15°,摆动手臂的时候,肩膀不要摇晃。

3. 组合训练

音乐选择(适合正常走步的节奏):2/4拍。

(1) 动作要领提示:参照走姿训练基本要领。

(2) 节奏提示:音乐2/4,①表示8个拍,1表示1拍。

(3) 动作及节奏说明如下。

准备　站正步位,双手自然下垂,平视1点。

前奏　① 1~8不动。

　　　② 双手叉腰。

第一段

① 1~4 出右腿,重心落在右脚掌,平视1点前方。

　 5~8 保持姿态,不动。

② 1~4 出左腿,重心落在左脚掌,平视1点前方。

　 5~8 保持姿态,不动。

③ 同①。

④ 同②。

⑤ 1~4 同①,5~8 同②,加快一倍节奏做。

⑥~⑧ 同⑤,第⑧的第8拍右脚并左脚成正步位,双手臂自然下垂。

第二段

① 1~4 右手臂前摆,左手臂后摆,平视1点前方。

　 5~8 保持姿态,不动。

② 1~4 左手臂前摆,右手臂后摆,平视1点前方。

　 5~8 保持姿态,不动。

③ 同①。

④ 同②。

⑤ 1~4 同①,5~8 同②,加快一倍节奏做。

⑥ 同⑤。

⑦~⑧ 前后摆手。

第三段

同第一段,右转身对5点,双臂前后摆动。

第四段

①~⑧ 右转身对1点,双臂前后摆动,一拍一动行走。

第五段(不限制音乐长短)

左转身围着圆逆时针,双臂前后摆动,合着音乐,富有稳定的节奏感行走。

三、芭蕾形体训练

"芭蕾"这个词本是法语"BALLET"的音译,它起源于意大利,盛行于法国宫廷,鼎盛于俄罗斯,最终从俄罗斯走向了世界各国。1581年问世的《皇后戏剧芭蕾》被史学家们定位为"历史上第一部比较完整的芭蕾舞剧";1661年,世界上第一所芭蕾教育机构——法国皇家舞蹈学院建立。"芭蕾"通常分作"早期芭蕾""浪漫芭蕾""古典芭蕾""现代芭蕾"和"当代芭蕾"这五个时期。按芭蕾技术及其教学方法先后形成了法兰西、意大利、俄罗斯三大学派:法兰西学派的特点是具有高超的表演技巧,优雅的风格,柔和、轻盈、纤细,但有时动作有点过于矫揉造作;意大利学派的特点是技术娴熟,风格严谨,动作比较急速、猛烈,倾向于怪诞手法,有点紧张,甚至是见棱见角的;俄罗斯学派具有技术完美的特色,其风格完全是严格学院派的,动作质朴、适度、柔和,不追求外在的效果。随着时间的推移和国际交流的扩大,差别已不再那么明显。

"芭蕾"的美学概括为"开、绷、直、立"四大原则。

所谓"开"指的是芭蕾舞者需从肩、胸、胯、膝、踝五大关节部位,左右对称地向外打开,尤其是双脚应该向外打开180°,原因是:为了运动的灵活;为了提高身体在运动中的平衡能力;为了最大限度地延长舞者肢体原有的线条,扩大动作范围,最大限度地占有舞台空间,并增强其表现力;为了使"芭蕾"成为"剧场艺术"纯粹审美对象的艺术范畴;为了"芭蕾"重要的历史和审美属性贵族气质。因此,外"开"的原则实际上也包括了一种将人体理想化、芭蕾职业化的成分。

所谓"绷"指的是芭蕾舞者需将肢体各个部位"绷"起来,尤其是膝关节和踝关节,以及脊椎和颈椎诸关节。如此这般这种,目的有三:"芭蕾"是线条艺术,唯有将肢体各个部位"绷"直,才能有效地延长肢体线条;"芭蕾"是放射性艺术,为了将肢体放射到舞台空间中,必须通过"绷",将能量聚集在脚尖和手指尖这些肢体末梢部位;刚柔相济、轻盈飘逸是"芭蕾"的主要特征之一,而"芭蕾"舞者唯有通过"绷",才能将肢体各个部位的肌肉能量向身体的中心垂线凝聚,从而产生上升的动势。

所谓"直"指的是芭蕾舞者需将背部像门板似的向上挺直,大有中国古人所追求的"站如松,坐如钟,行如风"的境界:"芭蕾"是直线艺术,在舞台上的运动轨迹大多呈直线性的。另外,西方人的思维方式也常常是"直线"式的。

所谓"立"指的是芭蕾舞者需将头颈、躯干和四肢作为一个整体,像古典的宫殿似的傲然挺立,气宇轩昂,原因是:为了突出"芭蕾"生来具有的贵族气度,并使整个身体能量内聚,重心上提,以便在较高的空间层面上发射能量,产生更加显赫的空间占用感。

"芭蕾"的"开、绷、直、立"四大审美原则对许多运动和舞蹈领域产生了广泛的影响,如今,"芭蕾"已成为年轻贵族们行为举止的必修课;"芭蕾"作为多种体育运动项目的辅助课程,极大地影响了击剑者、驯马师、跳水运动员、艺术体操、水上芭蕾、冰上芭蕾和体操等运动员的体型和动作;"芭蕾"作为多种风格舞蹈的辅助课程,极大地影响了宫廷舞等舞种的审美理想和动作风范,其训练的优越性和科学性得到了越来越多的重视。

(一)芭蕾基础训练基本要领

1. 芭蕾手形、手的位置

芭蕾手位是构成各种各样舞姿的重要部分,更是帮助完成动作以及各种技术技巧的有力工具。手的位置在各个学派有多种不同做法。国际通用的有:预备位、一位、二位、三位。以下七个手位是苏联专家为了帮助学生更好地学习手位,归纳出的教学方法,无论哪个位置,手指、手腕、胳膊肘都不能突出,线条要柔和流畅。

(1) 手形:手形成长的弧线,五指微微并拢摊开,拇指稍靠近中指的第二条线,拇指和手掌之间的距离为可以夹住一支笔;同时食指稍往后,食指和中指之间距离为可以夹住一支笔。

(2) 一位手:双手在身体前面,手指、手腕、胳膊肘稍自然弯曲,双肩松弛,自然下垂。双手离开身体约一个拳头的距离,形成一个柔和的大弧线,手心朝上,两手之间的距离约一个拳头,手臂与身体的距离约一个拳头。

(3) 二位手:在一位的位置上抬起到肋骨的最下端,手心对着自己,胳膊肘、手腕、手的形状及长度保持不变。

(4) 三位手:在二位手的位置上往上抬,在不影响肩的情况下,眼睛抬起了就能看见小手指的外沿,手心对着自己的眼睛,两手之间的距离不变。

(5) 四位手:一只手保持三位,另一只手从三位上由小手指的外沿带着切下来成二位。

(6) 五位手:一只手保持三位,另一只手从二位往旁打开。

(7) 六位手:一只手保持七位,另一只手从三位上由小手指的外沿带着切下来成二位。

(8) 七位手:双手从二位往旁打开,略低于两肩,手臂稍在身体前面,与身体形成一个大弧线。

2. 脚的位置

脚位的学习顺序:一位、二位、三位、五位、四位。站位的要求:全脚平放在地面上,力量要均匀,特别是脚趾头不能抓地板,脚趾要松开放长。

(1) 一位:双脚跟并上,脚尖外开成 90°角,完全成一水平线。

(2) 二位:保持一位的外开向外展开,中间的距离有一只脚。

(3) 三位:同样外开状态,先站支撑腿,再把动作腿的脚跟放在支撑脚的中间,双脚互相紧贴,前脚遮住后脚的一半。

(4) 五位:先站外开的支撑脚,再把动作腿的脚跟贴住主力腿的脚尖,动作腿的脚尖贴住主力腿的脚跟,腿之间没有空隙,完全贴紧。

(5) 四位:在五位脚的基础上,前后脚隔开一个竖脚的距离。

(二)芭蕾组合(把杆练习)

1. 一位 battement tendu 和 releve　音乐选择:4/4 拍子

(1) 动作要领提示:

battement tendu(擦地)的训练目的是增强身体的挺拔、端正以及腿和脚的力量。一位 battement tendu(擦地)的做法是把重心由双腿上移到支撑腿上,向旁——动作脚全脚沿着地板往旁擦,边推地板边往远伸时,脚跟、脚心、脚掌逐渐离地,在不破坏身体姿态和重心的最远点,推脚背成脚尖点地,脚跟往前顶;回来时顺序相反,脚趾、脚掌、脚心、脚跟逐渐着地,全脚收回。向前——沿着地板,动作脚向前擦地,过程同向旁的,出去时脚跟先领,回来时脚尖先领。向后——沿着地板,动作脚向后擦地,过程同向旁的,出去时脚尖先领,回来时脚跟先领。

releve(半脚尖)的训练目的是增强身体的挺拔,锻炼脚踝的力量。脚趾平铺地面,脚掌踩地向下蹬;脚跟、腿部及上身、颈部、头部均挺拔向上,沉肩。

(2)节奏提示:音乐4/4,①表示8拍,1表示1拍。

(3)动作及节奏说明如下。

准备　身体正对把杆,脚一位,双手一位。

前奏　8拍:1~2拍不动,第3拍双手扶把杆,4~6拍不动,7~8拍重心移到右腿。

第一段(一位 battement tendu)

以右腿为主力腿,左腿为动力腿做。

① 1~4 左脚沿地面向旁做 battement tendu 伸出,成脚尖点地。

　　5~8 不动。

② 1~4 左脚沿地面往回做 battement tendu 收回,成一位脚。

　　5~8 不动(重心依然在右腿)。

③ 1~8 动作同①和②,节奏加快一倍。

④ 1　左脚快速沿地面向旁做 battement tendu 伸出,成脚尖点地。

　　2~4 不动。

　　5　左脚快速沿地面往回做 battement tendu 收回,成一位脚。

　　6~8 不动(重心依然在右腿)。

⑤~⑧ 左腿一位向前擦地,节奏同①~④。

⑨~⑫ 左腿一位向后擦地,节奏同①~④,但⑫的7~8拍重心移到左腿。

第二段(一位 battement tendu)

以左腿为主力腿,右腿为动力腿做,动作做法及节奏同第一段。

第三段(releve)

变化脚位时,左腿为动力腿。

① 1~4 一位 releve。

　　5~8 不动。

② 1~4 控制地落下,保持一位脚不变。

　　5~8 不动。

③~④ 同①和②,但④的 5~8 拍左脚旁擦地,成二位脚。

⑤~⑧ 二位 releve,节奏同①至④,但⑧的 5~8 拍左脚擦地收回,成前五位脚。

⑨~⑫ 五位 releve,节奏同①至④,但⑫的 5~8 拍左脚旁擦地,再收成一位脚。

第四段(releve)

变化脚位时,右腿为动力腿。动作做法及节奏同第三段。

2. plie　音乐选择: 2/4 拍子

(1) 动作要领提示:plie(蹲)的训练目的是锻炼腰背的挺拔,并加强跟腱、踝关节、脚腕的韧带及膝盖的力量,锻炼腿部推地的力量和弹性及落地的控制力量,使它们能最大限度地伸与缩;plie 是跳跃练习中起和落的最重要的环节。

训练要求:腹部、臀部收紧,集中向上提,后背保持垂直,特别是腰以下的尾椎部位不能后突,要对着脚后跟;从胯到整条腿到脚都必须外开,双膝对准脚尖。grand plie(全蹲)的脚后跟要尽量少地离开地板,特别要注意脚后跟不能往后拐,力量上提;起时,脚后跟先落到地板上。要有一个非常垂直的后背,特别是尾椎骨一定要保持垂直。

(2) 节奏提示:音乐 2/4,①表示 8 拍,1 表示 1 拍。

(3) 动作及节奏说明如下。

准备　右手扶把,站一位,左手一位。

前奏　1~4 拍左手由一位到二位,头、眼随动。

　　　5~8 拍左手由二位到七位,头、眼随动。

第一段(一位 plie)

① 1~4 一位 demi plie,5~8 伸直腿,视 1 点。

② 同①。

③ 1~8 一位 grand plie,视 1 点。

④ 1~8 伸直腿,视 1 点。

⑤ 1~8 前弯腰,左手七位至二位,并随身体下至地面。

⑥ 1~8 上身起,回正,左手二位,视 1 点。

⑦ 1~4 左手三位,5~8 左手七位,头、眼随动。

⑧ 1~4 左脚旁擦地点地,5~8 二位脚,视 1 点。

第二段(二位 plie)

① 1~4 二位 demi plie,5~8 伸直腿,视 1 点。

② 同①。

③ 1~8 二位 grand plie,视 1 点。

④ 1~8 伸直腿,视 1 点。

⑤ 1~8 右旁弯腰,左手七位至三位,头、眼随动。

⑥ 1~8 上身起,回正,左手七位,视 1 点。

⑦ 1~4 左手三位,5~6 左手二位,7~8 左手七位,头、眼随动。

⑧ 1~4 左脚旁点地,5~8 左脚擦地收回,成左前五位脚,视 1 点。

第三段(五位 plie)

① 1~4 五位 demi plie,5~8 伸直腿,视 8 点。

② 同①。

③ 1~8 五位 grand plie,视 8 点。

④ 1~8 伸直腿,视 8 点。

⑤ 1~8 后弯腰,左手七位至三位,头、眼随动。

⑥ 1~8 上身起,回正,左手七位,视 8 点。

⑦ 1~2 左手一位,3~4 左手二位,5~6 左手三位,7~8 左手七位,头、眼随动。

⑧ 1~4 左脚前擦地、点地,5~8 左前四位脚,视 8 点。

第四段(四位 plie)

① 1~4 四位 demi plie,5~8 伸直腿,视 8 点。

② 同①。

③ 1~8 四位 grand plie,视 8 点。

④ 1~8 伸直腿,视 8 点。

⑤ 1~8 左旁弯腰,四位手(右手三位,左手二位),头、眼随右手动。

⑥ 1~8 上身起,回正,左手七位,视 8 点。

⑦ 1~2 左手一位,3~4 左手二位,5~6 左手三位,7~8 左手七位,头、眼随动。

⑧ 1~4 左脚点地,5~8 左脚擦地收回一位,视 8 点。

3. battement tendu 和 battement tendu jete　　音乐选择：2/4 拍子

(1) 动作要领提示：五位 battement tendu(擦地)的做法是把重心由双腿上移到支撑腿上,向旁——保持外开,经一个全脚一位的过程擦地出去,再经全脚一位过程收回,擦地过程同一位向旁,贴脚出,贴脚回,走直线。向前——擦地过程同一位前,动作脚脚尖对支撑脚脚跟。向后——擦地过程同一位后,动作脚脚尖对支撑脚脚跟。头、眼随动。

en tournant(五位转身)：五位要紧,转的速度要快。做法：左手扶把,右旁点地,擦地收回右前五位 releve 的同时左转身一周,成左前五位；右手由七位至转身时二位,最后收一位；左手扶把至转身时二位再扶把。

cou-de-pled(包脚的位置)：前 cou-de-pied 用小脚趾的外沿贴住主力腿踝关节的上方；后 cou-de-pied 用脚后跟的内侧贴住主力腿小腿线的下方；动力腿保持外开。

battement tendu jete(小踢腿)：训练目的是控制身体使之更加挺拔,主要训练脚腕、脚背的力量,为小跳从地板上有力推起做准备,它的速度、力度都要比擦地快、强。训练要求：

全脚经过擦地(力量、速度比擦地更快更强)的过程,快速有力绷起踢出去 25°～35°,力量集中在整个脚上;回来的过程一定要仔细,脚与地面的摩擦要大于擦地,否则脚的力量就练不到家,JETE 的力量要集中在整个脚上,绝对不能用大腿来做。头、眼随动。

(2) 节奏提示:音乐 2/4,①表示 8 拍,1 表示 1 拍。

(3) 动作及节奏说明如下。

准备　左手扶把,站右前五位,右手一位。

前奏　1～4 拍右手由一位到二位。

　　　5～8 拍右手由二位到七位。

第一段

① 1～2 右前 battement tendu。

　3～4 右 battement tendu 收回。

　5～6 同 1～2。

　7～8 右前五位 releve。

② 1～2 右前 cou-de-pied。

　3～4 左 demi plie,右脚前点地。

　5～6 移重心至右腿,左脚后点地。

　7～8 左脚收回五位。

③ 1～2 右旁 battement tendu。

　3～4 右后 battement tendu 收回。

　5～6 同 1～2。

　7～8 右前五位 releve。

④ 1～2 右前 cou-de-pied。

　3～4 左 demi plie,右脚旁点地。

　5～6 右后五位 releve。

　7～8 右后五位。

第二段

①～② 右后 battement tendu 同第一段的①～②。

③ 1～2 右旁 battement tendu。

　3～4 右前 battement tendu 收回。

　5～6 同 1～2。

　7～8 右后五位 releve。

④ 1～2 右后 cou-de-pied。

　3～4 左 demi plie,右脚旁点地。

　5～6 右前五位 releve,en tournant 半周,右手扶把。

　7～8 左前五位 releve,左手七位,左脚前五位。

第三段(battement tendu jete)

① 1～4 左脚二个 battement tendu jete 向前。

5 再一个向前,停在 25°。

6 点地、再立即踢起 25°。

7 再点地。

8 收五位。

② 右后同 ①。

③ 1~8 左脚向旁重复以上动作,收后、前、后五位。

④ 1~8 第 1 拍右脚前 battement tendu jete,第 2 拍右脚后 battement tendu jete,3~7 重复以上动作,第 8 拍右脚收前五位。

第四段

从左脚后 battement tendu jete 开始重复第三段。

4. rond de jambe a terre　　**音乐选择:3/4 拍子**

(1) 动作要领提示:rond de jambe a terre(画圈)的训练目的是在保持身体挺拔的基础上,使支撑腿结实有力,动作腿灵活、自如。

训练要求:支撑腿要非常用力踩住地板,不要随动作腿摆动,重心始终在支撑腿上,严格保持胯的稳定性;画圈当中每个位置要准确,双腿保持绝对外开,要从脚跟开始,用力往前顶;动作腿在画圈时始终绷紧伸直,在支撑腿保持垂直外开的条件下,动作腿尽量画大圈,但不能出胯;经过一位时全脚放平,脚心处不要空着,双腿内侧经一位时要收紧。

port de bras(手臂的运动)的训练目的是使身体更加修长,双臂有柔软线条和协调性、连贯流畅性,双臂富有表现力及造型美。

训练要求:眼睛始终看着手,哪只脚在前,眼跟哪边手的路线;整个过程要平稳连贯,动作线条要流畅;上身四点(两肩两胯)要放正。

(2) 节奏提示:音乐 3/4。

(3) 动作及节奏说明如下。

准备　左手扶把,站一位,右手一位,视 2 点。

前奏　1~2 右手由一位到二位,头、眼随动。

　　　3~4 右手由二位到七位,头、眼随动。

第一段

① 1 右脚向前 battement tendu;2 向旁画圈。

　3~4 battement tendu 收一位。

　5 向旁 battement tendu。

　6 向后画圈。

　7~8 battement tendu 收一位。

② 1 右脚向前 battement tendu。

　2 向旁画圈。

　3 向后画圈。

　4 battement tendu 收一位。

5 向前 battement tendu。

6 右腿前抬 90°。

7 右脚前点地。

8 battement tendu 收一位。

③ 和④往回(en dedans)重复①和②的动作。

第二段

① 1～2 向前弯腰,呼吸延伸,右手从七位到三位,左脚半蹲,右脚前点步。

3 直起,右手仍然三位,视右手。

4 第 1 拍右脚擦地收回五位,第 3 拍左脚擦地成后点地。

5～6 向后弯腰,手三位,头向右。

7 直起,手同时打开七位。

8 第 1 拍左脚擦地收五位,第三拍右手收一位,稍下左旁腰。

② 1 左腿半蹲,右腿旁点地,右手七位,下右旁腰。

2～3 左腿直立,下左旁腰,右手三位。

4 身体回正,右手七位,腿保持右旁点地。

5～6 右脚前五位半脚尖立,右手由一位经二位至三位。

7～8 脚不动,左手至三位。

结束

1 右手至七位,左手扶把,脚不动。

2 右手延伸,脚不动。

3 右手收一位,五位半蹲。

4 直立。

5. battement fondu　音乐选择: 2/4 拍子

(1) 动作要领提示:battement fondu(单腿蹲)组合中 cou-du-pied(包脚的位置),前 cou-du-pied 要求动作腿小脚趾贴主力腿踝关节上方,后 cou-du-pied 要求动作腿脚腕贴主力腿小腿线下方。

fondu 往前伸出的时候,一定主动用脚跟往前顶,带出小腿,膝盖向后;回来时膝盖主动往后带,脚跟尽量往前留。小腿伸出的方向不能对膝盖,要对脚跟方向。腿要直线伸直,不管是 45°的,还是点地的。

fondu 往后与往前的韵律相反。从后收回 cou-du-pied 时,小腿一定要主动收回,膝盖往旁打开。

fondu 下去和起来要平稳,有控制,动作始终要把节奏灌满,不能有停顿(指蹲到最低和起来之前)。

蹲下去时双腿的膝盖要向旁转开,特别是支撑腿不能跪,伸直时不要关膝盖,胯、后背收紧向上提,特别是后背要完全垂直。推起时要完全靠腿的力量,下去起来时重心始终保持在支撑腿上。

(2) 节奏提示：音乐 2/4，①表示 1 个 8 拍。
(3) 动作及节奏说明如下。

准备　右手扶把，左手一位，左脚前五位，头向左。
前奏　1~4 右手由一位到二位，头、眼随动。
　　　5~8 右手由二位到七位，同时五位 releve，头、眼随动。

第一段（右手扶把）

① 1~4 左脚前 cou-de-pied，主力腿同时 demi plie，左手至一位。
　 5~8 左腿向前伸直抬 45°，主力腿同时伸直，左手至七位。
② 1~4 左腿保持 45°，主力腿同时 demi plie，左手七位。
　 5~8 左腿旁吸腿 45°，主力腿同时伸直 releve，第 8 拍 allonge。
③ 1~4 左脚后 cou-de-pied，主力腿同时 demi plie，左手至一位。
　 5~8 左腿向后伸直抬 45°，主力腿同时伸直 releve，左手由二位至七位。
④ 1~4 左腿保持后抬 45°，主力腿同时 demi plie，左手七位。
　 5~8 左腿旁吸腿 45°，主力腿同时伸直 releve，第 8 拍 allonge。

第二段

① 1~4 左脚前 cou-de-pied，主力腿同时 demi plie，左手至一位。
　 5~8 左腿向旁抬 45°，主力腿同时伸直 releve，左手由二位至七位。
② 1~3 同①的 1~4。
　 4 主力腿同时伸直 releve，左手由一位至二位。
　 5~7 左前五位 demi plie。
　 8 主力腿同时伸直 releve，左腿向旁抬 45°，左手至七位。
③ 1~4 左手至二位。
　 5~8 左腿旁吸 45°。
④ 1~4 左手七位。
　 5~8 allonge。

第三段

① 1~4 左脚后 cou-de-pied，主力腿同时 demi plie，左手至一位。
　 5~8 左腿向后抬 45°，主力腿同时伸直 releve，左手至七位。
② 1~4 左腿保持 45°，主力腿同时 demi plie，左手七位。
　 5~8 左腿旁吸腿 45°，主力腿同时伸直 releve，第 8 拍 allonge。
③ 1~4 左脚前 cou-de-pied，主力腿同时 demi plie，左手至一位。
　 5~8 左腿向前伸直抬 45°，主力腿同时伸直 releve，左手由二位至七位。
④ 1~4 左腿保持前抬 45°，主力腿同时 demi plie，左手七位。
　 5~8 左腿旁吸腿 45°，主力腿同时伸直 releve，第 8 拍 allonge。

第四段

① 1~4 左脚后 cou-de-pied，主力腿同时 demi plie，左手至一位。
　 5~8 左腿向旁抬 45°，主力腿同时伸直 releve，左手由二位至七位。

② 1~3 同①的 1~4。

　　4 主力腿同时伸直 releve,左手由一位至二位。

　　5~7 右前五位 demi plie。

　　8 主力腿同时伸直 releve,左腿向旁抬 45°,左手至七位。

③ 1~4 左手至二位。

　　5~8 左腿旁吸 45°。

④ 1~4 左手七位,左脚前五位 releve。

　　5~8 allonge,收左脚前五位,左手一位。

6. grand battement jete　音乐选择:4/4 拍子

(1) 动作要领提示如下。

grand battement jete(大踢腿)的训练目的是控制身体,使身体始终保持挺拔,提高腿部力量速度、活动幅度、使腿轻飘、流畅自如;最大限度地拉长大腿内侧肌,提高胯关节的稳定性,为大幅度的舞姿及技巧做准备。

训练要求:腰背结实,收腹、立腰、提胯;主力腿踩结实、伸直;动力腿大腿跟放松,脚尖有力点并伸直,借助擦地的"劲儿"发力,踢上去急促有力,空中有力点,落下时轻盈而有控制;胯要收正,踢前腿时不能出胯,踢旁腿时不能掀胯,踢后腿不能压肚子腆肋。

(2) 节奏提示:音乐 2/4,①表示 1 个 8 拍。

(3) 动作及节奏说明如下。

准备　右手扶把,站左前五位,左手一位,头向左。

前奏　1~4 左手至二位。5~8 左手至七位。

第一段

① 1 左脚 grand battement jete。

　　2 落下,脚尖点地。

　　3~4 不动。

　　5~8 收左后五位脚。

② 重复①,收左前五位脚。

③~④ 节奏同 ①~②,踢左前腿,④的第 7~8 拍,右转体成左前五位脚,双手扶把。

⑤~⑦ 节奏同①踢右后腿。

⑧ 1~2 左转体,右手扶把,左手一位,左前五位脚。

　　3~4 左手五位。

　　5~6 左手七位,延伸。

　　7~8 左手收一位。

转向另一边扶把,从右脚开始重复以上整个练习。

(三) 芭蕾组合(中间练习)

1. 带方向的舞姿练习　音乐选择:2/4 拍子

(1) 动作要领提示:位置方向明确,舞姿准确舒展。

(2)节奏提示：音乐 2/4，①表示 1 个 8 拍，1 表示 1 拍。

(3)动作及节奏说明如下。

准备　面向 8 点，右前五位站立，手一位(epaule ment)。

前奏　1~6 不动。7~8 手至二位，视右手，头微左倾。

第一段

① 1~6 右脚前 battement tendu 点地(croise)，五位手(左手三位)，视 1 点。

　　7~8 右脚 battement tendu 收回五位，手由一位至二位，眼、头随右手运动。

② 1~6 左脚旁 battement tendu 点地(ecarte 后)，五位手(左手三位)，视 1 点下方。

　　7~8 左脚 battement tendu 收回后五位，手由一位至二位，眼、头随左手运动。

③ 1~6 右脚旁 battement tendu 点地，同时转身对 1 点，七位手，视 1 点。

　　7~8 移重心至右脚，左脚旁点地，对 1 点，七位手，视 1 点。

④ 1~6 保持舞姿不动。

　　7~8 手七位 allonge，面向 2 点(epaule ment)，收左脚，左前五位站立，手由一位至二位。

第二段

①~④ 节奏同第一段①~④，动作反向做。

2. TEMPS LIE　音乐选择：3/4 拍子

(1)动作要领提示如下。

舞姿、方向要准确，手、头、脚要协调配合，注意对音乐的感受，注意呼吸与动作的配合及舞蹈的表现力。

(2)节奏提示：音乐 3/4。

(3)动作及节奏说明如下。

准备　体对 8 点，站五位 epaulement(右脚在前)，双手一位，头向右。

前奏　1~2 头由右向上转半周至左边。

第一段

① 1 五位 demi plie。

　2 左腿保持 demi plie，右腿前 battement tendu 点地，双手至二位，眼随手动。

　3 右前四位 demi plie，视 8 点。

　4 移重心至右腿，左脚后点地(arabesque)。

　5 左脚 battement tendu 收后五位，六位手(左手二位)，视左手。

　6 左腿保持 demi plie，右腿旁 battement tendu 点地，同时转体对 1 点，双手至七位，眼随左手动。

　7 二位 demi plie。

　8 移重心至右腿，左旁点地，双手七位 allonge，视左手。

② 1 左脚 battement tendu 收一位，同时一位 demi plie，双手至一位。

　2 右腿保持 demi plie，左腿前 battement tendu 点地，体对 2 点，双手至四位(左手三位),视8点。

　　3 左前四位 demi plie,二位手,视2点。

　　4 移重心至左腿,右脚后点地,五位手(右手三位),视左手。

　　5 腿不动,右手至七位,眼随右手动。

　　6 腿不动,呼吸,双手七位 allonge,视右手。

　　7 右脚 battement tendu 收后五位,同时五位 demi plie,双手至一位。

　　8 五位直立。

过门　1~2 头由左向上转半周至右边。

第二段

①~②同第一段①~②,从另一边开始,重复动作。

四、中国古典舞形体训练

　　"中国古典舞"最先由我国戏剧家和戏剧舞蹈家欧阳予倩提出,在1954年初步形成一门学科。"中国古典舞"根基于中国民族文化的传统基石:戏曲舞蹈、武术、古代艺术资料中的舞蹈形象遗存、民间舞蹈、古曲和诗画,继承悠久的乐舞文化。吸收芭蕾训练的科学性,是中国的、民族的"以我为主,博采众长"兼有时代和传统审美特点的一种舞蹈形式。

(一)中国古典舞身韵及其他主要动作基本要领概述

1. 身韵

　　身韵全称为身法与韵律。身法属于外部的技法范畴,韵律则属于艺术的内涵,表里合一构成"身韵",它是中国古典舞中具有强烈表现特色的一部分,也可以说是中国古典舞的艺术灵魂。

　　"提""沉""冲""靠""含""展""移""旁提"以及"平圆""立圆""8字圆"等动作均属于"身韵"的基本元素,其技术运用的特点是以腰为轴,力发于腰并和呼吸紧密结合的动作。学习"身韵",初学者应先从地面的坐位、跪位上开始,然后再在站位上做。

　　(1)"沉"是"身韵"的基本训练之一。在"提"的状态下,通过呼吸使气息下沉至小腹,同时带动腰椎、胸椎、颈椎一节节下沉,使上体下沉,可在地面位或中间位上训练。初学者可先在"盘坐""双跪坐"位上反复训练,使脊椎的伸展、收缩与呼吸顺畅、自如,最终将这种技法运用到舞蹈动作中去。

　　(2)"提"也是"身韵"的基本训练之一。在"沉"的状态下,深吸气,使气息均匀地由小腹提至胸腔,气息继续向上延伸至头顶,同时带动腰椎、胸椎、颈椎一节节拉直。"提""沉"是中国古典舞十分重要的"身韵"基础,通常连在一起训练。

　　(3)"8字圆"指腰的两侧同时进行两个交错"立圆"的运动线,形成一上一下或一前一后的两个圆。

　　(4)"冲"是"身韵"的基本训练之一。先"提",然后在"沉"的过程,腰部发力推动一侧的胸部和同侧的肩部向左侧前或右侧前水平移出。注意骨盆固定,肩与地面保持平行线。

(5)"靠"与"冲"是相对应的"身韵"基本训练动作,通常连在一起训练。先"提",然后在"沉"的过程,腰部发力推动一侧的后肋和同侧的肩胛向右侧后或左侧后水平移出。注意骨盆固定,肩与地面保持平行线。

(6)"含"或称"含胸",是"身韵"的基本训练之一。过程和"沉"一样,但加强胸腔的含、收,双肩向里(胸前)合挤,腰椎形成弓形,抠胸低头,骨盆固定,眼视腹部。

(7)"展"或称"展胸",是"身韵"的基本训练之一。在"沉"的过程中,双肩向后掰,胸前探,头微仰,上体的肩、胸完全展开,骨盆固定,肩与地面保持平行线。"展"和"含"也往往是连在一起应用的。

(8)"横移",在骨盆固定的状态下,由腰推动肩部向右或左的正旁移动,与地面成横的水平运动。做时,先经"提",然后在"沉"的过程中,上体向旁水平移动。

(9)"旁提"是指上体的侧屈运动。在"提"的过程中,腰部发力推动身体一侧的旁肋,再以肋带肩,使上体呈弯月状。它也是"身韵"的基本训练动作之一,较难掌握。

(10)"云腰"或称"上体平圆",是指上体所对的方向不变,以腰为轴,使上体经"横移、冲、展、冲、横移、靠、含、靠",做一平面圆运动,路线如同沿圆桌边环行。

(11)"横拧"也可称为转腰,是腰围绕垂直轴的左右运动。

2. 其他主要动作基本要领

(1) 手的基本形状:兰花手、掌形手。

兰花手:拇指指肚与中指最下面一个指肚相贴,指根下压,食指至小指逐一伸直错开,中指突出,小指微翘,呈兰花状。

掌形手:虎口张开,食指、中指、无名指、小指靠拢外撑。

(2) 手的位置:双山膀、双托掌、双按掌、顺风旗和双背手。

双山膀:兰花手,双手位于体旁,高度与肩平,开度与胸平,手臂呈圆弧形,手掌、指呈斜坡形撑开朝外下方。要求沉肩、松肘、展腕、挑指。

双托掌:兰花手,双手位于额头斜前上方,手臂呈圆弧形,肘尖打开向旁。要求沉肩、展腕、挑指。

双按掌:兰花手,双手腕部交叉按于胃前一竖掌有余的位置,沉肩、圆肘,小臂呈斜坡状,展腕、挑指,右手在上。

顺风旗:一手单山膀,一手单托掌,两手中指相对,如风飘旗扬的舞姿。

双背手:兰花手,沉肩,双手手背贴于臀部,指尖交汇于尾椎处。

(3) 脚的位置:正步位、小八字位、丁字位、大八字位、踏步和弓箭步。

正步位:重心放于双脚上,双脚并拢,脚尖正对身体前方。

小八字位:重心放于双脚上,在正步位的基础上,双脚脚跟并拢,脚尖向外打开45°。

丁字位:重心放于双脚上,在小八字位的基础上,一只脚的脚跟放在另一只脚脚心的正中。

大八字位:重心放于双脚上,在小八字位的基础上,双脚脚跟相隔一脚的距离。

踏步:重心放于前脚上,在小八字位的基础上,一只脚在另一只脚的斜后方一脚的距离,可脚掌踩地或脚尖绷点地。

弓箭步：重心放于两腿之间，前弓箭步是在丁字位的基础上，前腿屈90°，后腿向后撤出，脚尖朝外，身体垂直。

（4）盘手：由手指带动的腕关节的8字圆运动，可单、双、向里、向外做。如外盘时由食指带动，腕放松，盘上、下平圆。

（5）小五花：双手对称、掌根相靠，由指尖带动，左右手一上、一下同时走8字圆，手腕松弛，运动过程幅度圆而大。

（6）"摇臂"是腰的8字圆和手臂的立圆路线配合起来的动作，有前后摇臂两种。以后摇臂为例：摇臂的动作中贯穿着转腰—送肩—抻臂的几个必经的过程。先由手腕带动（手心向下），手臂画立圆要松弛、自如，注意沉肩，连续转腰，形成腰上的8字圆，圆的中心应在后腰的中间部位。

（7）"双晃手"是双手臂同肩宽，从右到左或从左到右沿着立圆路线画圆。双晃手有小晃（以腕关节为轴心）、中晃（以肘关节为轴心）和大晃（以肩关节为轴心）三种。动作过程中，要有延伸感，肩、肘关节要松弛，在经过两边正旁位时，第二只手不可超过肩。头、眼要与手臂的立圆相配合，结合腰的立圆形成旁提、仰胸、含胸的动律过程，它应由手腕领法儿，经过转肘（从旁往上走时）、立腕（正上时）、推跷手指（斜上方时）几个过程完成一个完整的立圆动作。

（8）"云手"是古典舞中最有代表性的一个手臂动作，分小云手（也叫柔球，小五花的放大）、中云手（以肘为中心的云手）和大云手（放大手臂的和加躯干的大开—仰胸，大和—含胸的训练）。云之前双手小臂要经过重叠、交叉，然后下面的手主动交叉着送出后再云。云的过程中双手要保持一定的距离，相当于双手交错做盘腕。大云手双臂要完全舒展放开，带动胸腰的大开大和，整个动作要松弛、自如、圆润。注意头、眼、手和身的整体配合。

（9）穿手：上穿手的做法是由指尖带动向上穿，有如刺破青天。穿手还有下、斜下、斜上、平穿手不同的方向。

（10）风火轮：风火轮是一个立体的圆，头、胸、腰都要随着手臂及重心的移动走立体的路线。做法是向旁经过转腰、送肩、抻臂；向正后经过领手转腰、仰胸；向斜后上方经过转腰、仰拧、转头；向正下方经过转腰、含身的过程。

（11）圆场：一脚跟上至另一脚的脚弓处，勾脚沿脚底的外延依序由脚跟压至脚掌后，另一脚抬起脚跟连续上步前移。要强调压脚的过程清晰，行进时小腿以下保持松弛。

（12）花梆步：双脚靠拢，膝盖微屈，提起脚跟，踝关节放松，用脚掌向前进方向平稳细碎地移动，节奏要快而巧。

（二）中国古典舞组合（地面练习）

1. 中国古典舞手形与手位练习　音乐选择：2/4拍子

（1）动作要领提示如下。

主要动作的做法参照（一）中国古典舞身韵基本要领。训练目的是初步认识兰花手及古典舞基本手位。舞姿要强调沉肩、立颈、拔背，手臂圆长。双山膀注意亮相要干脆，一拍到位。注意点和线的节奏处理。

(2) 节奏提示:音乐2/4,①表示1个8拍。

(3) 动作及节奏说明如下。

准备　交叉盘坐双背手,目视1点。

过门　① 1～8第1～7拍右手单按掌,左手掰右手手指,第8拍换手。

② 1～8 做①的对称动作,第8拍双背手。

第一段

① 1～4右手经团手至2点斜下位,掌形手。

　　5～8第5拍右手兰花手,眼视手;第6拍掌形手。第7～8拍重复第5～6拍的动作。

② 1～8左手做①的对称动作,右手保持不动。

③ 1～4左手不动,第1～2拍右手轮指团手,眼视手;第3～4拍右手绕腕推掌,兰花手于2点斜下位。

　　5～8左手做1～4的对称动作,右手保持不动。

④ 1～4胸前小五花一次。

　　5～8第5～6拍保持兰花手,双手指尖位于鼻子前方,同时低头吸气闻花香。第7～8拍双背手。

第二段

① 1～4右手单托掌。

　　5～8右手单按掌。

② 1～4第1～2拍右起转腰点肩,第3～4拍身体转回一点,左手背手,右手按掌。

　　5～8第5～6拍右起转腰点肩,第7～8拍还原至准备位置。

③～④ 左手做①～②的对称动作。

第三段

①～④ 重复第一段,左右手在斜上位。

第四段

① 1～4身体转向2点,顺风旗手位,视2点。

　　5～8身体转向8点,胸前按掌手位,视8点。

② 同第一段④。

③ 左手做①的对称动作。

④ 同第一段④。

2. 提、沉、冲、靠、含、仰、移　音乐选择:4/4拍子

(1)动作要领提示如下。

第一,提、沉、冲、靠、含、仰、移、小五花、穿手、盘手的做法参照(一)中国古典舞身韵基本要领。做"提""沉"练习时,应注意慢"提"和快"提"在节奏上的区别。慢"提"是均匀的,连绵不断的,而快"提"是迅速地"提",然后静止。强调视"点"的准确,同时眼睛运用要与身体协调。

第二,做"含"的练习时,脊椎应最大限度地向前弯曲。体前要空,要裹住一个球的感觉。做

"仰"时,脊椎先一节节拉长,然后向后弯曲,胸部感觉向天花板方向"仰",颈部伸展拉长,不折。

第三,要用心灵去做动作,要充分发挥想象力表现动作的内涵,并表现出音乐节奏的变化,与之融为一体。

(2)节奏提示:音乐2/4,①表示1个8拍。

(3)动作及节奏说明如下。

准备　双跪坐,双背手,身向1点,视1点中位。

前奏　1~4保持准备姿势,5~8"沉",视1点下方。

第一段

① 1~4"提",5~8"沉"。

② 1~4右手胸前外旋"盘手""提""沉"一次;5~8左手同1~4。

③ 1~8双手胸前外旋"盘手""提""沉"一次。

④ 1~8双手1点上位"小五花""仰""含"一次。

第二段

① 1~4第1拍快"提",第2~3拍慢"沉",胸前"小五花"。

　5~6胸前"小五花""提""沉"一次。

　7~8同5~6。

② 1~4双手逆时针双"晃手"成左山按手,右"冲"。

　5~8双手顺时针双"晃手"成左按手右斜下位摊手,左"靠"。

③ 1~4做②的5~8对称动作。

　5~8做②的1~4对称动作。

④ 1~4跪立,双手1点上位"小五花",上身"仰"。

　5~8跪坐左转体1周视2点,双手对腕上下兰花手于左肩前。

第三段

① 1~4逆时针双"晃手"同时"小五花"带跪立。

　5~6跪坐对1点,双手2点斜下位"小五花"。

　7~8同5~6,对8点做。

② 1"提""沉",右手"提压腕"1次,左手背手。

　2"提"右"横移",右手"提压腕"1次,左手背手。

　3"提"左"横移",右手"提压腕"1次,左手背手。

　4"提""沉",右手"提压腕"1次,右"沉腕"并背手。

　5~8同1~4,左手做。

③ 1~4右手胸前外旋"盘手""提""沉"一次。

　5~8第5~7拍双跪立,右"穿手";第8拍跪坐,"沉",右手迅速收回至腰间。

④ 1~4右手内旋"盘手"带跪立,上身"仰""含"一次。

　5~8右手2点斜下位撩手,上身"提""沉"一次。

第四段

① 同第三段③,左手做。

② 同第三段④,左手做。

③ 1~8 第1~4拍双山膀接左手盖手,右手穿手;第5~8拍双山膀,上身"提""沉"一次。

④ 同③,左手做穿手。

第五段

① 1~4 左旁弯腰,双手上位对腕,双跪坐。

5~6 右转体1周。

7~8 对1点双跪坐,双手8点斜下位对腕。上身对8点前倾。

② 1~2 跪坐,对8点"小五花"1个。

3~4 跪坐,对1点"小五花"1个。

5~6 跪坐,对2点"小五花"1个。

7~8 跪立,对1点斜上位"小五花"1个。

③ 1~4 "沉",跪坐,双背手。

5~8 "提",视1点中位。

(三) 中国古典舞组合(中间练习)

1. 基本舞姿　音乐选择: 2/4 拍子

(1) 动作要领提示如下。

第一,手位要准确:单按掌、双按掌、双托掌、双山膀、顺风旗、托按掌和提襟。

第二,脚位及步伐要准确:丁字位、踏步、大掖步、虚步和蹉步。

第三,亮相是刹那间的舞姿造型,该造型具有节奏感强、动作顿挫、甩头、凝视的特点。硬亮相要强调亮相动作完成得干脆、有力;软亮相动作的过程慢速、完成时用力较弱。

第四,动作节奏准确,与乐曲吻合,注意用提、沉完成动作与动作直接的衔接。

(2) 节奏提示:音乐2/4,①表示1个8拍。

(3) 动作及节奏说明如下。

准备　正步位,双背手,身向2点,视1点。

前奏　1~4不动,5~8右旁撩手,落下,左手背手。

① 1~4 左手背手,第1~2拍右中晃手,正步位立,眼随手动;第3拍右腿半蹲,左脚向3点勾脚微抬腿;第4拍落左前丁字位。

5~8 左手背手第5~6拍右单按掌,硬亮相,视8点;第7~8拍提、沉一次。

② 1~4 右旁撩手再大晃手至头顶,眼随手动,双脚立;第3拍右腿向4点上步;第4拍左脚撤至右脚后成踏步位。

5~8 第5~6拍右单托掌,硬亮相,视8点。

③ 1~4 第1~2拍右手托掌至前平位,左手盖手于右手小臂处,眼随手动,左脚向8点上步,右脚紧跟上,同时左转体对7点;第3~4拍右腿向3点迈步,左脚至右脚后成踏步,左手在上的顺风旗。

5~8 第5~6拍顺风旗硬亮相,视2点;第7~8拍双脚立、提,眼视左手。

④ 1~4 第1~2拍左手盖手成右山按掌,右前虚步半蹲,体对8点,眼随左手动,第3~4拍右脚向3点上弓步,左脚紧跟上成大掖步,双山膀。

5~8 第5~6拍双山膀软亮相,眼睛从八点环视至2点;第7~8拍双脚右前丁字位立。

⑤ 1~4 第1~2拍双手落,左手背手,右手提襟,左脚、右脚依次向8点上步成左踏步,体对1点,视2点;第3~4拍左、右手提襟,左脚、右脚、左脚依次向8点上步成右踏步,体对6点,视4点。

5~8 左托按掌,右脚、左脚依次向7点上步成左踏步,体对4点,视6点。

⑥ 1~4 左转身成左前虚步半蹲,体对2点,视8点,左盖手成右斜托手。

5~8 第5拍左脚后撤成左踏步,体对8点,双按掌,视2点;第6拍向旁摊手再双按掌,左脚向2点蹉步;第7拍左踏步,体对8点,视2点,双托掌。第8拍撤右脚成右踏步,同时左转体对6点,双手提襟,视4点。

2. 圆场、花梆步　音乐选择：2/4拍子

(1) 动作要领提示如下。

第一,"圆场""花梆步""摇臂"的做法参照(一)中国古典舞身韵基本要领。组合中要细致地做到"舞姿""舞步"轻巧、流畅,并巧妙配合。

第二,准确把握路线,"摇臂"时要及时转腰。

(2) 节奏提示:音乐2/4,①表示1个8拍。

(3) 动作及节奏说明如下。

准备　背对6点正步位站立,身向2点,双背手。

前奏　①1~8不动。②1~4对2点"圆场"走,双臂中波浪1次,"提""沉"1次。5~8双背手,右脚跳横移成左踏步,右转体1周半对5点。③1~2左燕式坐,左背手,右单按手。3~4体对2点,双跪坐,双背手。

第一段

① 1~8 左手后"摇臂"1次。

② 1~8 右手后"摇臂"1次。

③ 1~4 同①,5~8 同②。

④ 1~2 同①,3~4 同②,5~6 同①带跪立,7~8 转体对8点双跪坐,双背手。

第二段

① 1~4 右手后"摇臂"1次,5~8 左手后"摇臂"1次。

② 1~2 同①1~4,3~4 同①5~8,5~8 同①1~4带跪立1次。

③ 1~4 跪立,左手前摇臂至前斜上位,右手后摇臂至后斜下位。5~8 右脚起成左后虚步,对8点。

④ 1~4 左脚收成正步位,右手后"摇臂"1次带半蹲1次;5~6左手后"摇臂"1次带半蹲1次;7~8右手后"摇臂"1次带半蹲1次。

第三段

① 1~6 左右手交替"摇臂"2次,右脚上步成左后虚步,左手前摇臂至前斜上位,右手后

摇臂至后斜下位;7～8左转体成正步位对2点。

② 同第二段的④,动作反向。

③ 同第三段的①,7～8双手上位外旋"盘手"成双背手,右转体成正步位,体对1点。

第四段

① 1～8右脚原地"圆场"分解动作2次。

② 同①。

③ 1～8左脚原地"圆场"分解动作2次。

④ 同③。

第五段

① 1～8右脚起"圆场"步对1点,2拍1次。

② 同①。

③ 1～8右脚起"圆场"步对1点,1拍1次。

④ 同③。

⑤ 1～8向右横移"花梆步",双背手。

⑥ 1～8向左横移"花梆步",双背手。

第六段

① 1～8右脚起"圆场"步,左转身绕半周向2点行进,右背手,左手斜下位,下左旁腰。

② 1～4"圆场"向2点行进,第3拍左脚上步成左前丁字位并立,第4拍不动;左右手前交替"摇臂"2次成右斜托手。5～8"花梆步"背对6点后撤,右左手交替后"摇臂"2次。

③ 1～4向左横"花梆步",同时向左"平摆臂",身向2点;5～8向右横"花梆步",同时向右"平摆臂",身向8点。

④ 右"踏步半蹲碎步转",右"顺风旗"向左转2周。

第七段

① 1～8第1～4拍向2点"圆场"步行进,左手前"摇臂",右手背手。

　　第5～8拍体对2点,原地"圆场",右手前"摇臂",左手背手。

② 1～8第1～4拍体对2点,原地"圆场",左手前"摇臂",右手背手。

　　第5～8拍原地"圆场"转体对8点,右手前"摇臂",右手背手。

③ 1～8同①,对8点,反向。

④ 1～8同②,对8点,反向。

第八段

① 1～8"圆场"步向2点行进,右左手前交替"摇臂2次"。

② 同第六段的③。

③ "圆场"步右转体对7点进场,左背手,右旁斜下位,留右旁腰。

3. 摇臂　音乐选择:2/4拍子

(1) 动作要领提示如下。

"摇臂"的做法参照(一)中国古典舞身韵基本要领。"摇臂"是腰的8字圆和手臂的立圆路线配合起来的动作,有前后摇臂两种。以后摇臂为例:摇臂的动作中贯穿着转腰—送肩—抻臂的几个必经的过程。先由手腕带动(手心向下),手臂画立圆要松弛、自如,注意沉肩,连续转腰,形成腰上的8字圆,圆的中心应在后腰的中间部位。

(2)节奏提示:音乐2/4,①表示1个8拍。

(3)动作及节奏说明如下。

准备　正步位体对2点,双背手。

过门　1～4不动;5～8第5拍沉,第6～8拍提、沉一次,同时向左上弧线涮头半周,第8拍半蹲,左转腰,体对1点。

① 1～2右脚勾脚向2点上步,左脚紧跟上成正步位,脚对2点;右手后摇臂一次,头随动,右转腰,体对4点。

3～4左脚勾脚向2点上步,右脚紧跟上成正步位,脚对2点;左手后摇臂一次,头随动,左转腰,体对8点。

5～8右脚起,双脚碎步向6点退,成左前虚步半蹲;双手后摇臂一周成左斜托手。视2点,体对8点。

② 1～2左脚收回成正步位并立,左脚向2点上步成右后虚步半蹲;双手由正上位向左大晃手至2点前平位。

3～4收左脚成左前丁字位并立,左手山膀、右手按掌位,体对2点,视1点。

5～8向右圆场步转一小圈,对8点左踏步,左斜托手仰胸。体对1点。

③ 1～4第1～2拍前摇臂一次。第3拍左手按手,右手背手;右前吸腿。第4拍右前虚步半蹲,左手前斜下位摊手,对8点。

5～6左手正盘手,左转体对2点。

④ 1～4同③反向对2点做。5～6保持舞姿提、沉一次。

⑤ 1～4同②1～4。

5～8向右圆场步转一小圈,正步位对8点,第8拍向右中晃手半周,同时身体提、沉一次。

⑥ 1～8同①,对8点反向做。

⑦ 1～4同②1～2,对8点反向做。

4. 晃手　音乐选择:2/4拍子

(1)动作要领提示如下。

第一,"双晃手"的做法参照(一)中国古典舞身韵基本要领。双晃手上弧线时要提气,下弧线时要沉气,以呼吸带动双晃手,且呼吸要和音乐的强与弱相一致,并产生和谐的美感。

第二,画立圆的幅度要大,腰部随动,眼随手动,呼吸、头部眼神融为一体,双晃指时,腕部与指尖依次主动。

(2)节奏提示:音乐2/4,①表示1个8拍。

(3)动作及节奏说明如下。

准备　正步位,双手自然下垂,体对1点,视1点。

前奏　1～4,不动。5～8半蹲,双手左斜下位。

① 1~4 顺时针上弧线大双晃手至 2 点下方,双腿由直立至半蹲,眼随手动。

5~8 逆时针上弧线大双晃手至 8 点下方,双腿由直立至半蹲,眼随手动。

② 1~4 第 1~3 拍,双手撩手至 2 点下方,双脚并立;第 4 拍半蹲,双手下垂。

5~8 同 1~4 反向。

③ 1~4 正步位直立,右手背手,左手逆时针上弧线中双晃手 2 次。

5~8 第 5~6 拍左脚向左跳横移,右踏步全蹲,左手单分手至 8 点下方;第 7~8 拍右脚向右跳横移,左踏步全蹲,左手单盖手至 2 点下方。

④ 1~4 同 ①1~4。

5~8 花梆步向右横移,动作同 ①1~4。

⑤ 1~4 左脚撤成左踏步全蹲,左托按手。

5~8 不动。

5. 风火轮　音乐选择:2/4 拍子

(1) 动作要领提示如下。

第一,"风火轮"的做法参照(一)中国古典舞身韵基本要领。"风火轮"一定要进行分解动作练习。"风火轮"要做得流畅无滞。

第二,"风火轮"以腰为轴,手臂松弛,运动过程中的"前腰""旁腰""拧腰""仰胸"等均要切实到位,双臂保持在"立圆"上运行。

(2) 节奏提示:音乐 2/4,①表示 1 个 8 拍。

(3) 动作及节奏说明如下。

准备　"小八字位",身向 2 点,双臂下垂。

前奏　① 1~4 第 1~2 拍碎步背身向 6 点后退,左手撩至前斜下位,右手背手;第 3~4 拍向 6 点撤右脚成左弓健步,左脚对 2 点;左手经下弧线拉至后斜下位,上体对 8 点,仰头,视 2 点上方。5~8 同 1~4。

② 1~4 第 1~3 拍云手的同时左脚起跳,右脚上步成左踏步,向左自转一周;第 4 拍双跪坐,右手在体前环抱,左手在体后环抱。

第一段

① 1~4 带跪立,左手始做右"风火轮"上半圆,右手对 6 点斜上位,左手对 2 点斜下位,右转腰。5~8 同 1~4 反向。

② 1~8 左手始向右风火轮一周。

③ 做①的对称动作。

④ 做②的对称动作。

⑤ 1~4 右脚向 3 点上步,左单跪立,左手始做"风火轮"上半圆。

5~8 左后虚步对 3 点,左手至前斜上位,右手至后斜下位,视 3 点上方。

⑥ 1~4 云手的同时左脚起跳,右脚上步成左踏步,向左自转一周。

5~8 向 2 点上左脚成右踏步,双背手,视 8 点。

第二段

① 1~4 收右脚成双腿正步位屈伸 1 次,同时左手始做右"风火轮"上半圆,右手对 6 点斜上位,左手对 2 点斜下位,右转腰。5~8 同 1~4 反向。

② 1~4 右脚向右横移成左旁虚步,同时左手始做右"风火轮"上半圆,右手对 6 点斜上位,左手对 2 点斜下位,右转腰。5~8 同 1~4 反向。

③ 1~8 左手始做右"风火轮"1 周。

④ 1~4 左扑步。

5~8 移重心至左后虚步对 3 点,左手至前斜上位,右手至后斜下位。

第三段

①~④ 做第二段的①~④对称动作。

⑤ 1~8 双背手,"圆场"步向右自转 1 周。

第四段

① 1~4 左脚横移成大八字位,右手始向左风火轮一周。

5~6 同 1~4。

7~8 燕式跪,体对 7 点,左手点地,右手单托掌。

② 1~2 左旁虚步,右手背手,左手平摊手从 8 点平摊至 2 点。

3~4 做 1~2 对称动作。

5~6 右旁吸腿一次,双手旁平位以腰带动,左手至 2 点,右手至 6 点。

7~8 撤左脚至 4 点成右弓箭步,体对 6 点,右斜托手,视 8 点。

③ 1~8 做 ①的对称动作。

④ 1~4 第 1~2 拍右手始向左风火轮一周。第 3 拍左脚起跳,左转身,第 4 拍右脚向 6 点迈出成右弓箭步;双手 3~4 拍前平位。

5~8 拍双托手推向 6 点上方,体对 4 点,上身向 6 点上方倾斜。

⑤ 1~4 体对 8 点,向 4 点"花梆步"后撤,双手后摇臂。

5~8 左前虚步半蹲,左手后斜上位,右手前斜下位。

⑥ 1~4 第 1~2 拍手始向左风火轮一周,第 3~4 拍右前丁字位并立左转对 8 点,双托掌,掌心向下。

5~8 左腿半蹲,右腿前撩 45°,双臂由上位经体前划至体后斜下方,展胸仰头,向 8 点大拖步。

五、塑形操训练组合

1. 塑形操训练组合之一(韧带抻拉训练)　　音乐选择:2/4 拍子

(1) 动作要领提示如下。

第一,通过上下肢体热身训练,结合富有动感的音乐,使韧带得到抻拉,肌肉更加柔韧,线条更加优美、舒展。

第二,头部的运动训练目的是使颈部更具灵活性,做头部训练均要求后背直立,双肩平正、固定不动。低头时下巴找锁骨,颈后肌肉最大限度拉长,颈前肌肉最大限度收缩,眼视下方。仰头时下巴向上方仰起,颈前肌肉最大限度拉长,颈后肌肉最大限度收缩,眼视上方。倾头时颈部一侧肌肉最大限度收缩,一侧肌肉最大限度拉长,眼视前方。转头时头保持平行向两侧转动。

第三,压腿时,腿部要收紧延伸;上身从胯跟向腿部折叠,尽量向远拉抻;后背收紧、脊椎拉长。手臂动作要有延伸感,胸部动作开合要充分。

(2) 节奏提示:音乐 2/4,①表示 1 个 8 拍。

(3) 动作及节奏说明如下。

准备　体对 2 点,右腿在前伸直,左腿屈腿坐,芭蕾三位手。

前奏　保持准备姿态。

第一段

① 1~8 保持三位手,前压腿 1 次。

②~③ 同①。

④ 1~4 双手打开旁点地。5~8 右腿盘坐,左腿伸直。

⑤ 1~4 双手与肩同宽,与上身同时向前扶于地面。5~8 压肩 4 次。

⑥ 1~4 上身直立起的同时,右、左手依次画立圆至斜后方。5~8 仰胸,仰头,手臂保持不动。

⑦ 同⑤。

⑧ 1~4 同⑥1~4。5~8 双腿经体前换成左腿在前伸直,右腿屈腿坐,芭蕾三位手。

第二段

①~⑧ 1~4 同第一段,⑧5~8 左转体对 8 点,左腿跪坐,右腿对 4 点伸直,双手旁点地。

第三段

① 1~4 向后下腰的同时右左肩依次向后环动 4 次。5~8 向前下腰的同时右左肩依次向后环动 4 次。

② 1~6 同①1~6;7~8 右转体对 2 点,右腿跪坐,左腿对 6 点伸直,双手旁点地。

③~④ 1~6 同①~②1~6;7~8 左转体对 1 点,双腿横叉,七位手。

⑤ 1~2 右旁压腿,左手三位,右手二位;3~4 上身直立,七位手,5~8 同 1~4。

⑥ 1~2 右转腰,右前压腿,左手三位,右手七位;3~4 三位手,上身由 3 点水平环动至 1 点,下前腰。5~6 同 1~2 反向动作。7~8 上身直立,左旁提腰,右手点地,左手撩至正上方,视左手。

⑦~⑧ 做⑤~⑥的对称动作。7~8 右脚上步成大八字位站立,双臂下垂。

第四段

① 1~2 低头,3~4 回正;5~6 仰头,7~8 回正。

② 1~2 右转头,3~4 回正;5~6 左转头,回正。

③ 1~8 右涮头一周。

④ 1~8 左涮头一周。

⑤~⑧ 做①~④的对称动作。

第五段

① 1~2 右手向右延伸至旁平位,右腿屈膝,半脚尖点地,上身向右倾,视右手的3点方向;3~4 大八字位,右手抱头,下左旁腰,视左下方;5~8 右倾头。

② 1~4 右倾头2次;5~8 头回正,右手臂往旁延伸落下。

③~④ 做①~②的对称动作。

第六段

① 1~2 右肩向前绕;3~4 回正。5~6 右肩向后绕;7~8 回正。

② 同①。

③~④ 左肩做①~②的对称动作。

⑤ 1~2 双肩向前绕;3~4 双肩向后绕。5~8 同1~4。

⑥ 1~2 右、左肩依次向前绕;3~4 右、左肩依次向后绕。5~8 同1~4。

⑦~⑧ 做⑤~⑥的对称动作。

第七段

① 1~8 右手臂由前向上画立圆一周。

② 1~4 同①,5~8 同①。

③~④ 左臂做①~②的对称动作。

第八段

① 1~2 右腿屈膝,半脚尖点地于2点,体对2点,右手点肩,左手扶胯,展胸。3~4 回正。5~6 含胸。7~8 回正。

② 动作同①,加快一倍速度做。

③~④ 左边做①~②的对称动作。

2. 塑形操训练组合之二(塑形瑜伽) 音乐选择:2/4拍子

(1)动作要领提示:瑜伽追求的是"和谐""天人相应合一"。在瑜伽练习过程中,从外到内,从感觉到精神,意识要逐渐深入自己的内在精神,达到自我与内在的精神融合。

(2)节奏提示:舒缓的音乐,音乐2/4,①表示1个8拍。

(3)动作及节奏说明如下。

准备 双手在胸前合掌,自然位站立,闭目,保持自然呼吸。

过门 保持舞姿不动。

第一段

① 合掌祈祷:双手合掌于胸前,闭目做深呼吸;腹式呼吸,反复慢慢地吸、吐。

② 身体后仰:慢慢将两手向前伸直,吸气,上身慢慢向后仰;吐气,再吸,上身慢慢还原。

③ 俯身扶地:双手扶于两脚侧,吐气,向前弯腰,让身体放松,腹、胸、额头贴向双腿,膝盖伸直。

④ 后仰新月式:左脚向后伸直,右腿弓步,扩胸,吸气;吐气,头部及脊椎、上身慢慢向后仰,重心向后,视正上方。再慢慢还原吐气。

⑤ 倒V形:将右脚慢慢地往后伸直,双脚并拢,脚跟蹬踩地板,双膝伸直,背往下压,双手扶地,身体形成倒V形,深呼吸。

⑥ 伏卧撑地:双手撑地,慢慢将身体放下,仰头,向后弯腰,双脚勾脚撑地,双腿伸直贴于地面,深呼吸。

⑦ 跪立伏地:慢慢将臀部抬高与跪立的大腿垂直,胸口贴地,双臂向前伸直,深呼吸。

⑧ 同④。

第二段

① 伏身撑地左右转腰:吸气,左转腰,看后脚跟,吐气回正;吸气,右转腰,看后脚跟,吐气回正。

② 俯身扶地:上身慢慢还原伏地,手脚用力将身体撑起,脚往前走,停留在俯身扶地,做深呼吸。

③ 后仰新月式:左腿向前弓健步,右脚向后伸直,扩胸,吸气;吐气,头部及脊椎、上身慢慢向后仰,重心向后,视正上方。再慢慢还原吐气。

④ 俯身扶地:右脚收回,俯身扶地,深呼吸。

⑤ 身体后仰:同②。

⑥ 合掌祈祷:同①。

⑦~⑧ 大休息式:仰卧放松,双脚微开,双手放身体两旁,感觉到全身都很放松,不断地调整呼吸。

【本章小结】

本章介绍了形体美的基本知识,重点介绍了关于形体美必须了解的几个重要方面,即体格、体型和姿态等;介绍了航空公司招聘空乘人员的基本标准等知识。由于空乘人员是形象美的化身,整体美是空乘人员追求的目标,其中体型的保持和形体美的塑造十分关键,既要懂得形体美的原理,又要明确形体美的标准,关键还要掌握塑造美的方法,就是通过一定的舞蹈形体训练,培养优雅的姿态,学习塑形操和有效减肥的方法,以达到控制体重,保持较好的体型和体态的目的,才能全方面打造出符合空乘行业标准的完美形象。

【思考与练习】

1. 如何合理控制体重和"减肥"?
2. 舞蹈及塑形操训练对身形有哪些作用?
3. 根据自己的身形特点,熟练掌握1~2种舞蹈或塑形操组合。
4. 课后请点击图8-1、图8-2、图8-3,跟随第一套塑身操和第二套塑身操的示范视频,分别进行练习。

参 考 文 献

[1] 邵康蔚,林瑞贞. 美容与护肤[M]. 福州:福建科学技术出版社,1988.
[2] 王梦秋. 护肤美颜[M]. 广州:广东经济出版社,2003.
[3] 朱红穗. 现代护肤美容学[M]. 2版. 上海:东华大学出版社,2007.
[4] 贝拉. 美容养颜护肤金典[M]. 北京:中国妇女出版社,2010.
[5] 徐莉. 妆容形象的视觉设计[M]. 南京:东南大学出版社,2005.
[6] 刘科,刘博. 空乘人员化妆技巧[M]. 上海:上海交通大学出版社,2012.
[7] 徐家华,张天. 化妆基础[M]. 北京:中国纺织出版社,2009.
[8] 李勤. 空乘人员化妆技巧与形象塑造[M]. 3版. 北京:旅游教育出版社,2013.
[9] 周力生. 形象设计美学[M]. 北京:化学工业出版社,2009.
[10] 范玉吉. 审美趣味[M]. 北京:北京大学出版社,2006.
[11] 中国就业培训技术指导中心组织. 美容师[M]. 北京:中国劳动社会保障出版社,2005.
[12] 刘彦庆. 素养——决定人生成败的六项修炼[M]. 北京:华艺出版社,2005.
[13] 黛丽. 学会优雅[M]. 北京:华文出版社,2004.
[14] 顾筱君. 21世纪形象设计教程[M]. 北京:机械工业出版社,2005.
[15] 张法. 美学原理[M]. 北京:中国人民大学出版社,2005.
[16] 董学文. 美学概论[M]. 北京:北京大学出版社,2003.
[17] 朱友冬. 气质是这样炼成的[M]. 北京:中国商业出版社,2008.
[18] 刘健芳. 美丽女人——化妆[M]. 上海:东华大学出版社,2005.
[19] 吴世冉. 女性保健养颜百事通[M]. 上海:上海科学技术文献出版社,2005.
[20] 马建华. 形象设计[M]. 北京:中国纺织出版社,2002.
[21] 徐晶. 自我形象设计[M]. 北京:北京大学出版社,1995.
[22] 杨光,郭秋彤. 美容化妆[M]. 北京:高等教育出版社,1999.
[23] 马建华. 化妆技法[M]. 北京:中国纺织出版社,2006.
[24] 赵树勤. 女性文化学[M]. 桂林:广西师范大学出版社,2006.
[25] 宋兆泓,石建广. 空难杂谈[M]. 北京:清华大学出版社,2005.
[26] 温柔. 舞蹈生理学[M]. 上海:上海音乐出版社,2004.
[27] 李春华. 古典芭蕾教学法[M]. 北京:高等教育出版社,2004.
[28] 沈元敏. 中国古典舞基本功训练教学法[M]. 上海:上海音乐出版社,2004.

[29] 诺娃贝琳. 瑜伽手册[M]. 北京：人民日报出版社，2006.
[30] 国英. 现代礼仪[M]. 北京：机械工业出版社，2011.
[31] 杨静. 形体礼仪[M]. 北京：中国戏剧出版社，2013.
[32] 红日. 男人女人心理咨询[M]. 北京：中国言实出版社，2006.

附录 "智学VR"全景视频观看指南

1. "智学VR"使用设备说明

当前书本上的很多内容都需要我们自己展开立体化的想象,但介于书本这种载体的局限性,这些内容在书本上只能以平面的方式呈现。有了VR/AR技术,这些问题都可以得到解决,学生通过下载注册官方航空智慧教育移动端APP,进行航空专业VR教学视频观看以及AR教学素材互动;学生在教室只需拿起手机或平板对准相关图片或设备,通过光学追踪就能够自动识别相关知识点,并实时立体展现书中难以理解的知识点的相关信息,这样补足了教科书在这方面的缺陷。

航空VR实训一体机(下图右)是在硬件平台上集成了VR图形工作站、VR立体眼镜、高清液晶显示屏、输入输出设备、音响等合为一体的教学设备。能把参与者的视觉、听觉和其他感觉封闭起来,并提供一个新的、虚拟的感觉空间,通过位置跟踪器、手控输入设备、声音等使得参与者产生一种身临其境、全身心投入和沉浸其中的感觉,它可真实再现机场与飞机客舱工作环境以及各职业人员的工作任务与岗位职责。学员通过模拟航空服务职业(空乘,地勤)岗位操作,能快速了解并掌握企业工作流程以及日常岗位操作要求。VR/AR技术不但可以帮助学生完成自主学习,增加了探索和学习的乐趣,而且大大减轻了老师的大量基础教学工作,提高了教学效率和教学效果。

通过教材结合手机移动VR头盔、航空VR实训一体机、信息化教学管理平台等构建航空VR实践教学中心,进一步完善校内实训基地的虚实一体化建设,实现多样化功能。通过虚拟航空岗位工作任务和职业环境,探索航空专业虚实结合实践教学新模式,进一步提高学生的职业意识和操作技能。整体提升学校信息化和教研成果转化应用水平,为创建区域乃至全国示范性特色品牌,以及区域经济转型升级培养高素质技能人才发挥重要作用。

2. 下载"智学 VR"APP

使用手机扫描下列二维码,下载"智学 VR"APP,选择苹果 ios 或 Android 版本进行安装。

3. 注册/登录

启动 APP,进入注册/登录界面;已注册用户在界面中输入手机号码以及登录密码即可登录 APP 首页;未注册用户点击界面上的"账号注册"先进行注册再登录。

4. 选择视频课程

登录 APP 后,点击界面上的"视频课程"按钮,进入视频课程界面。

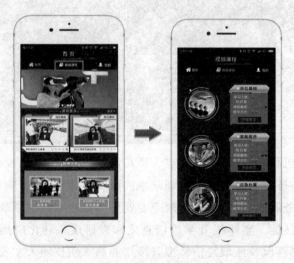

5. 观看视频

在视频课程界面中,选择"VR/AR 教材",在"VR/AR 教材"界面,选择《空乘人员职业形象设计与化妆》教材,使用手机摄像头对准教材上带有 标识的图片扫一扫,即可观看相对应的 VR 视频。

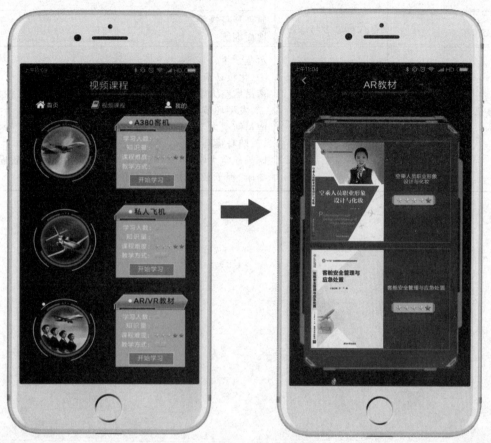

本教材"智学 VR"全景视频图片可对照下表检索,视频资源将不断补充完善,请随时关注"智学 VR"APP 资源更新。

图　　号	所属章节	视频内容
图 4-14	第四章第四节	生活妆是最常见的妆容,本视频主要介绍生活妆的特点和化妆方法。
图 4-16	第四章第四节	晚宴妆应用于正式的商务酒会、晚会等场合,本视频主要介绍晚宴妆的特点以及化妆方法。
图 5-4	第五章第四节	本视频介绍矫正化妆手法,最常见的有眉形的矫正、脸型的矫正、眼型的矫正、唇形的矫正等。
图 6-1～图 6-4	第六章第二节	本视频介绍空乘人员职业妆的基本要素和化妆程序。
图 6-5～图 6-7	第六章第三节	本视频介绍男性空乘人员工作妆的基本要求和化妆手法。
图 7-1	第七章第一节	本视频介绍侧分式发型设计的特点与方法。
图 7-6～图 7-15	第七章第一节	本视频介绍后背式造型,如何制造蓬松感、扎马尾、盘发髻的方法和步骤,以及发型最后的整理。

续表

图　　号	所属章节	视　频　内　容
图 8-1、图 8-2	第八章思考与练习	原创塑身操第一套 （一）站姿训练 （二）脸部（眼睛、笑肌）训练 （三）中间训练
图 8-3	第八章思考与练习	原创塑身操第二套 地面训练
参与视频拍摄的师生名单	指导老师： 南昌航空大学： 邹昊、杨柳、徐群 江西青年职业学院： 刘舒	示范学生： 一、化妆环节： 南昌航空大学：马赛、尚佳慧、康佳琪、闫冲、符婧、抄龙昆 二、发型环节： 南昌航空大学：闫冲 三、塑身操环节： 南昌航空大学：王玄烨、段杨星、白云、程玉婷、陈欣瑜、曹绮晴、程子薇、朱彤彤、简慧伦、王子纯、焦榕